Zwei Jahre nach dem Tod ihrer Mutter begann Ingrid Strobl, dieses Buch zu schreiben. Sie befragte zwanzig Frauen zu ihrer Beziehung zur Mutter und zu deren Tod. Sie fragte, wie sie das Sterben der Mutter erlebten, was sie dabei empfanden. Sie fragte, ob sich durch den Tod der Mutter ihre Beziehung zum Vater und den Geschwistern wandelte, und vor allem: ob sie selbst sich dadurch veränderten.

Töchter erleben den Tod der Mutter nicht nur als großen Verlust, sondern sind darüber hinaus mit ambivalenten und verwirrenden Gefühlen konfrontiert, mit denen sie vorher oftmals nicht gerechnet hatten: Liebe und Wut, Vertrautheit und Entfremdung, Dankbarkeit und Trauer, Sehnsucht und Schuldgefühle.

Ingrid Strobl stellt in diesem berührenden und bewegenden Buch auch Gedichte und Prosastücke vor, die berühmte Autorinnen zum Thema geschrieben haben. Sie setzt sich mit feministischen Texten über Mütter und Töchter auseinander, und sie erzählt vom Sterben und dem Tod ihrer eigenen Mutter. Die Autorin bleibt in diesem Buch nie außen vor. Sie bringt ihre Erfahrungen und Emotionen mit ein und verwebt das eigene Erleben mit dem der anderen Frauen zu einem vielfältigen und lebendigen Muster.

Ingrid Strobl, 1952 in Innsbruck geboren, studierte Germanistik und Kunstgeschichte und promovierte über »Rhetorik im Dritten Reich«. Sie lebt als freie Autorin in Köln und arbeitet vor allem für Fernsehen und Hörfunk. Im Fischer Taschenbuch Verlag erschienen ihre Bücher: »Sag nie, du gehst den letzten Weg. Frauen im bewaffneten Widerstand gegen Faschismus und deutsche Besatzung« (Band 4752), »Anna und das Anderle. Eine Recherche« (Band 2382) und »Die Angst kam erst danach. Jüdische Frauen im Widerstand in Europa 1939–1945« (Band 13677).

Unsere Adresse im Internet: www.fischer-tb.de

Ingrid Strobl

Ich hätte sie gerne
noch vieles gefragt

Töchter und der Tod
der Mutter

Fischer Taschenbuch Verlag

Veröffentlicht im Fischer Taschenbuch Verlag,
einem Unternehmen der S.Fischer Verlag GmbH,
Frankfurt am Main, April 2004

Lizenzausgabe mit Genehmigung des
Krüger Verlages, Frankfurt am Main
© 2002 Wolfgang Krüger Verlag GmbH,
Frankfurt am Main
Satz: Pinkuin Satz und Datentechnik, Berlin
Druck und Bindung: Druckerei C.H. Beck, Nördlingen
Printed in Germany
ISBN 3-596-15431-6

Für meine Schwester Gerda

Inhalt

Danksagung 9

Teil 1: Eine unendliche Geschichte

1 Einleitung: »Willkommen im Klub« 13
2 Mütter und Töchter:
   »Die Stärke dieser Beziehung« 35
3 Der Tod der Mutter in der Literatur
   der Töchter 47

Teil 2: »Sie war mir plötzlich sehr nahe«

4 Requiem für meine Mutter 81
5 Mütter und Töchter:
   »Unsere Beziehung war sehr ambivalent« 97
6 Das Sterben:
   »Ich wollte es bis zuletzt nicht wahrhaben« 139
7 Tod und Abschied:
   »Ich habe ihre Hand gehalten« 161

8 Leiche und Begräbnis:
»Sie sah sehr schön aus« 183

9 Trauer und Totengedenken:
»Ich stelle ihr Blumen ans Grab« 196

10 Widersprüchliche Gefühle:
»Ich war auch erleichtert« 208

11 Vater und Geschwister:
»Unsere Beziehung hat sich verändert« 219

12 Auftrag und Erbe:
»Sie wollte, dass ich unabhängig bleibe« 231

13 Die Anwesenheit der toten Mutter:
»Sie ist für mich nicht einfach weg« 246

14 Die Person hinter der Mutterfigur:
»Ich wüsste gerne mehr über sie« 254

Anmerkungen 266

Danksagung

Ich hätte dieses Buch nicht schreiben können, wenn mir nicht so viele Frauen ihr Vertrauen geschenkt und so ausführlich auf meine Fragen geantwortet hätten. Ich danke allen meinen Interviewpartnerinnen für ihre Offenheit und ihre Bereitschaft, auch über schmerzliche Gefühle und selbstkritische Überlegungen zu sprechen. Ich danke ihnen auch dafür, dass sie es riskierten, über einiges unzensiert mit mir zu reden und über manche Fragen, die sie sich selbst noch nicht gestellt hatten, während des Interviews laut nachzudenken.

Ich danke meiner Freundin Martina Domke, die nicht nur die Interviews für mich transkribiert hat. Ich konnte mit ihr über alle Fragen, die ich mir beim Schreiben dieses Buches stellte, reden, und sie hat mir durch ihre klugen Anmerkungen und ihre differenzierte Kritik häufig dazu verholfen, in der verwirrenden Fülle des Materials wieder klar zu sehen.

Ich danke meiner Agentin Erika Stegmann und meinen Lektorinnen Ingeborg Mues und Karin Herber-Schlapp dafür, dass sie alle drei sofort daran glaubten, dass dieses Buch es wert ist, geschrieben zu werden.

Ich danke meiner Schwester Gerda Müller dafür, dass sie mir durch ein langes und offenes Gespräch über unsere Mutter den emotionalen Anstoß gab, endlich mit dem Schreiben dieses Buches zu beginnen. Und ich danke meinem Vater dafür, dass er mir sein uneingeschränktes Vertrauen schenkte: Ich schreibe in diesem Buch über Gefühle und Ereignisse, die auch ihn betreffen.

Last but not least danke ich meinem Mann Gert Levy dafür, dass er mich auch noch in der letzten Arbeitsphase an diesem Buch geduldig ertrug, und dafür, dass er jedes Kapitel, das ich schrieb, aufmerksam las und mir durch seine kompetente Kritik wichtige Anregungen gab. Vor allem aber danke ich ihm dafür, dass er mich ermutigte, mich auch persönlich sehr viel stärker in diesen Text einzubringen, als ich es ursprünglich vorhatte.

Teil 1:
Eine unendliche Geschichte

1 Einleitung:
»Willkommen im Klub«

Als meine Mutter im Sterben lag, fuhr ich zu ihr und beschloss, so lange zu bleiben wie nötig. Es war zu diesem Zeitpunkt für mich nicht abzusehen, wann ich meine beruflichen Verpflichtungen wieder erfüllen könnte. Und so musste ich einige Leute anrufen und sie bitten, einen Termin verschieben oder absagen zu dürfen. Ein derart unprofessionelles Verhalten fiel mir nicht leicht, wurde mir aber unerwartet leicht gemacht. Mehrere Frauen, mit denen ich in dieser Situation zu tun hatte, eine Disponentin im Sender, eine Pressefrau im Verlag und noch andere, sagten spontan: »Ich kann Sie so gut verstehen! Meine Mutter ist auch gestorben.« Und dann begannen sie, vom Tod ihrer Mutter zu erzählen, von ihren Gefühlen und wie sie damit fertig wurden. Oder auch nicht. Ich hörte zu, erstaunt, dankbar. Es war, als sagten sie mir: »Welcome to the club, willkommen im Klub.«

Als ich in meinen Alltag zurückgekehrt war, erzählte ich gelegentlich, dass meine Mutter gestorben war. Und ich erlebte eine ähnliche Reaktion wie zuvor am Telefon: Frauen, mit denen ich befreundet war, aber auch solche, mit denen ich nur beruflich Kontakt hatte, berichteten mir vom Tod ihrer eigenen Mutter, von ihrer Beziehung zur Mutter und ihren oft sehr ambivalenten Gefühlen. Als ich mit meiner Freundin über diese unerwartete Erfahrung sprach, sagte sie: »Das ist doch ein Thema für ein Buch!« Damals konnte ich mir noch nicht vorstellen, dass ich tatsächlich ein Buch darüber schreiben würde. Das Geschehene war mir noch zu nahe, ich stand noch zu sehr unter dem Eindruck des Sterbens und des Todes. Die Intensität, die ich in den letzten Wochen mit meiner Mutter erlebt hatte, hatte sich noch nicht aufgelöst. Aber die Idee verhakte sich in meinem Kopf.

Meine Mutter starb im September 1998. Im Januar desselben Jahres war mein Schwiegervater in einer Klinik gestorben, und wir waren bei ihm gewesen, hatten seine Hand gehalten, ihn gestreichelt und zum Abschied geküsst. Es war das erste Mal in meinem Leben, dass ich den Tod eines Menschen miterlebte, und ich war erstaunt über die Selbstverständlichkeit, mit der ich alles hinnahm. Ich war weder verwirrt noch geängstigt, nur voller Sorge, ob er uns hören konnte, ob er wahrnahm, dass wir bei ihm waren, dass er nicht allein war. Er hatte kurz nach unserem letzten Besuch in der Klinik das Bewusstsein verloren und mehrere Tage im Koma gelegen. Die zuständige Krankenschwester hatte das Beatmungsgerät abgestellt, nachdem wir, sein einziger Sohn und ich, wieder eingetroffen waren, und er hörte nach einer Weile einfach auf zu atmen. Es war ein im Wortsinne *sanfter Tod*, dem eine völlige Ungewissheit und böse Albträume vorausgegangen waren. Niemand konnte sagen, woran der Mann erkrankt war, und einige Zeit bestand noch Hoffnung auf Heilung.

Er hat sich, als er noch bei Bewusstsein war, von uns verabschiedet, aber wir hatten nicht den Mut, in ein Adieu einzustimmen. Wir erklärten, dafür sei es viel zu früh, und erzählten ihm, was wir alles noch mit ihm unternehmen wollten. Als junger Mann war er auf der Flucht vor den Nazis in einem Lager der französischen Kollaborationsregierung interniert gewesen, sein Vater war von dort in ein Vernichtungslager deportiert worden, er selbst war davongekommen. In seinen letzten Nächten auf der Intensivstation war der alte Mann nun wieder im Lager, er quälte sich, wollte weglaufen und war, wenn er aus diesen Träumen erwachte, lange Zeit nicht zu beruhigen. Ich wurde an seinem Sterbebett mit einer Hilflosigkeit konfrontiert, die ich bisher nicht gekannt hatte. Die Macht der Vergangenheit und die Macht des Todes schwemmten alle gut gemeinten Tröstungs- und Besänftigungsversuche hinweg, wie das Meer kleine Muscheln und Schnecken an den Strand spült, als wären sie ihm lästig. Es war nichts zu machen, und ich sah – widerstrebend – ein, dass nichts zu machen war. Diese Erfahrung bereitete mich ein wenig auf das vor, was ich beim Tod meiner Mutter ein drei viertel Jahr später erleben sollte. Und doch war es ganz anders. Meine Mutter starb keinen sanften Tod. Und sie war meine Mutter.

Nachdem ich mich von der direkten Erfahrung ihres Sterbens ein wenig gelöst hatte, begann ich zu lesen, was ich an Literatur zum Thema »Tod der Mutter« fand. Ich erinnerte mich daran, dass Virginia Woolf in ihren Romanen darauf einging, ich kannte die Gedichte, die Nelly Sachs für ihre Mutter geschrieben hatte, ich suchte »einschlägige« Texte im Werk von Else Lasker-Schüler, Ingeborg Bachmann und Hilde Domin, las Margaret Atwood wieder, Simone de Beauvoir und die Autobiographien von so unterschiedlichen Frauen wie der französischen Anarchistin Louise Michel und Angelica Garnett, der Tochter der englischen Malerin Vanessa Bell. Ich arbeitete mich durch Biographien, Briefe und Tagebücher bekannter und unbekannter Autorinnen.

Der Tod der Mutter ist kein gängiges Thema der Literatur. Es gibt nur wenige Romane oder Gedichte, in denen eine

15

Autorin oder ein Autor sich damit auseinander setzt. Dasselbe gilt in noch stärkerem Maße für die Musik und die bildende Kunst. Der Tod der Geliebten oder des Gatten sind ein häufiges und in bestimmten Epochen sogar beliebtes Sujet für Schriftsteller, Maler und Komponisten. In der Romantik siechen die holden Schönen reihenweise dahin, und ihre vom Schmerz überwältigten Verehrer schwelgen in der Vorstellung, ihnen nachzufolgen. Der Tod und das Mädchen taumeln eng umschlungen in einem erotischen Tanz. Mütter sterben in der Literatur meist als sehr junge Frauen und vorzugsweise im Kindbett. Die von ihnen hinterlassenen Waisen leiden an dem Verlust, können ihn aber nicht reflektieren. Ohnehin stehen die Kinder in diesem Fall im Mittelpunkt des Geschehens. Mütter wie Liesbeth Crespahl in Uwe Johnsons »Jahrestagen« und Peter Handkes Mutter in »Wunschloses Unglück«, die eine eigene Geschichte aufzuweisen haben und ihren Tod selbst wählen, sind die Ausnahmen in der Literaturgeschichte.

Bei meiner Suche nach literarischen Mutter-Tochter-Geschichten fiel mir auf, dass es in der Literaturgeschichte insgesamt nur wenige ältere Frauen und Frauen im mittleren Alter gibt und somit auch nur wenige Mutter-Tochter-Beziehungen zwischen erwachsenen Frauen. Ich habe keine wissenschaftliche Recherche angestellt, sondern einfach nur darüber nachgedacht, welche Protagonistinnen mir einfallen, die ältere oder alte Mütter sind, und welche Heldinnen, die sich dem Klimakterium nähern oder bereits im Wechsel befinden. Da gibt es die Konsulin in den Buddenbrooks, eine durchaus beeindruckende Figur. Fontane lässt Frau Briest ihre Tochter in den Tod treiben, und auch Grimmelshausens und Brechts Courage-Figuren gehen mit ihrer Tochter nicht gerade pfleglich um. Die Mütter von Jane Austens Heldinnen – so sie denn eine (lebende) Mutter haben – werden realistisch und differenziert gezeichnet, sind jedoch selbst, wie auch die Courage, vergleichsweise junge Frauen, ihre Töchter befinden sich noch im »heiratsfähigen« Alter.

In den Sagen der griechischen Antike tauchen große Muttergestalten auf, doch sie sind problematische Heldinnen. Medea rächt sich für den Verrat ihres Geliebten Jason, indem sie die gemeinsamen Kinder umbringt. Klytämnestra tötet ihren Mann Agamemnon, um dessen – vermeintliche – Ermordung der Tochter Iphigenie zu rächen, und wird selbst auf Betreiben von Elektra, ihrer anderen Tochter, von ihrem Sohn Orest umgebracht. Jokaste heiratet unwissentlich ihren Sohn Ödipus und erhängt sich, als sie die schreckliche Wahrheit erfährt. Die griechische Mythologie kennt Muttergottheiten wie Gaia, Rhea und Demeter, doch sie spielen, im Vergleich etwa zu den Muttergottheiten des Vorderen und Mittleren Orient, keine bedeutende Rolle. Demeter, die Göttin der Fruchtbarkeit, tut zwar alles, um ihre von Hades geraubte Tochter Persephone wiederzugewinnen, doch ihre Macht reicht nicht aus, um sie dem – konkurrierenden – männlichen Gott völlig zu entreißen. Persephone selbst verhält sich nicht eindeutig, und Demeter kann zwar der Natur gebieten, nicht aber den Göttern. Sie ist schließlich gezwungen, mit Hades einen Kompromiss zu schließen: Persephone darf die eine Hälfte des Jahres bei der Mutter auf der Erde verbringen, die andere Hälfte aber muss sie in die Unterwelt zurückkehren.

Die literarischen beziehungsweise mythologischen Vorbilder, die wir aus der europäischen Kulturgeschichte kennen, sind also eher zweifelhafte oder zumindest ambivalente Figuren, und sie sind rar gesät. Eine direkte Beziehung zwischen Mutter und Tochter, wie zwischen Demeter und Persephone oder zwischen Leto und Artemis, findet sich sowohl unter Göttinnen als auch unter Roman- oder Dramenheldinnen selten. Seit Homer interessieren sich männliche Autoren kaum für das, was sich zwischen zwei Frauen abspielt, es sei denn, die beiden Frauen konkurrieren um einen Mann. Und auch Schriftstellerinnen befassen sich anscheinend lieber mit der Beziehung zwischen den Geschlechtern, als mit der zwischen Mutter und Tochter. Doch hier gibt es wenigstens einige beeindruckende Ausnahmen. Jane Austen und Virginia Woolf schreiben über die Wirkung, die eine Mutter auf ihre Tochter ausüben kann und die sich nach dem Tod der Mutter fortsetzt und verändert. Margaret Atwood führt diese Tradition fort, und auch im Bereich der Unterhaltungsliteratur habe ich Beispiele für eine differenzierte Auseinandersetzung zwischen Mutter und Tochter gefunden. Ein beeindruckendes Beispiel dafür ist für mich Barbara Havers, die Kollegin von Inspektor Thomas Linley in den Kriminalromanen von Elizabeth George. Sie kümmert sich um ihre pflegebedürftige Mutter und quält sich mit endlosen Schuldgefühlen, weil sie beschließt, sie schließlich doch in ein Pflegeheim zu geben. Die Ambivalenz zwischen Liebe und Überforderung wird hier so realistisch und einfühlsam beschrieben, wie ich das Thema sonst kaum je bearbeitet fand. Abgesehen davon, dass dieses Thema ohnehin kaum je bearbeitet wurde. Im dritten Kapitel dieses Buches gehe ich genauer auf die Art und Weise ein, in der einige Autorinnen über Mütter und Töchter und insbesondere über den Tod der Mutter schreiben.

Nach der »schönen« und der populären wandte ich mich der Fachliteratur zu, in der Erwartung, ich würde nun ganze Berge aus der Bücherei nach Hause schleppen können. Das erwies sich allerdings als Irrtum. Ich fand lediglich zwei Anthologien, die sich explizit auf das Thema »Töchter und der Tod der Mutter« beziehen. Ruth Eder veröffentlicht in ihrem Band »Ich spür noch immer ihre Hand. Wie Frauen den Tod ihrer Mutter bewältigen« die Protokolle von 15 Gesprächen, die sie mit Töchtern unterschiedlichen Alters in Deutschland geführt hat.[1] Rosa Ainley bat mehrere Frauen aus dem englischen Sprachraum, über den Tod der Mutter zu schreiben. Sie erhielt »Beiträge in Form von Briefen, Kurzgeschichten, Tagebüchern, Essays, persönlichen oder eher theoretischen Berichten«.[2] Sie stellt fest, dass sich ihr selbst und den meisten Frauen, die für das geplante Buch Beiträge verfassten, damit erstmals »die Möglichkeit bot, mit anderen Menschen über meine Mutter zu sprechen, die nicht das Thema wechselten, herumdrucksten oder mich mit Mitgefühl zum Schweigen brachten. Außerdem hat die Einstellung ›daraus wird ein Buch‹ meinem Thema einen seltsamen neuen Wert verliehen – noch nie zuvor war es so akzeptabel, wurde es so gut aufgenommen, den Tod der Mutter zu diskutieren.«[3] Als Rosa Ainley ihr Buch 1994 veröffentlichte, stellte sie fest: »Es gibt zwar bereits eine Reihe von Büchern über die Beziehung zwischen Frauen und ihren Müttern – Briefesammlungen, Bekenntnisse und Erfahrungsberichte, feministische Analysen – und eine Menge über Tod und Sterben, aber so gut wie nichts über den Tod der Mutter.«[4] Daran hat sich bis heute kaum etwas geändert.

Vielleicht ist erst jetzt die Zeit reif geworden für diese schwierige Auseinandersetzung. Die Anthologien von Ainley und Eder, Sally Clines programmatische Abhandlung »Frauen sterben anders« und Verena Stefans »Bericht vom Sterben meiner Mutter« erschienen in den letzten sieben Jahren. Die Frauengeneration, die den Feminismus ins Leben rief und sich in der neuen Frauenbewegung engagierte, ist jetzt in das Alter gekommen, in dem die Eltern sterben. Diese Frauen haben sich zum ersten Mal in der Geschichte explizit und kritisch mit der Beziehung zwischen Mutter und Tochter auseinander gesetzt und vor allem mit dem Rollenbild, das die

Mutter an die Tochter weitergibt und das die Töchter dieser Generation häufig ablehnten.

In den frauenbewegten Siebzigerjahren entstanden Bücher mit Titeln wie »Von Frauen geboren«, »My mother myself« und »Ich schaue in den Spiegel und sehe meine Mutter«. Die Thesen der frühen Psychoanalytikerinnen wie Anna Freud, Karen Horney, Helene Deutsch und Melanie Klein wurden neu diskutiert und bewertet, adaptiert oder verworfen. Die Beziehung zwischen Mutter und Tochter wurde in einem neuen Zusammenhang als prägend erkannt und thematisiert. Die Mütter, die wir damals ablehnten, nach deren Anerkennung wir uns verzehrten, denen wir um keinen Preis der Welt gleichen wollten und denen wir in so vielem ähnlich waren, diese Mütter sind inzwischen tot, oder ihr Tod ist in absehbare Nähe gerückt. Und damit wird ein neues Kapitel in einer Beziehung eröffnet, die mindestens so kompliziert ist wie die zum Partner oder zur Partnerin, häufig aber noch um einiges komplizierter.

Nachdem ich festgestellt hatte, dass die Literatur über Töchter und den Tod der Mutter noch nicht einmal ein halbes Bücherregal füllt, freundete ich mich mit dem Gedanken an, selbst darüber zu schreiben. Ich war neugierig geworden auf die Geschichten, die sich hinter den Andeutungen verbargen, die so viele Frauen mir gegenüber bereits gemacht hatten. »Weißt du, das war eine zwiespältige Angelegenheit für mich«, sagten sie oder: »Ehrlich gesagt, ich war nicht nur traurig, als sie starb.« Aber auch: »Ich war fassungslos über die Heftigkeit meiner Trauer.« Ich rief erst einmal die Freundinnen an, von denen ich annahm, sie hätten genügend Vertrauen zu mir, um über dieses schwierige Thema ehrlich zu sprechen. Dann fragte ich Bekannte, Freundinnen von Freundinnen und Bekannte von Bekannten. Ich habe nur wenige Frauen interviewt, die ich gar nicht kannte, und das führte zu einer bestimmten Auswahl an Berufen, Altersgruppen und politischer Bewusstheit. Ich hatte das so nicht intendiert. Ich wollte mit Frauen reden, über deren Person und Geschichte ich zumindest ein wenig wusste, denn das erleichterte mir die Fragen und bot mir eine gewisse, wenn auch sehr eingeschränkte Überprüfbarkeit der Antworten.

Ich habe nur eine (polnische) Immigrantin interviewt und eine Tochter jüdischer Remigranten, die als junges Mädchen aus Israel nach Deutschland kam. Das hat sowohl zufällige als auch methodische Gründe. Die Mütter zweier Migrantinnen, die ich persönlich kenne, starben, als ihre Töchter auf der Flucht oder bereits im Exil waren. Der Schmerz dieser Töchter darüber, dass sie ihrer sterbenden Mutter nicht beistehen, ja nicht einmal Kontakt zu ihr aufnehmen konnten, die Bedingungen, unter denen sie ihre Mütter betrauern, und die Schuldgefühle, die ihre Erinnerungen an die Mutter mit prägen, wären es wert, in einem eigenen Buch beschrieben und untersucht zu werden. Ich könnte ihnen hier nicht gerecht werden. Die Mütter anderer Migrantinnen, die ich kenne, leben noch.

Ich hätte also mir völlig fremde Personen zu Gefühlen, Verhaltensweisen, Ritualen befragen müssen, die sich möglicherweise in einigen Aspekten von denen unterscheiden, die mir als Mitteleuropäerin vertraut sind. Unbekanntes wirkt rasch »exotisch«, wenn man den Zusammenhang, in dem es steht, nicht kennt. Bekanntes wiederum kann sich durch die Einwanderungssituation verschieben oder verstärken. Für nicht wenige meiner deutschen Interviewpartnerinnen stellte zum Beispiel die räumliche Entfernung zwischen ihrem Wohnort und dem der sterbenden Mutter ein Problem dar. Wie viel schwieriger muss erst die Situation einer Migrantin sein, deren Mutter sich tausend und mehr Kilometer weit entfernt von ihr befindet. Kurzum, die Gefahr von Oberflächlichkeit, Ungenauigkeit und Missverständnissen erschien mir zu groß, und ich habe deshalb darauf verzichtet, nach Immigrantinnen als Interviewpartnerinnen zu suchen.

Ich habe auch, aus Zufall, nicht aus Absicht, keine Frau interviewt, deren Mutter unter der Alzheimerschen oder einer von den Auswirkungen her vergleichbaren Krankheit gelitten hatte. Die Probleme, die sich daraus ergeben, lassen sich mit der Sorge um eine zum Beispiel krebskranke Sterbende nicht vergleichen. Die physische und psychische Überforderung derer, die Alzheimer-Patienten pflegen, ihre Erleichterung nach deren Tod und ihre eventuellen Schuldgefühle haben eine andere Qualität als das, was die Frauen, die ich interviewte, berichten, und auch als das, was ich selbst erlebte.

Insgesamt habe ich für dieses Buch 20 Frauen interviewt und darüber hinaus mit zwei Psychologinnen und einem Bestattungsunternehmer gesprochen. Fast alle Frauen, die ich darum bat, waren ohne zu zögern bereit, mir ein Interview zu geben. Viele gaben allerdings zu bedenken: »Du wirst enttäuscht sein, denn ich habe nicht viel zu sagen. Das Thema ist für mich abgehakt.« Sie sollten sich in jeder Hinsicht täuschen. Sie hatten enorm viel zu sagen, und das Thema erwies sich zumindest in einzelnen Aspekten als immer noch virulent. Mehrere Frauen, die dachten, sie seien längst darüber hinweg, begannen während des Interviews zu weinen und waren darüber so erstaunt wie erschrocken. Diese Erfahrung beschreibt auch Ruth Eder in Bezug auf ihre Gesprächspartnerinnen. Mit der Erinnerung, sagt sie, kamen auch die Tränen, sogar wenn der Abschied von der Mutter schon 40 Jahre zurücklag.

Meine Gesprächspartnerinnen vertrauten mir vieles über sich an, das man sonst nur engen Freundinnen oder der Therapeutin, dem Therapeuten erzählt. Ich habe deshalb allen angeboten, die Interviews zu anonymisieren. Die meisten waren darüber erleichtert, einige meinten, in ihrem Falle sei das nicht nötig. Ich nenne daher in diesem Buch alle Interviewpartnerinnen nur mit dem Vornamen, wobei die Mehrheit der Vornamen fiktiv ist. Die Beziehungen, die diese Töchter zu ihren Müttern hatten, waren sehr unterschiedlich. Es ist natürlich etwas anderes, ob man zehn Jahre alt ist, wenn die Mutter stirbt, oder ob man selbst schon Großmutter ist. Um eine warmherzige und tolerante Mutter trauert die Tochter anders als um eine herrschsüchtige Frau, die selbst immer im Mittelpunkt stehen wollte. Töchter, die Feministinnen wurden, bringen häufig mehr Verständnis für die Probleme der Mutter auf und mehr Aufmerksamkeit für die Person, die hinter der Mutterfigur steckt, als Frauen, die sich für geschlechtsspezifische Fragestellungen nicht sonderlich interessieren. Ruth Eder beschreibt in Bezug auf ihre Interviewpartnerinnen eine Erfahrung, die auch ich gemacht habe: »Wie die Beziehung – so der Abschied. (...) Je wärmer und interessierter die Mütter früher auf die noch hilfsbedürftigen Töchter eingehen konnten, umso größer scheint die Wahrscheinlichkeit zu sein, dass auch sie Trost und Unterstützung erfahren, wenn sie selbst hilflos geworden sind.«[5]

Einige der Frauen, die mir für dieses Buch Auskunft gaben, konstatierten, dass ich sie mit Fragen konfrontierte, die sie selbst sich noch nicht gestellt hatten. Manche von ihnen baten darum, erst einmal in Ruhe darüber nachdenken zu dürfen. Andere waren sofort neugierig und dachten laut nach, sodass ich ihren Reflektionsprozess mit aufzeichnen konnte. Wieder andere Gesprächspartnerinnen riefen mich ein paar Tage nach dem Interview an und erzählten mir etwas, das ihnen erst nachträglich eingefallen war und das sie für wichtig genug hielten, um mich darüber zu informieren. Beinahe alle interviewten Frauen teilten mir mit, sie hätten nach unserem Gespräch noch lange darüber nachgedacht.

Und auch fast alle sagten mir hinterher, es habe ihnen gut getan, über dieses Thema zu reden beziehungsweise so lange und ausführlich darüber zu reden. Ruth Eder schreibt in der Einleitung zu ihrer Textsammlung »Wie Frauen den Tod ihrer Mutter bewältigen« über ihre eigene Erfahrung: Als ihre Mutter starb, verloren gleichzeitig auch zwei Freundinnen die ihre. »Wir fingen an, darüber zu sprechen. Unter vier Augen, beinahe verschämt. Das Thema war und ist nicht populär.«[6]

Das Sprechen oder Schreiben über den Tod der Mutter ist nicht zuletzt deshalb so schwierig, weil unsere Beziehung zur Mutter meist ambivalent ist. Über Tote soll man nichts Schlechtes sagen, schon gar nicht über die eigene Mutter. Aber kaum eine Frau hat ein ungetrübt liebevolles Verhältnis zu ihrer Mutter. Selbst Töchter, die ihre Mutter innig liebten, haben sie auch ab und zu gehasst oder waren zumindest wütend auf sie, enttäuscht von ihr, haben Verletzungen von ihr erfahren und ihr Verletzungen zugefügt. Umgekehrt empfinden Töchter, die ihre Mutter kaum oder wenig liebten, die sie ablehnten und sich von ihr abgelehnt fühlten, dennoch oft Schuldgefühle ihr gegenüber. Ich habe kaum mit einer Frau gesprochen oder von einer Frau gelesen, die ihrer Mutter beziehungsweise dem Tod ihrer Mutter mit Gleichgültigkeit oder mit völlig eindeutigen Gefühlen gegenüberstand. Und bei einigen war das Erstaunen darüber groß, dass in den letzten Momenten Zärtlichkeit in ihnen aufstieg für eine Mutter, für die sie, wie sie dachten, längst nichts mehr empfunden hatten, dass sie plötzlich Liebe und Fürsorglichkeit für eine Frau verspürten, von der sie sich schon vor Jahren innerlich wie äußerlich distanziert hatten.

Dieses unerwartete Gefühl der Nähe kann schon früher auftreten, beim ersten Hinfälligwerden der Mutter etwa. Simone de Beauvoir schreibt in »Ein sanfter Tod«: »(...) mir wurde bewußt, daß der Unfall meiner Mutter mich schwerer traf, als ich angenommen hatte. Ich wußte nicht recht, warum. Er hatte sie aus ihrem gewohnten Rahmen, aus ihrer Rolle und den starren Vorstellungen gerissen, in die ich sie zwängte. Ich erkannte sie in dieser bettlägerigen Frau wieder, aber das Mitleid und die merkwürdige Verwirrung, die sie in mir erregte, erkannte ich nicht wieder.«[7]

Als ihre Mutter schließlich stirbt, stellt Beauvoir fest: »Normalerweise dachte ich mit Gleichgültigkeit an sie. (…) Unsere frühere Beziehung lebte (…) in ihrer ganzen Stärke wieder auf, als Mamas Unfall, ihre Krankheit und ihr Tod die Routine durchbrachen, die sonst unsere Beziehungen bestimmte. (…) Die ›liebe kleine Mama‹, die sie in meinem zehnten Lebensjahr für mich war, unterscheidet sich nicht mehr von der feindseligen Frau, unter deren Druck meine Jugend stand. Als ich meine alte Mutter beweinte, beweinte ich alle beide. Das Traurige am Scheitern unserer gegenseitigen Beziehung, mit dem ich mich abgefunden zu haben glaubte, wurde mir wieder beklemmend deutlich.«[8]

Die Generation der Mütter, die nun sterben, hatte meist kein leichtes Leben. Krieg, Flucht, der Verlust des Mannes oder des sozialen Status, Mangel prägten die Erfahrung vieler Frauen der 1920er und 1930er Jahrgänge. Einige wurden dadurch verbittert und ließen ihre Enttäuschung und Ernüchterung auch an den Töchtern aus. Diese Frauen erlebten zudem ihre Jugend in der Zeit des Nationalsozialismus. Umso erstaunlicher ist die Tatsache, dass die meisten der von mir befragten Frauen aussagten, ihre Mutter sei gegen die Nazis oder zumindest keine Anhängerin des Regimes gewesen.

Barbara Dobrick, die bei den Gesprächen für ihr Buch »Wenn die alten Eltern sterben« mit derselben Generation von Müttern und Vätern zu tun hatte, schreibt in Anlehnung an die Erkenntnisse von Margarete und Alexander Mitscherlich:

»Die Drohung, die in der Erkenntnis der Schuld der Eltern liegt, kann so groß sein, daß sie gar nicht gewagt werden kann.«[9] Da es in diesem Buch um Mütter und nicht um Väter geht, ist die Wahrscheinlichkeit, dass die Töchter die Taten ihrer Mütter verdrängen, nicht ganz so hoch. Frauen hatten im Nationalsozialismus keine bedeutenden Posten inne, sie waren an den Massenmorden zu einem deutlich geringeren Prozentsatz beteiligt als Männer und an den Entscheidungsprozessen gar nicht. Dennoch gab es Frauen, die in der NS-Frauschaft aktiv waren, die als KZ-Wärterin arbeiteten, die in ihrer Funktion als Fürsorgerin an der »Auslese unwerten Lebens« beteiligt waren, die Juden und Regimegegner denunzierten. Und es gab auch viele andere, »unpolitische« Frauen, die während der NS-Herrschaft eine unrühmliche Rolle spielten, sei es, dass sie sich auf Kosten jüdischer Nachbarn bereicherten, sei es, dass sie Selbstbewusstsein und Befriedigung aus dem Irrglauben zogen, sie gehörten einer »höheren Rasse« an, sei es, dass sie »nur« wegsahen, wenn sich Unrecht und Gewalt vor ihrer Nase abspielten.

Einige wenige der von mir befragten Töchter sagen, ihre Mutter oder Großmutter sei eine Anhängerin der Nazis gewesen. Andere, vor allem Frauen, die politisch aktiv sind oder waren, äußern ein gewisses Misstrauen gegen die Beteuerungen der Eltern, sie hätten damit nichts zu tun gehabt oder nichts davon gewusst. Einige wissen, dass ihre Eltern Sozialdemokraten waren oder dass die Mutter aus einem sozialdemokratischen Elternhaus stammt. Andere schließen aus den Ansichten, die ihre Mutter nach dem Krieg zu »einschlägigen« Themen wie Antisemitismus, Rassismus oder Nationalismus vertrat, oder aus einer allgemeinen Toleranz

26

der Mutter auch ungewöhnlichen Lebensformen gegenüber, dass sie keine Nazifrau gewesen sein könne. Wieweit diese Aussagen auf der Realität beruhen und wieweit sie dem Wunschdenken der Töchter entspringen, kann ich nicht nachprüfen und somit auch nicht beurteilen.

»Wer sich entschließt, über den Tod zu schreiben, hat sich gleichzeitig entschieden, als Außenseiterin angesehen zu werden. Eine verdienstvolle Außenseiterin zwar, aber eben eine Außenseiterin«, schreibt Sally Cline in ihrem Buch »Frauen sterben anders«[10]. Nicht nur die Auseinandersetzung mit dem Tod der Mutter, sondern ganz generell das Nachdenken und Sprechen über das Sterben und den Tod werden in der einschlägigen Literatur als etwas Seltenes und geradezu Gefährliches beschrieben. Fast alle Bücher über das Thema beginnen mit einem Lamento darüber, dass Sterben, Tod und Trauer Tabus in dieser Gesellschaft seien, und dass es äußerst schwierig sei, das Schweigen darüber zu brechen. Gleichzeitig stellt Sally Cline fest: »650 Bücher zum Thema Tod listet Simpson's English Language Bibliography aus dem Jahr 1979 auf; die aktualisierte Version von 1987 fügt weitere 1700 Bücher hinzu, die alle zwischen 1979 und 1986 geschrieben worden sind. (…) Die Veranstalter erster Kurse über Tod und Sterben (…) vertrauen trotz des allgemeinen Widerstandes gegen den Themenkreis auf eine große Resonanz.«[11]

Was stimmt denn nun? Herrscht allgemeines Schweigen oder großes Interesse? Meike Hemschemeier zitiert in ihrer Studienarbeit »Tabu und Faszination. Zur ambivalenten Einstellung zum Tod in westlichen Gesellschaften«[12] einen Friedhofsmanager, der über das öffentliche Interesse am Tod folgende Vermutung anstellt: »Im Fernsehen haben sie ihren *Spaß* daran und in jeder Situation aus zweiter Hand sozusagen – aber, Junge, komm ihnen bloß nicht wirklich damit.

Sie wollen nichts davon wissen.« Dieselben Menschen, die täglich Tote im Fernsehen sehen, die sich an den Anblick von Erschossenen, Verhungerten und tödlich Verunglückten in den Nachrichten und von inszenierten Leichen in Spielfilmen gewöhnt haben, werden im realen Leben kaum je mit dem Sterben eines konkreten Menschen oder mit einer »echten« Leiche konfrontiert. Meike Hemschemeier stellt fest: »Schon der Anblick eines Toten ist für viele unerträglich. ›Behalten Sie ihn als Lebenden in Erinnerung‹, rät oft das Krankenhauspersonal, das die Verwandten benachrichtigt. Dieser Rat wird gern befolgt. Kaum ein Toter wird deshalb noch zu Hause aufgebahrt. Stirbt jemand zu Hause, telefonieren die Angehörigen oft hektisch mit Arzt und Bestattungsunternehmen. Carmen Thomas, die als Moderatorin der Sendung ›Hallo Ü-Wagen‹ mehr als dreißig Sendungen über den Tod zusammen mit Hörerinnen und Hörern gestaltet hat, schreibt aus ihrer Erfahrung mit dem Publikum: ›Blitzartig greifen viele zum Telefon und lassen die Leiche – egal zu welcher Tages- oder Nachtzeit – außer Haus schaffen‹. Ein Bestattungsunternehmer sagt ihr in einem Interview: ›Wie giftigen Sondermüll lassen manche um drei Uhr nachts den Partner oder die Partnerin, mit denen sie ein Leben lang Tisch und Bett teilten, entsorgen.‹«[13]

Die Frauen, die ich für dieses Buch interviewte, reagierten unterschiedlich auf das Sterben und die Leiche ihrer Mutter. Allerdings äußerte sich keine von ihnen auf so ablehnende Weise, wie die von Carmen Thomas zitierten Hinterbliebenen. Es berichtete auch keine der Frauen, sie habe Angst oder Ekel vor der Toten empfunden. Manche befolgten den Rat, »Behalten Sie sie so in Erinnerung, wie Sie sie zuletzt gesehen haben«. Einige bereuen diese Entscheidung inzwischen und wünschten, sie hätten sich »richtig« von der toten Mutter verabschiedet. Andere waren beim Sterben zugegen, und jede von ihnen ist dafür dankbar. Andere kamen erst, nachdem die Mutter bereits gestorben war, konnten aber noch eine Weile von ihr Abschied nehmen, ehe sie weggebracht wurde. Fast alle jedoch betrachteten es als selbstverständlich, dass die Tote von professionellem Personal aus dem Haus geschafft beziehungsweise aus dem Sterbezimmer im Krankenhaus entfernt und für die Beerdigung »hergerichtet« wurde.

Nur eine Einzige unter meinen Interviewpartnerinnen, eine Immigrantin aus Polen, bereitete ihre tote Mutter eigenhändig auf ihren letzten Weg vor. Auch für mich war diese Versorgung meiner gestorbenen Mutter ein letzter Liebesdienst, ein Ritual, das mir ganz natürlich und selbstverständlich erschien. Ich tat es gerne. Es tat mir selber gut, auf diese Weise noch einmal Abschied von ihr zu nehmen, und ich kam gar nicht auf die Idee, dass es als etwas Ungewöhnliches oder gar Absonderliches wahrgenommen werden könnte. Erst als ich später anderen davon erzählte, merkte ich an ihren Reaktionen, dass mein Verhalten anscheinend gar nicht selbstverständlich war. Die einen sahen mich voller Bewunderung an, andere schienen eher abgestoßen, aber kaum jemand sagte wie meine polnische Freundin: »Ja, klar, das habe ich auch getan.«

»An mir selbst erfuhr ich bis ins Mark, daß man in die letzten Augenblicke eines Sterbenden das Absolute legen kann.«[14] Simone de Beauvoirs Satz bestätigt die Erfahrung vieler Frauen, die beim Tod ihrer Mutter anwesend waren. Prioritäten, die man bis dahin für unverrückbar hielt, verschieben sich wie Pappwände. Wir haben vergessen, schreibt Sally Cline in ihrem Buch »Frauen sterben anders«, dass »Tod ebenso wie Liebe ein gewaltiges, geheimnisvolles Erlebnis ist, das die Phantasie von Generationen von Dichtern, Dramatikern und Malern gefangen genommen hat.«[15] Dieses Wissen ging tatsächlich verloren. Der Umgang mit Ster-

29

benden und dem Tod bewegt sich (in Europa und Nordamerika) zurzeit zwischen zwei Extremen: Das Unbegreifliche wird ausgegrenzt, verdrängt und steril entsorgt, oder es wird zum emotionalen Erlebnispark umfunktioniert. Es gibt in den USA eine Bewegung, die sich für eine Art »Schöner Sterben« einsetzt. Auch hierzulande bieten einzelne Bestattungsunternehmer Formen der Aufbahrung, Beerdigung und »Trauerarbeit« an, die eine Alternative zu dem gewohnten konventionellen Zeremoniell darstellen: Die Angehörigen dürfen zum Beispiel den Sarg bemalen oder schmücken, sie dürfen Gegenstände verfertigen, die sie dem oder der Toten mitgeben möchten, sie können die Verstorbene, den Verstorbenen malen, fotografieren, filmen und in Trauerräumen, die ihnen eigens dafür zur Verfügung gestellt werden, so viel Zeit mit ihr oder ihm verbringen, wie sie möchten. In anschließenden Trauerseminaren können sie unter der Anleitung eines »Trauerbegleiters« über ihre Gefühle sprechen und sie mit anderen teilen. Es werden sogar »Trauerreisen« angeboten, auf denen sie sich im Kreise von Leidensgenossen erholen oder weiterbilden können. Das Begräbnis wird nach den Vorstellungen und Wünschen der Angehörigen gestaltet, es darf dabei gesungen, geredet, eine Diashow gezeigt oder, im entgegengesetzten Fall, auf dem Grab herumgetrampelt werden. *Alles ist möglich ...*

Diese Art der Befreiung von erstarrten und konventionellen Trauerritualen ist sicher in vielen Fällen hilfreich. Sie passt aber auch in das umfassende Konsumangebot einer Gesellschaft, in der man sich – sofern man über das nötige Geld verfügt – alles kaufen kann, sogar die Bewältigung von Schmerz und Trauer und die Verheißung, dass eine »gelungene« Verarbeitung des Verlustes zu einer positiven Entwicklung der Persönlichkeit und einer größeren Lebendigkeit des Trauernden führe.[16] Ich weiß nicht, ob diese

Rechnung aufgeht. Trauergefühle und die Versuche, diese Gefühle zu bewältigen, sind so unterschiedlich wie die Menschen, die sie empfinden, die Kulturen, von denen diese Menschen geprägt sind, und die psychische Verfassung, in der sie sich gerade befinden. Ich habe Frauen kennen gelernt, die sich durch die beschriebene Art der »Trauerbegleitung« ernst genommen und getröstet fühlten. Von den Frauen, die ich für das Buch interviewt habe, wünschten sich einige einen persönlicheren Umgang mit der Leiche und einen weniger formalisierten Ablauf des Begräbnisses. Keine allerdings konnte sich vorstellen, sich an ein »Haus der Begleitung« zu wenden oder ein »Trauerseminar« zu besuchen. Sie zogen es alle vor, mit ihrer Trauer alleine zu sein oder bei den Menschen Trost und Unterstützung zu suchen, die ihnen am nächsten stehen.

Schweigen muss nicht immer Verschweigen und Verdrängen bedeuten. Und Trauer ist bis zu einem bestimmten Grad nicht »teilbar«, sie beinhaltet immer ein, je nachdem, größeres oder kleineres Moment von Einsamkeit. Die Lücke, die ein Mensch hinterlässt, kann durch niemanden gefüllt werden. Das Sichbewusstwerden der eigenen Endlichkeit löst neben Nachdenklichkeit auch Erschrecken, wenn nicht Entsetzen aus. Nicht umsonst haben sich alle bekannten Kulturen Vorstellungen darüber gemacht, ob und wie die Toten weiterleben, wohin ihre Seelen sich begeben und ob die – noch – Lebenden ihnen wiederbegegnen werden oder nicht. Der Tod hat seine eigene Gewalt, er ist ein Mysterium, und diejenigen, die ihn erlebt haben, können uns nicht mehr davon berichten. Ob die Menschen in verschiedenen Epochen und Kulturen den Tod annahmen oder fürchteten, ob sie ihn als selbstverständlichen Teil des Lebens oder als unvermeidliche Katastrophe betrachteten, niemand konnte je sein Geheimnis ergründen, niemand weiß, was »danach« geschieht.

Die verschiedenen Religionen haben dieser Tatsache Rechnung getragen, die Sterbezeremonien und Trauerrituale aller Zeiten und Völker haben versucht, die Lebenden für die Konfrontation mit dem Tod zu wappnen und den Toten den Weg, den sie nun einschlagen würden, zu erleichtern. Man legte den Verstorbenen eine Münze in den Mund, wenn man glaubte, sie müssten den Fährmann, der sie ins Totenreich übersetzte, bezahlen. Man gab ihnen Speisen und Getränke mit, wenn man davon überzeugt war, sie würden in einer anderen Welt weiterleben. Man legte sie in geweihte Erde, damit sie am Jüngsten Tag teilhätten, man verbrannte ihren Körper, damit die Seele frei wäre, sich einen neuen zu suchen.

Auch Menschen, die an keinen Gott und an kein Weiterleben nach dem Tod glauben, »vergessen« ihre agnostische oder atheistische Haltung, wenn es um geliebte Verstorbene geht. Sally Cline zitiert zum Beispiel die Tochter einer katholischen Romanautorin, die ihr sagte: »Ich, die ich bis vor kurzem an nichts geglaubt hatte, (...) setzte die ganze, über Jahre als Agnostikerin aufgestaute, frustrierte, leidenschaftliche Geisteskraft ein, um Gott inständig anzuflehen: ›Bitte, laß sie nicht länger leiden. Bitte, laß sie jetzt sterben.‹«[17] Die Philosophin Hannah Arendt, die ihr Judentum als ethnisch und kulturell begriff, nicht aber als religiös, erfuhr in New York durch ein Telegramm ihrer Cousine Eva Beerwald vom Tod der Mutter. Martha Arendt hatte sich auf eine Reise nach England begeben und war auf dem Schiff gestorben. Als Hannah Arendt auf einer Europareise ihre Cousine nach 15 Jahren zum ersten Mal wieder sah, lautete ihre erste Frage: »Wer hat ein Kaddisch (das Totengebet, Anm. d. Autorin) für Mutter gesprochen?«[18]

Ich habe alle meine Interviewpartnerinnen gefragt, ob ihre Mutter für sie noch irgendwo existent sei. Viele von ihnen, auch intellektuelle Frauen, die sich als »ohne jedes religiöse

Bekenntnis« bezeichnen, antworteten mit »ja«, auch wenn die meisten nicht sagen konnten, wo und in welcher Form. Mich hat diese Antwort nicht sonderlich erstaunt, denn auch ich kann mir nicht vorstellen, dass meine Mutter ganz und gar verschwunden sein soll.

Ich stelle im ersten Teil dieses Buches dar, wie sich Historikerinnen und Feministinnen, Memoirenautorinnen und Schriftstellerinnen mit der Beziehung zwischen Müttern und Töchtern und dem Tod der Mutter auseinander gesetzt haben. Die einzelnen Kapitel im zweiten Teil, dem Hauptteil des Buches, habe ich nach den Fragen geordnet, die ich meinen Gesprächspartnerinnen stellte. Sie beziehen sich auf reale Situationen wie das Sterben der Mutter, den Abschied von ihr, Trauerrituale und Begräbnissituation, die Übernahme von Schmuck, Kleidern, Fotos und anderen Erinnerungsstücken und so weiter. Und sie handeln von Gefühlen und Beziehungsmustern wie dem Verhältnis zwischen Mutter und Tochter, den Gefühlen beim Tod der Mutter und nach der ersten Trauer, von den – veränderten – Beziehungen zum Vater und den Geschwistern, vom angenommenen oder abgelehnten »Erbe« an Aussehen, Eigenschaften, Charakterzügen der Mutter und so weiter. Ich habe die Töchter auch gefragt, ob sie etwas über die Person hinter der Mutterfigur in Erfahrung bringen wollten und konnten, ob sie mit ihrer Mutter sprechen – mit ihrem Foto etwa oder an ihrem Grab –, ob sie sich mit ihrer Mutter versöhnt haben und ob sich, ganz allgemein, ihr Leben oder ihre Einstellungen durch den Tod der Mutter verändert haben.

Bevor ich jedoch über die Erfahrungen und Erlebnisse von so vielen unterschiedlichen Töchtern berichte, erzähle ich vom Tod meiner Mutter. Ich schreibe dieses Buch nicht als neutrale Beobachterin, sondern als Tochter, die aus eigener Erfahrung heraus fragte und die beim Fragen und Zuhören auch eigene Emotionen bewältigen musste. Nicht nur meine Gesprächspartnerinnen haben bei den Interviews geweint, auch mir kamen manchmal die Tränen. Ich habe für dieses Buch viel Material gesammelt und bearbeitet. Dass ich es schreiben konnte, verdanke ich der Bereitschaft all der Frauen, die sich von mir interviewen ließen, offen und ungeschützt über ihre Erfahrungen und Gefühle zu sprechen. Das Buch geht somit weit über meine individuelle Wahrnehmung und Erfahrung hinaus. Dennoch gibt es auch den subjektiven Aspekt darin. Ich habe ihn bewusst nicht herausgehalten, denn meiner persönlichen Erfahrung mit dem Thema verdanke ich nicht nur den Antrieb, das Buch zu schreiben, sondern auch die Empathie, mit der ich meine Gesprächspartnerinnen befragen konnte und die einigen von ihnen geholfen hat zu antworten.

Ich habe immer das Gefühl gehabt, daß ich vollkommen sein müsse, um mir die Liebe und Achtung meiner Mutter zu erhalten. (...) Wir schaffen uns unsere eigenen Gespenster.

Nancy Friday

2 Mütter und Töchter: »Die Stärke dieser Beziehung«

In den frauenbewegten Siebzigerjahren wussten wir eines ganz genau: Wir wollten nicht wie unsere Mütter werden. Wir wollten starke, autonome, selbstbewusste und selbstbestimmte Frauen werden. Aber wie sah so eine Frau aus? Unsere Mütter waren uns keine Vorbilder, aber wir hatten auch kaum andere. Wir fragten uns: Gab es starke Frauen in der Geschichte (jenseits von Jeanne d'Arc und irgendwelchen Königinnen)? Und wir entdeckten, dass wir nach allem, was wir wissen wollten, selbst suchen mussten. Eine Geschichte interessanter Frauen existierte ebenso wenig wie eine weibliche Sozialgeschichte. Frauen haben selbst sehr viel weniger über sich geschrieben als Männer, und es wurde auch von anderen sehr viel weniger über sie geschrieben. Wir wissen daher auch nicht allzu viel darüber, wie die Beziehungen zwischen Müttern und Töchtern in früheren Jahrhunderten aussahen. Sie scheinen jedoch, wenn man den vorhandenen Quellen trauen kann, eher harmonisch als konfliktreich gewesen zu sein.

Die autobiographischen Texte von Frauen früherer Epochen vermitteln ein Bild weiblicher Zusammengehörigkeit und gegenseitiger Unterstützung. Die Mutter lehrte die Toch-

35

ter, was diese als Frau wissen musste, und stand ihr in den entscheidenden Momenten eines Frauenlebens bei: bei ihrer Heirat und bei den Geburten der Kinder. Die Tochter wiederum kümmerte sich um die Mutter, wenn diese krank war oder im Sterben lag. Dieses Bündnis scheint im Alltag der Frauen über hunderte von Jahren funktioniert zu haben. Die Zärtlichkeit, mit der Töchter in Briefen und Tagebüchern vergangener Jahrhunderte über ihre Mütter schreiben, kann nicht nur geheuchelt und der Konvention geschuldet sein.[19] Adrienne Rich verweist auf eine Forschungsarbeit von Carol Smith-Rosenberg, die Briefe amerikanischer Frauen aus der Zeit von 1760 bis 1880 untersuchte. Sie fand darin eine »weibliche Welt«, die »klar getrennt von der größeren Welt männlicher Interessen« war, und »in der (...) Frauen eine vorherrschende Wichtigkeit im Leben einer jeden einnehmen.«[20]

Im »Herzen dieser weiblichen Welt« entdeckte Smith-Rosenberg eine »innige Mutter-Tochter-Beziehung«.[21] Die Autorin, die selbst zu einer Generation gehört, für die diese Innigkeit nicht mehr selbstverständlich ist, zieht durchaus in Betracht, dass der Mangel an Konflikten auch daher rühren könnte, dass eventuelle Aggressionen zwischen Mutter und Tochter unterdrückt werden mussten. Doch sie gelangt zu dem Schluss: »Diese Briefe scheinen so lebendig und das Interesse der Töchter an den Geschichten ihrer Mütter so vital und ursprünglich, dass sich ihre enge Beziehung schwerlich nur in Begriffen wie Verdrängung und Ablehnung interpretieren lässt.«[22]

Smith-Rosenberg äußert sich nicht dazu, ob die Solidarität der »weiblichen Welt« in der Epoche, die sie untersuchte, auch für die Rebellinnen unter den Töchtern galt. Nicht alle Töchter setzten das Leben ihrer Mütter bruchlos fort. Es gab zu jeder Zeit Frauen, die andere Träume hegten, als zu heiraten und Kinder großzuziehen. Wurden sie von ihren Müttern unterstützt, oder mussten sie sich ihre »unweiblichen« Ziele alleine erkämpfen, auch gegen die eigene Mutter? Frauen, die einen Beruf erlernen, die studieren, Romane schreiben, Streichquartette komponieren oder Bilder malen wollten, haben das getan, und oft mit Erfolg, obwohl sie sich gegen ihre gesamte Umwelt durchsetzen mussten. Wir wissen nicht von allen, wie ihre Mütter sich verhielten. Aus den vorhandenen Memoiren oder Biographien geht hervor, dass diejenigen, deren Mütter ihre Ideen ablehnten, eher darunter litten, als dass sie offen gegen die Mutter rebellierten. Viele jedoch, von der russischen Revolutionärin Vera Figner über die jüdisch-deutsche Philosophin Hannah Arendt bis zur amerikanischen Malerin Georgia O'Keeffe, berichten, dass ihre Mutter ihnen beistand.

Als ich dieses Buch gerade zu Ende schrieb, erschien eine Studie aus den USA, die besagt: Die Beziehungen zwischen Müttern und ihren erwachsenen Töchtern sind, bei allen Komplikationen und Ambivalenzen, erstaunlich gut. Die Autorin, Karen Fingerman, befragte 48 Mutter-Tochter-Paare und stellte fest, dass Mütter noch immer das Selbstbild der Töchter beeinflussen. Frauen fänden es auch heute noch »schwierig, die Balance zwischen dem Wunsch, ihrer Mutter zu gefallen, und dem Aushalten mütterlicher Kritik zu finden«. Dennoch gelangt Fingerman zu dem Schluss: »Frauen sollten die Stärke dieser Beziehung zu ihrer Mutter erkennen und schätzen.«[23] Damit steht Karen Fingerman in der Tradition amerikanischer Autorinnen, die sich seit den Siebzigerjahren mit der Beziehung zwischen Müttern und Töchtern beschäftigen. Bereits Adrienne Rich[24] und Nancy Friday[25] betonten, wie bedeutsam und befreiend es für die Tochter sei, sich aus ihrer Verstrickung mit der Mutter zu lösen, die Mutter als eigenständige Person zu erkennen und ihr auf einer erwachsenen Ebene von Frau zu Frau zu begegnen. Amerikanische Töchter äußern sehr viel häufiger als deutsche Töchter Bewunderung für ihre Mutter und das Bedürfnis, sich mit ihr zu versöhnen. Es waren auch amerikanische Feministinnen, die sich in den Siebzigerjahren ausgiebig und differenziert mit ihren Müttern auseinander setzten und ihre Erkenntnisse publizierten.

Nancy Friday zum Beispiel analysiert in ihrem Buch »Wie meine Mutter« zuerst ausführlich die Schwierigkeiten, die Töchter mit ihren Müttern haben. Sie schreibt über die Wut auf die Mutter, die Töchter zu Recht empfinden, über die fatale Symbiose mit der Mutter, die Töchter auflösen müssen, und über die Unehrlichkeit zwischen Müttern und Töchtern, die beiden Schaden zufügt. Nancy Friday untersucht nicht nur das Verhalten der Mütter kritisch, sondern ebenso das der Töchter. Und sie zeigt gleichzeitig Wege zu einem gegenseitigen Verständnis und damit auch zu einer möglichen Versöhnung auf. An dem Beispiel, das sie von sich selbst gibt, wird ihre generelle Haltung deutlich, die sie mit anderen amerikanischen Feministinnen teilt: Sie hatte viele Jahre lang das Gefühl gehabt, sie müsse der Mutter gegenüber Theater spielen, ihr die perfekte Tochter vorgaukeln, um ihre Liebe und Achtung zu erhalten. Sie war davon überzeugt, ihre Mutter würde zusammenbrechen, wenn sie erführe, wie die Tochter in Wirklichkeit lebte, dachte und empfand.[26] Es gelang ihr erst, sich aus dieser anstrengenden Doppelrolle zu lösen, als sie ihrer Mutter einen Wunsch abschlug und damit vermeintlich riskierte, sie krank zu machen oder unwiderruflich zu verlieren. Doch es geschah nichts dergleichen. Die Tochter machte die Erfahrung, dass sie ihrer Mutter gegenüber sie selbst sein konnte und dass die Mutter das nach einer Weile auch akzeptierte. Erst jetzt konnte eine ehrliche Beziehung zwischen den beiden Frauen beginnen, in der keine mehr von der anderen das Unmögliche erwarten musste.

Der Schluss, den Nancy Friday aus dieser Erfahrung zieht, ist der, dass Töchter die Phantasie aufgeben müssen, sie könnten von ihrer Mutter doch noch die vollkommene Liebe erhalten, die sie sich immer gewünscht hatten: »Wir müssen (…) uns nach etwas anderem umsehen. Die Vorstellung ist ernüchternd. Sie macht uns gleichzeitig reifer. Und was das wichtigste von allem ist: Sie entspricht der Wahrheit.«[27] Als sie an diesem Punkt angelangt war, konnte Nancy Friday wahrnehmen, dass sie von ihrer Mutter auch positive Fähigkeiten und Stärken geerbt hatte. Sie nahm dieses Erbe an und das ihrer Großmutter dazu, die sich in den Zwanzigerjahren »unweiblich« und emanzipiert verhalten hatte. Und sie kommt schließlich zu der Erkenntnis: »Ich befinde mich in einer Linie von drei Generationen sexueller, abenteuerlustiger und selbständiger Frauen. Ist diese Vorstellung nicht viel aufregender und tiefer als die Vorstellung, daß ich mich selbst aufgebaut habe?«[28]

Die Einsicht, Teil einer Kette zu sein, die von den Frauen der Familie gebildet wird, teilt Nancy Friday unter anderem mit Virginia Woolf und deren Nichte Angelica Garnett (siehe Kapitel 3). Es scheint, dass Töchter, wenn sie sich einer eigenen Identität gewiss sind, die radikale Abgrenzung von der Mutter aufgeben und sich dafür in einen innerfamiliären weiblichen Zusammenhang einfügen können. Sind diese weiblichen Vorfahrinnen und Verwandten nicht in Verbrechen verstrickt oder anderweitig moralisch abzulehnen, gewinnt die Tochter dadurch einen unerwarteten Reichtum: Sie kann sich mit ihrer ganz persönlichen Identität in eine familiäre weibliche Traditionslinie stellen und sich – auch – aus ihr heraus verstehen.

Ich habe jedoch von kaum einer meiner Interviewpartnerinnen gehört, sie könne oder wolle sich als Glied einer solchen Kette sehen. Einige wissen nichts oder nur wenig über ihre Großmütter, andere beschreiben sie als hart und grausam ihren Müttern gegenüber. Auch in Bezug auf ihre Mütter äußern sich meine deutschen Gesprächspartnerinnen in vielem ganz anders als amerikanische (und zum Beispiel auch britische) Autorinnen. Amerikanische Mütter der Vierziger- und Fünfzigerjahre scheinen mit ihren Töchtern zärtlicher umgegangen zu sein als deutsche Mütter in dieser Zeit. Sie schenkten ihnen offenbar mehr körperliche Nähe und auch mehr Aufmerksamkeit. Sie dressierten sie aber anscheinend ab einem bestimmten Alter auch stärker auf die klassische Frauenrolle hin. Die – deutschen (und österreichischen) – Mütter meiner Interviewpartnerinnen gaben ihren Töchtern, nach deren Aussagen, mehr Freiheit und weniger Zärtlichkeit. Sie waren häufiger berufstätig, und auch wenn sie ihren Beruf aufgegeben hatten, vermittelten sie der Tochter, wie wichtig es für eine Frau ist, finanziell unabhängig zu sein. Meine Interviewpartnerinnen wurden also anscheinend von ihren Müttern weniger heftig als ihre amerikanischen Zeitgenossinnen in die Frauenrolle gedrängt, dafür aber auch weniger in den Arm genommen.

Und, auch hier wird der Unterschied deutlich: Deutsche Autorinnen, ob Feministinnen oder nicht, schrieben in den letzten dreißig Jahren nur sehr selten über ihre Mütter und über die Beziehung zwischen Müttern und Töchtern. Deutsche Töchter, die in den Vierziger- und Fünfzigerjahren aufwuchsen, müssten in die Auseinandersetzung mit ihren Müttern (und Großmüttern) auch die Frage einbeziehen: Was hat sie in der Zeit des Nationalsozialismus gedacht und getan? Wie weit hat die nationalsozialistische Ideologie sie geprägt oder zumindest beeinflusst? Sowohl die ehrliche Beschäftigung mit dieser Frage als auch ihre Verdrängung gestalten die

Beziehung zwischen Mutter und Tochter sicher noch komplizierter und schwieriger, als sie es ohnehin schon ist. In jedem Fall, und was auch immer die Gründe dafür sein mögen: Die Diskrepanz zwischen der liebevollen und verständnisvollen Haltung, die amerikanische Autorinnen, bei aller Kritik, häufig ihrer Mutter gegenüber einnehmen, und der Distanz und Verletztheit, die aus vielen Interviews sprach, die ich mit deutschen Töchtern über ihre Mütter führte, ist auffallend.

Dass sie ihre Mütter zum Teil anders wahrnahmen als die amerikanischen Feministinnen (deren Mütter ja auch andere Frauen waren), hinderte deutsche und österreichische Frauen jedoch nicht daran, deren Bücher zu lesen und zu diskutieren und ihre Schlachten mit ihren eigenen Müttern zu schlagen. Natürlich fühlten sich auch in den Siebzigerjahren nicht alle Frauen der Frauenbewegung und ihren Inhalten verbunden. Dennoch lehnten viele das Rollenmodell, das sie in ihren Müttern verwirklicht sahen, ab, und zwar nicht nur für sich persönlich, sondern für *die* Frauen überhaupt. Doch der Weg zu einer eigenständigen Identität ist für Frauen lang und schwierig. Er ist nicht gangbar, ohne dass die Frau sich mit ihrer Beziehung zur Mutter auseinander setzt, und zwar über die reine Abgrenzung hinaus. Es gibt dabei vieles zu bedenken und zu befühlen. Die Gesellschaft erwartet so vieles von Müttern, Mütter erwarten so vieles von ihren Töchtern, und Töchter erhoffen sich so vieles von ihren Müttern.

Die Therapeutin Astrid Schillings machte mich darauf aufmerksam, wie sehr junge Mütter bereits vom ersten Moment ihrer Mutterschaft an verunsichert werden: Schwangerschaft und Geburt werden heute, wie auch Menstruation und Klimakterium, nicht mehr als natürlicher Vorgang gesehen, sondern als Krankheit behandelt.[29] Früher brachten Frauen ihre Kinder zu Hause auf die Welt, unterstützt von anderen Frauen, die ihnen auch beibrachten, wie sie mit dem

Neugeborenen umgehen sollten. Seit Geburten im Krankenhaus stattfinden, verlaufen sie nicht nur unpersönlicher, sondern häufig auch entmündigend für die Gebärende. Bis vor
einiger Zeit wurde ihr der Säugling sofort nach der Geburt
weggenommen, und man gab ihr zu verstehen, dass der Arzt
und das Krankenhauspersonal über die Bedürfnisse von Ge-
bärenden und Neugeborenen sehr viel besser Bescheid wüssten als sie selbst. Seit etwa zwanzig Jahren hat sich die
Situation – nicht zuletzt dank der Erkenntnisse und Forde-
rungen der Frauenbewegung – wieder verändert. Geburten,
wie ich sie hier beschrieben habe, sind nicht mehr unbedingt
die Regel. Doch die Mütter, die ihre Kinder in den Vierziger-,
Fünfziger- und Sechzigerjahren bekamen, waren genau diesen verunsichernden und oft deprimierenden Bedingungen
ausgesetzt. Mütter, die ihre Kinder in den Vierzigerjahren
zur Welt brachten, waren oft zusätzlich noch erschwerenden
Umständen wie Bombenangriffen, Flucht, Notunterkünften,
manchmal auch Kälte und Nahrungsmangel ausgesetzt.

Während der jungen Mutter jede Kompetenz abgespro-
chen wurde, verlangte man von ihr gleichzeitig völlige Hin-
gabe an das Kind. Gefühle, die nicht in das Schema der per-
fekten allumfassenden Mutterliebe passen, waren – und sind
– tabu. Frauen, von denen verlangt wird, dass sie ihre eigenen Interessen und Bedürfnisse dem Wohl des Kindes opfern,
haben zumindest ambivalente Gefühle diesem Kind gegenüber. Ihre negativen Gefühle dürfen sie aber nicht artikulie-
ren, und viele verbieten sich sogar, sie selbst wahrzunehmen.
Eine Mutter darf ihr Kind nicht hassen, es darf ihr nicht einmal auf die Nerven gehen. Eine Mutter sollte ihren Beruf zumindest für einige Jahre aufgeben. Sobald sie das aber tut,
schleicht sich die klassische Rollenteilung wieder ein, denn
sie ist ja »ohnehin zu Hause und hat nichts zu tun«. Ist die
Frau selbst nicht mehr berufstätig, hat sie auch kein eigenes

Einkommen mehr und ist vollkommen von ihrem Mann abhängig. Es gibt somit viele Gründe, warum die Gefühle, die unsere Mütter für uns empfanden, nicht nur aus reiner, selbstloser Liebe bestanden.

Elisabeth Badinter hat in ihrem Buch »Die Mutterliebe« dargestellt, wie sehr die Vorstellung von Mutterliebe historisch und sozial bedingt ist. Sie hängt ab von den jeweiligen gesellschaftlichen Bedingungen und der jeweils tonangebenden Ideologie. Aristokratische Mütter des 18. Jahrhunderts übergaben ihr Kind sofort nach der Geburt einer Amme. Das Kind selbst zu stillen, zeugte von Armut, nicht von Zuneigung. Mütter der unteren Klassen verschnürten ihre Kinder in »Steckkissen«, in denen sie zwar keinen Finger bewegen, aber problemlos dort abgelegt werden konnten, wo die Mutter gerade arbeitete. Die Vorstellung von Mutterliebe und von Kindheit, der wir heute anhängen, wurde von bürgerlichen Philosophen und Ideologen im ausgehenden 18. und beginnenden 19. Jahrhundert erfunden. Sie ist so wenig »natürlich« wie die dazugehörige Unterdrückung der Frauen.[30] Und dennoch erwarten und erhoffen wir sie immer wieder, vor allem von der eigenen Mutter.

Mütter wissen, dass sie den Sohn in einem bestimmten Alter »loslassen« müssen. Er soll ein Mann werden, kein »Muttersöhnchen«. In der Tochter sehen sie jedoch häufig eine Verlängerung ihrer selbst. Mütter sehen in der Tochter ein Püppchen, das stets lieb, sauber und gefällig zu sein hat. Mütter sehen in der Tochter ein Wesen, das wie sie selbst ein weibliches, sprich: schreckliches Schicksal erleiden wird, und sie geben ihr von klein auf zu verstehen, dass eine Frau nichts zu lachen hat. Mütter sehen in der Tochter eine potentielle »Schlampe«, die all die sexuellen Begierden, die sie selbst nie entwickeln durften, ausleben und ihnen »Schande« bereiten wird. Mütter sehen in der Tochter die junge Frau, die das erreichen kann, was ihnen selbst verwehrt wurde, und sie treiben sie an, ihre unerfüllten Träume zu verwirklichen. Mütter sehen in der Tochter aber auch ein Wesen, das ihnen nahe und vertraut ist und dem sie helfen wollen, ein gutes oder auch ein besseres Leben als sie selbst zu führen. Sie sehen die Tochter als Vertraute, die sie eher versteht als der Sohn oder auch der eigene Mann. Und sie möchten, dass die Tochter von ihnen lernt und ihre Ratschläge annimmt.

Für die Tochter ist die Mutter der erste Mensch in ihrem Leben, sie gibt ihr die erste Wärme und Zärtlichkeit, ihr Körper ist ihr von Anbeginn vertraut, ihre Stimme hört sie schon im Mutterleib. Mutter ist für unsere existenziellen Bedürfnisse zuständig, sie gibt uns zu trinken, und sie hält uns im Arm, sie spricht mit uns und trägt uns durch die »Welt«. Ohne sie könnten wir nicht leben. (Es gibt durchaus auch Väter, die sich des Säuglings annehmen und sich um ihn kümmern, und es ist nicht immer die biologische Mutter, die für das Kind sorgt. Da jedoch in den meisten Fällen die leibliche Mutter für das Kind zuständig ist, ignoriere ich hier die Ausnahmen.) Und es ist die Mutter, die uns die ersten Enttäuschungen und Schmerzen zufügt. Sie kommt nicht immer, wenn wir sie brauchen, sie kümmert sich nicht um uns, obwohl wir uns heiser schreien, sie gibt uns einen Klaps, anstatt uns zu streicheln. Sie schreit uns an, anstatt zärtlich mit uns zu sprechen. Wir lernen, dass wir sie durch unser Verhalten manchmal gegen uns aufbringen, dass wir sie aber durch anderes Verhalten für uns gewinnen können. Und viele von uns Töchtern erfahren früh, dass sie als »Mamas liebes Mädchen« mehr Chancen haben, als wenn sie sich »frech« und fordernd benehmen.

Töchter sehen in der Mutter eine Person, die schwächer ist als der Vater, die über weniger Autorität verfügt und sich dem Willen des Mannes beugen muss; eine Person, deren Leben aus sich ewig wiederholender Hausarbeit besteht; kurzum, eine Person, der man selbst auf keinen Fall gleichen möchte. Töchter sehen an der Mutter einen Körper, der offenbar ständig Probleme bereitet, der blutet und schmerzt, der schwanger werden und eine ins Unglück stürzen kann. Töchter sehen in der Mutter die Instanz, die sie von den Quellen der Lust abschneidet, die ihnen verbietet, sich an bestimmten Stellen zu berühren, die ihnen beibringt, sich schamvoll zu verhüllen und »schmutzige« Gedanken zu verbannen. Töchter sehen an der Mutter die Bitterkeit und Lustfeindlichkeit einer frustrierten Frau, und sie fürchten, dass Verbitterung und Lustlosigkeit das unausweichliche Schicksal aller Frauen, also auch ihr eigenes ist. Töchter sehen in der Mutter eine Dompteurin, die sie von Bäumen herunterjagt, von der Straße wegholt und in enge Kleidchen steckt, in denen man sich nicht richtig bewegen kann. Töchter sehen in der Mutter aber auch die fürsorgliche und liebevolle Beschützerin, in deren Schoß man flüchten, in deren Armen man sich ausweinen und an deren Hand man zuversichtlich in die Welt hinaushüpfen kann. Töchter sehen in der Mutter die elegante und duftende Dame, deren Abbild sie sein möchten und deren Kleider sie heimlich anprobieren. Töchter sehen in der Mutter die Vertraute, die einem zuhört und die man um Rat fragen kann. Das Bild, das Töchter von ihrer Mutter haben, entspricht meist ebenso wenig der realen Person in ihrer Vielschichtigkeit wie das Bild, das Mütter sich von ihrer Tochter machen.

Wir wissen als kleine Mädchen und auch als Heranwachsende nichts von den Schwierigkeiten, mit denen unsere Mutter zu kämpfen hat. Wir wissen nicht, dass sie sich vielleicht unzulänglich fühlt, dass sie große Angst hat, etwas falsch zu machen, dass sie hilflos ist und ihren eigenen Gefühlen und Instinkten nicht traut. Und unsere Mutter wagt es nicht, uns etwas davon zu vermitteln. Die Phantasieszene, die Nancy Friday in ihrem Buch beschreibt, klingt ebenso erlösend wie unwahrscheinlich. Sie stellt sich vor, ihre junge Mutter hätte sie eines Tages in ihr Schlafzimmer geholt und zu ihr gesagt:

»Nancy, du weißt, daß ich in dieser ganzen Mütterlichkeitsangelegenheit nicht sehr gut bin (...) Du bist ein wunderbares Kind, der Fehler liegt nicht bei dir. Aber meine Mutteraufgabe fällt mir nicht leicht. Wenn ich also nicht wie die Mütter anderer Kinder zu sein scheine, dann versuch zu verstehen, daß es nicht daher kommt, weil ich dich nicht liebe. Ich liebe dich. Aber ich bin selbst verwirrt. Es gibt einige Dinge, über die ich Bescheid weiß. Ich werde sie dich lehren. Das andere Zeug – Sexualität und das alles – nun, darüber kann ich mit dir einfach nicht sprechen, weil ich nicht sicher bin, wie ich es selbst in mein Leben einordnen soll. Wir werden versuchen, andere Menschen zu finden, andere Frauen, die mit dir sprechen und die Wissenslücken füllen können. Du kannst nicht erwarten, daß ich dir alles an Mütterlichkeit gebe, was du brauchst. (...) Ich bin nicht sicher, wie ich dich erziehen soll. Aber du bist intelligent, und ich auch. Deine Tante liebt dich, deine Lehrerinnen spüren bereits das Verlangen in dir. Mit ihrer Hilfe und mit dem, was ich dir geben kann, werden wir es zuwege bringen, daß du das ganze Mutterpaket erhältst – alle Liebe in der Welt. Du kannst nur nicht erwarten, alles von mir zu bekommen.«[31]

Denn wir denken durch unsere Mütter zurück, wenn wir Frauen sind.

Virginia Woolf: Ein Zimmer für sich allein

3 Der Tod der Mutter in der Literatur der Töchter

Alte und sterbende Mütter tauchen in der Literatur ebenso selten auf wie die Beziehung zwischen erwachsenen Töchtern und ihren Müttern. Wenn sich Autorinnen an dieses Thema heranwagen, hat das meist autobiographische Gründe: Die Mutter ist gestorben, und die Tochter verspürt das Bedürfnis, die Erfahrung dieses Verlustes literarisch oder in autobiographischer Form zu bearbeiten. Das Schreiben über den Tod der Mutter gerät dabei immer auch zu einem Schreiben über sich selbst und über die Beziehung zwischen Mutter und Tochter. Und die meisten dieser Texte zeichnen sich durch große Intensistät und Authentizität aus.

Ich kann hier keinen vollständigen Überblick über die literarische Bearbeitung dieses Themas geben. Ich habe einzelne Beispiele herausgesucht, die ich kurz vorstelle, und ich möchte anhand von drei sehr unterschiedlichen Schriftstellerinnen, Virginia Woolf, Nelly Sachs und Simone de Beauvoir, ausführlicher zeigen, wie reichhaltig und kontrovers die Möglichkeiten sind, das Thema zu gestalten. Die Faktoren, die hierbei eine Rolle spielen, sind die Zeitumstände, unter denen die Tochter lebte und die Mutter starb; das Alter der Tochter zum Zeitpunkt des Todes der Mutter; die Art und

Weise, in der die Mutter die Tochter als Kind behandelte; und die Möglichkeiten, die der Tochter später zur Verfügung standen, eigene Rollenvorstellungen und Lebenskonzepte zu realisieren.

Als ich die »einschlägige« Literatur durchsah, fiel mir auf, dass die liebenden Töchter zahlreicher sind als die wütenden. Eine Mutter wie die in Waltraud Mitgutschs Buch »Die Züchtigung«[32], die ihre Tochter quält und gezielt erniedrigt, stellt die Ausnahme dar. Und es taucht in keiner der Geschichten, die ich las, eine Mutter auf, die vollkommen durchschnittlich und »normal« ist. Das muss nicht heißen, dass alle Autorinnen außergewöhnliche Mütter hatten. Es heißt aber in jedem Fall, dass Töchter, die über ihre Mutter schreiben, sie als einmalig und ungewöhnlich wahrnehmen. Diese Tatsache fand ich auch in den Interviews bestätigt, die ich für dieses Buch führte: Die Beziehung zwischen Töchtern und Müttern ist so kompliziert, komplex und sensibel, dass kaum eine Tochter sich und ihre Mutter als »Normalfall« erleben kann. Zwar äußern sich reflektierte und therapierte Töchter gelegentlich in diesem Sinne, doch wenn sie von der Proklamation zum Konkreten übergehen, wird die – tatsächliche – Einmaligkeit jeder Beziehung und jeder Person wieder spürbar.

Bevor ich genauer auf die Mutter-Bilder von Virginia Woolf, Nelly Sachs und Simone de Beauvoir eingehe, möchte ich die Beschäftigung mit dem Thema durch drei ebenso unterschiedliche Autorinnen vorstellen: die Lyrikerin Else Lasker-Schüler, die feministische Schriftstellerin Verena Stefan und die Revolutionärin und Memoirenautorin Louise Michel. Else Lasker-Schüler verlor ihre Mutter, als sie noch eine junge Frau war, Verena Stefan war Mitte vierzig, Louise Michel in ihren Fünfzigern, als die Mutter starb. Alle drei kommen aus sehr unterschiedlichen Familien und sozialen Verhältnissen und lebten in jeweils anderen Epochen. Und auch ihre Form des Ausdrucks ist unterschiedlich: Zwei sind professionelle Schriftstellerinnen, die eine Lyrikerin und Dramatikerin, die andere Autorin von vor allem Belletristik und Sachbüchern; die dritte schrieb zwar Gedichte, doch der Text, mit dem sie auch noch hundert Jahre nach ihrem Tod das Interesse der Leser/innen erregt, ist ihre Lebensgeschichte.

Else Lasker-Schüler (1869–1945) verlor ihre Mutter, als sie 21 Jahre alt war. Der Vater war sieben Jahre zuvor gestorben. Der Tod der Mutter traf ihre Kinder aus heiterem Himmel, denn sie starb im Alter von erst 52 Jahren völlig unerwartet. Ihre jüngste Tochter Else überwand den Schock bis zu ihrem eigenen Lebensende nie. Sie trauerte stets aufs Neue um die Mutter, sie widmete ihr fast alle ihre Bücher, und sie schrieb mehrere Gedichte an sie:

Mutter

Ein weißer Stern singt ein Totenlied
In der Julinacht
Wie Sterbegeläut in der Julinacht.
Und auf dem Dach die Wolkenhand,
Die streifende feuchte Schattenhand
Sucht nach meiner Mutter.

Ich fühle mein nacktes Leben,
Es stößt sich ab vom Mutterland,
So nackt war nie mein Leben,
So in die Zeit gegeben,
Als ob ich abgeblüht
Hinter des Tages Ende
Zwischen weiten Nächten stände,
Alleine.[33]

Der Zyklus, zu dem dieses Gedicht gehört, trägt den Titel: »Meine schöne Mutter / blickte immer auf Venedig«. In Lasker-Schülers erstem Gedichtzyklus »Styx« existiert eine frühere und längere Fassung davon, die mit den Zeilen endet: »Ach Gott! Mein wildes Kindesweh! / ... Meine Mutter ist heimgegangen«[34]. In einem späteren Zyklus, »Meine Wunder«, stellt sich die Lyrikerin die Mutter als ihren Schutzengel vor: »War sie der große Engel, / Der neben mir ging?« Zugleich aber fürchtet sie: »Oder liegt meine Mutter begraben, / Unter dem Himmel von Rauch«. Und sie wünscht, sie könnte das Los der Begrabenen erleichtern:

Wenn meine Augen doch hell schienen
Und ihr Licht brächten.

Wäre mein Lächeln nicht versunken im Antlitz,
Ich würde es über ihr Grab hängen.[35]

Jeanette Schüler, geborene Kissing, erscheint in den Äußerungen ihrer Tochter als schöne und feinsinnige Frau, die ihr Kind innig liebt. Sigrid Bauschinger spricht in ihrer Biographie Else Lasker-Schülers sogar von einem »schwärmerischen Kult« um die Mutter.[36] Else Lasker-Schüler, die mit ihrer Familiengeschichte gerne lyrisch-phantasievoll umging und sich selbst – unter anderem – als Jussuf, Prinz von Theben bezeichnete, erzählte gerne, ihre Mutter stamme von spanischen Juden ab, die über England nach Bayern immigriert seien. Das erschien ihr wohl romantischer als die (vermutlich) reale Herkunft der Mutter aus einer deutsch-jüdischen Familie aus Kissingen.[37]

O Mutter, wenn du leben würdest,
Dann möchte ich spielen in deinem Schoß.[38]

In allen Stationen ihres Lebens – Ehe, Mutterschaft, Scheidung, Verfolgung, Exil – wendet sich die Tochter an die tote Mutter. Die Innigkeit, die in ihren schriftlichen Äußerungen liegt, lässt darauf schließen, dass sie auch in ihrem realen Alltag mit der toten Mutter sprach, sie um Hilfe bat, ihr von Erfolgen und Enttäuschungen erzählte und ihr das Herz ausschüttete. 1917, während des Ersten Weltkrieges, der die Dichterin und ihren, zum Teil pazifistischen, Freundeskreis aufwühlte, schrieb sie an die Mutter:

Mir ist bang und mein Herz schmerzt
Von der vielen Pein.
Überall sprießt Blutlaub.

Wo soll mein Kind hin?
Ich baute keinen Pfad froh,
Alle Erde ist aufgewühlt.

Liebe, liebe Mutter.[39]

Im April 1933 floh Else Lasker-Schüler aus dem nationalsozialistischen Deutschland in die Schweiz. Die Nationalsozialisten hassten sie nicht nur als Jüdin, sondern auch für ihr »entartetes« Werk und ihr »undeutsches« Verhalten. Sie reiste zweimal nach Palästina und ließ sich schließlich in Jerusalem nieder, wo sie Anfang 1945, einen Monat vor ihrem 76. Geburtstag starb. Kurz vor ihrem Tod erschien in der *Jerusalem Press* ihr letzter Gedichtzyklus, »Mein blaues Klavier«, der von ihrer Trauer über den Verlust geliebter Menschen handelt, von ihrem Schmerz über den Verlust der Heimat und von ihrer Verzweiflung über die Welt der Vernichtung, in der »zertretene Schlummer den Morgen zersplittern«.[40] Das erste Gedicht dieses Zyklus schreibt sie »An meine Freunde«, das zweite widmet sie der Mutter:

Es brennt die Kerze auf meinem Tisch
Für meine Mutter die ganze Nacht –
Für meine Mutter ...

Mein Herz brennt unter dem Schulterblatt
die ganze Nacht
Für meine Mutter ...[41]

Für Else Lasker-Schüler ist die Mutter Zuflucht und Trost, eine Ansprechpartnerin in der Einsamkeit. Sie selbst bleibt das Kind, das sich nach den Armen der Mutter sehnt. Sie kleidet die tote Mutter in schöne phantasievolle Geschichten wie in kostbare Gewänder. Einen Mutterkonflikt kennt sie offenbar nicht, und falls sie ihn als junge Frau erlebt hat, wurde er durch den Tod der Mutter verdrängt. Else Lasker-Schüler wuchs behütet in einer Welt auf, die weitgehend stimmig war. Ihre Eltern waren assimilierte Juden, die sich von ihrer nichtjüdischen Umgebung äußerlich kaum unterschieden, die sich aber ihres Judentums nicht schämten und bestimmte religiöse Bräuche einhielten. Solange die Mutter lebte, konnte sie ihrer Tochter eine Umgebung und Erziehung bieten, die ihr Sicherheit und Geborgenheit vermittelten. Da sie anscheinend sehr verständnisvoll war, musste die Tochter nicht gegen sie rebellieren, und ehe sie das Leben, das ihre Tochter in Berlin führte, hätte ablehnen können, starb sie. Jeanette Schüler wäre über die Liebesbeziehungen, die ihre Tochter einging, über ihre langen Nächte in den Kaffeehäusern und ihren nicht eben konventionellen Freundeskreis möglicherweise entsetzt gewesen. Doch sowohl ihre Ansichten darüber als auch die Reaktion ihrer Tochter auf eine mögliche Ablehnung durch die Mutter bleiben reine Spekulation. Und so konnte die Tochter ein Mutterbild bewahren und kultivieren, das (vermutlich) frei blieb von den Kämpfen, die zwischen Mutter und Tochter ausbrechen, wenn ihre Vorstellungen von dem, wie eine Frau leben und sich benehmen sollte, nicht mehr übereinstimmen.

Die Schweizer Autorin Verena Stefan (1947 geboren) und ihre Mutter lebten unter völlig anderen Umständen. Die Tochter schrieb in den Siebzigerjahren eines der »Kultbücher« der neuen Frauenbewegung, »Häutungen«. Die Mutter war als junge Frau nach Paris gegangen, um dort zu studieren und zu malen. Sie verliebte sich in einen Deutschen, heiratete und fügte sich in ein klassisches Frauenleben, das durch die Bedingungen des Krieges noch erschwert wurde. Schließlich kehrte sie völlig verarmt und bedürftig mit zwei kleinen Kindern in das Schweizer Elternhaus zurück, das sie vor vielen Jahren mit großen Plänen und Träumen im Kopf verlassen hatte.

Sie hatte keinen richtigen Beruf, ihr Mann war nicht nur arbeitslos, sondern auch noch Ausländer, und sie selbst hatte durch die Ehe mit einem Ausländer die Schweizer Staatsbürgerschaft verloren. Die Eltern nahmen die junge mittellose Familie auf, doch der Preis dafür war hoch: Verena Stefans Mutter musste fast die gesamte Hausarbeit alleine verrichten, sie musste die endlosen Zänkereien und das Geschrei ihrer Mutter ertragen und sich ständig anhören, dass sie es zu nichts gebracht hatte und dankbar sein müsse. Für »Flausen« war kein Platz mehr in ihrem Leben. Der einzige »Luxus«, den sie sich noch leistete, war eine Chronik ihres Lebens, die sie all die Jahre über schrieb und in die sie jedes familiäre Ereignis, aber auch ihr Elend und ihre Verzweiflung eintrug: »Im Lauf der Jahre beschreibt sie minutiös, wie mit jeder Treppe, die sie aufwischt, mit jedem Boden, den sie bohnert, mit jedem dreigängigen Menü, das sie täglich serviert, mit jedem Kind und Kindeskind ihre Träume sich verschleißen.«[42]

Das jüngste Kind, ihre Tochter Verena, verließ, als sie alt genug war, gleichfalls das Elternhaus und die Mutter, um sich ein eigenes Leben nach ihren Vorstellungen aufzubauen, und die hießen damals: APO, Demonstrationen gegen den Vietnamkrieg und den Schah, Kommune, Sozialistischer Frauenrat Westberlin. Die Mutter verstand das nicht, und umgekehrt verstand die Tochter die Mutter nicht. Erst als Verena Stefan sich ihrer Mutter als erwachsene Frau und Feministin näherte, begann die alte Frau von sich zu erzählen und konnte nun ihrerseits die Tochter fragen, warum sie so und nicht anders lebte: »Wichtig waren nicht die Geschichten, die sie mir erzählte, die aus ihr herausströmten, die sie endlich mitteilen wollte. Wichtig war mir, dass sie mich ins Vertrauen zog (…)«[43]

Doch die Geschichten sind wichtig. Verena Stefans »Bericht vom Sterben meiner Mutter« handelt auch von deren Leben. Und davon, wie Mutter und Tochter wieder zueinander fanden. Verena Stefan schreibt voller Empathie für die Mutter, in der sie nicht mehr nur die Mutter sieht, sondern in der sie auch eine eigenständige Person erkannt hat, eine Frau mit einer eigenen Geschichte, mit Sehnsüchten und unerfüllten Träumen. Sie kann auch die Verletzungen sehen, die sie selbst der Mutter zugefügt hatte, als sie ihr in jugendlichem Hochmut verächtlich zu verstehen gab, dass sie nichts begreife von der »heutigen Welt« und von dem, was ihre Kinder interessierte. Und sie erkennt, dass die Chronik, die ihre Mutter über so viele Jahre verfasst hatte, ein Dokument eines Frauenlebens darstellt, das über die private Bedeutung, die es für die Tochter hat, hinausgeht.

Als die Mutter im Sterben liegt, holen der Vater und die Geschwister sie nach Hause. Verena Stefan begleitet sie in den Tod und erlebt dabei, was alle Frauen beschreiben, die sich freiwillig in diese Situation begaben: Die Welt jenseits des Sterbezimmers existiert nicht mehr, von Bedeutung sind nur noch die Wünsche und das Wohlbefinden der Sterbenden. Verena Stefan berichtet sehr präzise und detailliert von den verschiedenen Aspekten des Sterbens, von den körperlichen ebenso wie von den mentalen, und sie registriert, wie verschieden Frauen (sie selbst und ihre Schwägerin) und Männer (ihr Vater und ihr Bruder) auf den Tod und die Tote reagieren. Ihr Buch erzählt aber auch eine Geschichte mit einem feministischen Happy End: Frauen verschiedener Generationen, Mütter und Töchter können über alle Abgründe der Trennung und der Distanz hinweg wieder zueinander finden. Sie können sich gegenseitig respektieren und lieben, und die Tochter kann schließlich der sterbenden Mutter eine Mutter sein.

Auch die enge und liebevolle Beziehung zwischen Louise Michel und ihrer Mutter basierte auf gegenseitigem Respekt. Die Mutter, die sich für ihre Tochter ein »anständiges« und vor allem gesichertes Leben gewünscht hätte, musste erleben, wie die ihr bürgerliches Leben, kaum begonnen, wieder aufgab, um Aufstände zu organisieren und Barrikaden zu bauen. Doch weder verlangte die Tochter, dass die Mutter zur Flinte griff, noch versuchte die Mutter, die Tochter davon abzuhalten. Louise Michel (1830–1905) war eine der Initiatorinnen und Aktivistinnen der Pariser Commune (1870). Sie kämpfte auf den Barrikaden und organisierte den Unterricht für die Kinder in den Arbeitervierteln; sie setzte sich für die Rechte der Frauen ein und wurde zur Vorsitzenden des »Club der Revolution« gewählt. Nach der Niederschlagung der Commune deportierte die französische Regierung sie nach Neukaledonien. Erst zehn Jahre später konnte sie nach Frankreich zurückkehren – in das Gefängnis von Clermont. Nach ihrer Freilassung ging sie nach England ins Exil. Dort schrieb sie ihre Memoiren, die sie den beiden Menschen widmete, die sie am meisten geliebt hatte:

»Myriam! Ihrer beider Name:
Meiner Mutter!
Meiner Freundin!
Geh, mein Buch zu den Gräbern, in denen sie ruhen.
Möge sich mein Leben schnell erschöpfen,
    damit ich bald bei ihnen schlafe.«[44]

Louise Michel war das uneheliche Kind ihrer Mutter, die auf einem Schloss als Dienstmädchen arbeitete. Sie beschreibt ihre Mutter als liebevolle, fürsorgliche Frau, die ihre Tochter förderte, unterstützte und ihr selbst in den schwierigsten Situationen Verständnis entgegenbrachte. Louise Michel litt darunter, dass sie ihrer Mutter durch ihr revolutionäres Handeln Sorgen bereitete, und sie quälte sich in der Verbannung mit der Vorstellung, die Mutter würde sterben, ohne sie vorher wieder zu sehen, ohne dass sie voneinander Abschied nehmen könnten. Als sie tatsächlich im Sterben lag, bat Louise Michel, die für sich selbst nie um etwas gebeten hatte, darum, ihre Mutter besuchen zu dürfen. Sie schrieb an den zuständigen Minister:

»Ich habe auf der ganzen Welt nur noch meine Mutter. Könnte ich meine Stimme erheben, so würden selbst meine unerbittlichsten Feinde angesichts der gegebenen Umstände, da meine Mutter mir von einer Minute zur anderen entrissen werden kann, um meine sofortige Überführung nach Paris nachsuchen. Ich verlange weder Besuch noch Briefe in dem Gefängnis, in das ich gebracht werde. Wenn man es so wünscht, werde ich keinen Ausgang haben, doch ich werde in Paris sein und dieselbe Luft atmen, und meine Mutter wird mich dort wissen; dieses Glück kann sie nur lebend empfinden (und nicht tot).«[45]

In einem Brief an den Innenminister bietet sie sogar an, nach Neukaledonien zurückzukehren, wenn man sie nur ein paar Tage zu ihrer kranken Mutter ließe.[46] Und sie fügt hinzu: »Im übrigen handelt es sich nicht um eine politische Frage, sondern um eine Frage, die alle Mütter angeht, denn ich werde leider nicht die letzte Gefangene sein.«[47] Die liebende Tochter geht ganz selbstverständlich davon aus, dass auch alle anderen weiblichen Gefangenen, so wie sie selbst, ihrer Mutter beistehen wollen, wenn sie im Sterben liegt. Lange Zeit erhält Louise Michel keine Antwort auf ihre Bittgesuche, doch schließlich wird sie in das Gefängnis Saint-Lazare in Paris überführt. Sie kann die letzten Tage am Sterbebett der Mutter verbringen und bis zu ihrem Ende bei ihr bleiben. Sie bettet die Tote noch so, »wie sie gern lag«, dann verlässt sie »das Haus für immer«.[48]

Am Begräbnis, das unter starkem Polizeiaufgebot stattfindet, darf Louise Michel nicht mehr teilnehmen. Einer der Redner, Ernest Roche, sagt am Grab über Mutter und Tochter: »Die armen Frauen! Wer sie gekannt hat, weiß, wie unentbehrlich sie einander waren. Die Mutter lebte von dieser Atmosphäre der Kindesliebe, mit der die Tochter sie umgab. Indem ihr dieser Mutter die Tochter nahmt, habt ihr sie umgebracht.«[49]

Louise Michel würdigt ihre Mutter am Ende ihrer Memoiren noch einmal ausdrücklich: »Wer sie gekannt hat, weiß, wie einfach und gütig sie war, ohne daß es ihr an Intelligenz und sogar einer gewissen Freude am Sprechen gemangelt hätte.«[50] Marie Michel hatte als jugendliches Dienstmädchen in der ersten Hälfte des 19. Jahrhunderts ein uneheliches Kind bekommen. Damit galt sie auch in den Achtzigerjahren noch als »gefallenes Mädchen«, als unsitt-

57

lich und verworfen. Die Anarchistin und Feministin Louise Michel setzte sich auf den Barrikaden der Commune dafür ein, dass ihre männlichen Mit-Revolutionäre auch Prostituierte als vollwertige Menschen anerkannten. Sie selbst scherte sich nie um Konventionen. Doch um den Ruf ihrer Mutter sorgt sie sich. Sie weiß, dass nicht alle – auch nicht alle Revolutionäre – so denken und fühlen wie sie selbst und dass die Leserinnen und Leser ihrer Memoiren Marie Michel nicht mehr persönlich kennen werden. Also bemüht sie sich, jeden Zweifel, der an der Moral ihrer Mutter aufkommen könnte, zu zerstreuen: »Ich bin ein sogenanntes uneheliches Kind, aber die mir das (...) Geschenk des Lebens machten, waren frei, sie liebten sich, und keines der niederträchtigen Märchen über meine Geburt ist wahr und kann meine Mutter erniedrigen. Ich habe niemals eine ehrbarere Frau gesehen.«[51]

Louise Michel wurde von einer liebenden und fürsorglichen Mutter aufgezogen, und sie gab als erwachsene Frau diese Liebe und Fürsorglichkeit an die Mutter zurück. Wie Else Lasker-Schüler zeichnet auch sie ein makelloses Bild der Mutter, Konflikte zwischen Mutter und Tochter, Abgrenzungskämpfe der Tochter, dominantes Verhalten oder Schwächen der Mutter kommen auch bei ihr nicht vor. Ihre Tochterliebe ist ungebrochen. Sie empfindet Schuldgefühle, weil sie der Mutter so viel Schmerz bereiten musste, doch sie ließ sich auch aus Rücksicht auf die Mutter nicht davon abhalten, ihren politischen Weg zu gehen. Und die Mutter hinderte sie nicht daran und versuchte offenbar auch nicht, sie emotional zu erpressen. Der zärtliche Ton, in dem Louise Michel über ihre Mutter schreibt, klingt so echt wie ihre Trauer. Am Ende ihrer Memoiren, die sie kurze Zeit nach dem Tod der Mutter schrieb, stellt sie fest: »Ich wußte zwar, daß ich sie liebte, aber ich wußte nicht, wie ungeheuer stark meine Zuneigung zu ihr war; als der Tod ihr Leben vernichtete, da habe ich es erst richtig empfunden.«[52]

Virginia Woolfs Roman »Die Jahre« beginnt mit dem Sterben von Mrs. Pargiter im Frühjahr 1880. Ihre Töchter reagieren unterschiedlich auf den Tod der Mutter. Eleanor, die Älteste, ist traurig und vernünftig, Milly, die Mittlere, weint bitterlich, während Delia, die Zweitjüngste, zuerst Erleiterung und dann Verwirrung empfindet:

»Sie sah in das Grab hinunter. Dort lag ihre Mutter, in diesem Sarg – sie, für die sie soviel Liebe, soviel Haß empfunden hatte. Es flimmerte ihr vor den Augen. Sie fürchtete, ohnmächtig zu werden; aber sie mußte schauen; sie mußte fühlen; es war die letzte Gelegenheit. Erde kollerte auf den Sarg; drei Kiesel fielen auf den harten, glänzenden Deckel; und als sie fielen, ergriff sie ein Gefühl von etwas ewig Dauerndem; vom Leben, das sich mit dem Tod mischte, von Tod, der Leben wurde. Denn während sie schaute, hörte sie Spatzen lebhafter und lebhafter zwitschern; sie hörte Räder in der Ferne lauter und lauter rollen. Das Leben kam näher und näher ...

›Wir danken dir von Herzen‹, sagte die Stimme, ›daß es dir gefallen hat, unsere Schwester zu erlösen aus dem Elend dieser sündigen Welt‹ – Welche Lüge! rief sie innerlich. Welche verdammenswerte Lüge! Nun hatte er sie des einzigen Gefühls beraubt, das echt war; er hatte ihr ihren einen Augenblick des Verstehens verdorben.«[53]

Delias Jugend wurde jahrelang von Mrs. Pargiters schwerer Krankheit überschattet. Durch deren Tod fühlt sie sich von diesem Druck befreit, doch sie weiß nicht nur, dass sie »falsch« empfindet – ihre Gefühle entsprechen nicht dem, was man von einer trauernden Tochter erwartet –, sondern sie fürchtet auch, sich nicht richtig zu benehmen. Während

59

ihre Geschwister weinen und ihr Vater – in Delias Augen – Theater spielt, lässt sie sich vom Anblick der Trauerpferde, der Passanten, von Geräuschen und Gerüchen ablenken. Ihre Gefühle sind zu ambivalent, um sie klar erfassen zu können. Auch Virginia Woolf, die, im Gegensatz zu ihrer Romanfigur Delia, ihre Mutter geliebt und verzweifelt um sie getrauert hatte, war sich beim Tod der Mutter weder ihrer Gefühle noch ihres Benehmens sicher gewesen. Julia Stephen starb, als Virginia 13 Jahre alt war. Ihr Leben lang versuchte die Schriftstellerin, diesen Tod und die Folgen, die er für sie hatte, zu verstehen und zu bewältigen. Sie war ganz und gar nicht erleichtert, als ihre Mutter starb, doch wie Delia hatte sie das Gefühl, nicht »richtig« zu empfinden und sich falsch zu benehmen. In dem Text »Skizze der Vergangenheit« schreibt sie 1939:

»Ich erinnere mich (…) noch deutlich, daß eine der Krankenschwestern schluchzte, während wir zum Bett geführt wurden, und ein Bedürfnis zu lachen überkam mich; und ich sagte zu mir selbst – wie ich es seitdem in Krisenmomenten oft getan habe: ›Ich fühle überhaupt nichts.‹ Dann beugte ich mich hinüber und küßte das Gesicht meiner Mutter. Es war noch warm. Sie war erst vor einem Augenblick gestorben. Danach gingen wir nach oben ins Kinderzimmer.

Vielleicht war es am nächsten Abend, daß Stella mich noch einmal ins Schlafzimmer nahm, um meine Mutter zum letzten Mal zu küssen. (…) Ihr Gesicht sah unendlich verschlossen, hohl und streng aus. Als ich sie küßte, war mir, als küßte ich kaltes Eisen. Wenn ich kaltes Eisen berühre, steigt dieses Gefühl seitdem immer in mir auf – ich fühle das Gesicht meiner Mutter – kaltes, körniges Eisen. Ich wich zurück.«[54]

Virginia Woolfs Biographin Hermione Lee erklärt das Unvermögen der Dreizehnjährigen, sich am Sterbebett der

Mutter »richtig« zu verhalten, aus Leslie Stephens egozentrischem Benehmen: »Wenn die Tochter nicht genug fühlen konnte, dann teilweise darum, weil der Vater zu viel fühlte. (…) Leslie Stephen vermittelte allen das Gefühl, daß niemand außer ihm um Julia trauern dürfe.«[55] Er lieferte den Kindern, Verwandten und Trauergästen große Auftritte »viktorianischen Theaters« (Hermione Lee) und produzierte gleichzeitig eine Atmosphäre »atemnehmender Trostlosigkeit«. Wann immer Virginia Woolf sich später über diese Zeit äußerte, schreibt ihre Biographin, tat sie es in Bildern des Erstickens.[56]

In einem ihrer autobiographischen Texte bezeichnet Virginia Woolf den Verlust der Mutter als »die größte Katastrophe, die es geben konnte«.[57] Erst in ihrem Roman »Die Fahrt zum Leuchtturm« versucht sie, 32 Jahre nach Julia Stephens Tod, sich aus deren Bann zu lösen. Das Buch ist nicht zuletzt eine Art Exorzismus, und es wurde auch von Virginias Schwester Vanessa Bell so empfunden. Die Autorin stattet die Malerin Lily Briscoe, die am Ende des Buches so alt ist wie sie selbst, nämlich 44 Jahre, mit ihren eigenen Gefühlen aus, während sie in Lilys Gastgeberin, Mrs. Ramsay, die Mutter gestaltet. In ihr Tagebuch notiert sie 1928, sie habe, indem sie »Die Fahrt zum Leuchtturm« schrieb, ihre Eltern »in meinem Geist zur Ruhe gelegt«.[58] In »Skizze der Vergangenheit« schreibt sie über ihre Auseinandersetzung mit der Mutter, deren Tod und das dadurch ausgelöste Ende der Kindheit: »Ich nehme an, daß ich für mich selbst getan habe, was Psychoanalytiker für ihre Patienten tun. Ich formulierte eine sehr lange und tief empfundene Gemütsbewegung. Und indem ich sie formulierte, erklärte ich sie gleichzeitig, und dann legte ich sie ad acta.«[59]

So einfach verlief die Geschichte allerdings nicht. In fast jedem ihrer Romane spielt der Tod eine wichtige Rolle, und noch in »Die Jahre« (1937) kommt Virginia Woolf auf das Thema »die Mutter stirbt, die Tochter empfindet nichts oder das Falsche« zurück. Dennoch markiert »Die Fahrt zum Leuchtturm« einen wichtigen Einschnitt in Virginia Woolfs Leben und Werk. Ihre Biographin, Hermione Lee, verweist darauf, dass sie ihre feministischen Schriften erst nach »Die Fahrt zum Leuchtturm« veröffentlichte. Die konservative Julia Stephen, die Sufragetten verachtete und die Forderung, Frauen müssten gleiche Rechte wie Männer erhalten, entschieden ablehnte, hätte Texte wie »Ein Zimmer für sich allein« verabscheut. Erst als sie »im Geist zur Ruhe gelegt« war, konnte die Tochter es wagen, sich politisch derart gegensätzlich zu exponieren. Und so stellt Hermione Lee denn auch Virginia Woolfs Behauptung, der Tod der Mutter sei die größte denkbare Katastrophe für sie gewesen, in Frage:

»Aber angenommen, ihre Mutter wäre sechsundneunzig geworden? (...) Kein Wegziehen aus Kensington – kein Abschütteln der Duckworths – kein Bloomsbury – kein jüdischer Ehemann – kein ›Zum Leuchtturm‹ ...?«[60] Mit anderen Worten: Hätte Julia Stephen nicht nur die Kindheit und frühe Jugend ihrer Tochter, sondern auch ihr Heranwachsen zur Frau beeinflusst, wäre Virginia Woolf nicht *die* Virginia Woolf geworden, sondern möglicherweise wie eine ihrer Romanfiguren: begabt, aber ohne eine Chance, diese Begabung zu entwickeln, ein wenig schrullig und ein wenig verbittert, schön, zerstreut und bedeutungslos. Den Tod ihres Vaters, neun Jahre nach dem der Mutter, empfand Virginia Woolf rasch als »segensreiche Erlösung«[61]. Nun waren die Stephen-Geschwister frei, das düstere viktorianische Haus im gutbürgerlichen Kensington zu verlassen und im »unbürgerlichen« Stadtteil Bloomsbury ein unkonventionelles Leben zu beginnen, das sie nach ihren eigenen Vorstellungen gestalteten.

Vor allem für die Töchter war die Befreiung groß: Vanessa konnte nun ernsthaft aus ihrer Berufung zur Malerei einen Beruf machen und Virginia sich dem professionellen Schreiben zuwenden. Sie mussten sich nicht mehr von ihrem Stiefbruder George Duckworth auf den Heiratsmarkt schleppen und sexuell bedrängen (oder missbrauchen) lassen, und sie konnten das Korsett standesgemäßer Kleidung und eines damenhaften Benehmens abstreifen. Ob Vanessa und Virginia sich all diese segensreichen und bereichernden neuen Freiheiten auch genommen hätten, wenn Julia Stephen noch gelebt hätte, ist zumindest zweifelhaft.

Virginia Woolf sah die Zwänge und Beschränkungen, denen Frauen in ihrer Familie, väterlicher- wie mütterlicherseits, ausgesetzt waren, wohl, und sie erkannte, wie weit sie deren Charaktere (ver)formten. Doch sie begriff auch, dass man sich aus einer solchen Familie nicht vollständig lösen kann, dass man selbst davon geprägt wird und ein Glied einer langen Kette bildet, ob man nun will oder nicht. Sie wurde von Kindheit an mit der Familiengeschichte und den Familiengeschichten gefüttert, sie wuchs auf mit den Werken, die ihre männlichen Vorfahren veröffentlicht hatten, mit den Bildern ihrer berühmten Großtante, der Fotografin Julia Margaret Cameron, und den Gemälden, die von ihren weiblichen Vorfahren gemalt worden waren. »Und obwohl sie ihr Leben lang darum kämpft«, schreibt Hermione Lee in ihrer Biographie, »die eigene Person als autonomes und außergewöhnliches Individuum zu entwickeln und zu definieren, verkennt sie bis zum letzten Tag ihres Lebens nicht, daß sie in eine Familiengeschichte und einen Familiencharakter verflochten ist und in ihrem eigenen Leben Spuren einer ›entschwundenen Welt‹ transportiert.«[62]

Virginia Woolfs Nichte Angelica Garnett, die Tochter ihrer Schwester Vanessa Bell, beschreibt in ihrem Erinnerungsbuch »Freundliche Täuschungen« eine Erkenntnis, die sie mit ihrer Tante teilt und die sie damit für ihre eigene Generation übernimmt: Es gibt ein weibliches Erbe, das jeweils die Mutter auf die Tochter überträgt, die es annehmen, aber nicht einfach ablehnen kann. Sie kann sich allerdings damit auseinander setzen und über sich selbst auch in den Kategorien dieser Erfahrung nachdenken:

»In Charleston hatte ich eine Reihe von Photographien, aufgenommen von meiner Urgroßtante Julia Margaret Cameron, in den Flur gehängt. Während ich sie betrachtete, erkannte ich, daß es sich hier nicht nur um vererbte Gene handelte, sondern auch um Gefühle und Denkgewohnheiten, die wie winzige Staubteilchen von weither herabgewirbelt waren und sich auf die jüngste Generation niedergelassen hatten. Vanessa schrumpfte zu einem bloßen Individuum in der Kette von Frauen, die – freiwillig oder nicht – durch die Jahre bestimmte Züge, bestimmte Verhaltensweisen voneinander übernommen hatten. Das läßt sich deutlich aus einer Momentaufnahme ablesen, die immer auf Vanessas Schreibtisch gestanden hatte und die bei mir am gleichen Platz steht: Sie zeigt Julia (Stephen, Vanessa Bells und Virginia Woolfs Mutter und Angelica Garnetts Großmutter, Anm. d. Autorin) im Profil, wie sie aus dem Fenster schaut. Die Intimität der Aufnahme hatte eine ganz besondere Bedeutung für Vanessa, aber für mich liegt diese Bedeutung in der Ähnlichkeit mit ihr. Es ist nicht so sehr die physische Ähnlichkeit als vielmehr die der Haltung und der Intention. Da ist ein gewisses Zaudern, das Zögern der zum Licht erhobenen Hand, ein leiser Zweifel, der sich in der zarten Anmut der Geste verrät, die Julia so eng mit Vanessa verbindet. Ich weiß, daß ich selbst gelegentlich eine ähnliche Haltung einnehme (…). Wie weit zurück reichen solche Ähnlichkeiten?«[63]

1926, als sie an ihrem Roman »Die Fahrt zum Leuchtturm« arbeitet, lässt sich Virginia Woolf in einem Kleid ihrer Mutter porträtieren. Indem sie sich ablöst, erkennt sie die Ähnlichkeiten genauer. Sie erbte die Schönheit, aber auch einige der Vorurteile Julia Stephens. Sie trauert um die verlorene Mutter der Kindheit, verhält sich aber auf eine Art, die diese Mutter niemals geduldet hätte. Sie ist fasziniert von deren klassischer Weiblichkeit, verweigert aber selbst die Rolle der selbstlosen Gattin und Mutter. Sie führt ein Leben, das ihre aristokratische und bildungsbürgerliche Verwandtschaft schockiert, und ist zugleich ein Snob, der Menschen aus weniger »vornehmer« Familie bestenfalls bedauert. Ihre Ambivalenz der Mutter und dem mütterlichen Erbe gegenüber habe ich bei mehreren der Frauen, die ich für dieses Buch interviewte, wieder gefunden. Und auch die Freude darüber, dass die Mutter »etwas Besonderes« war, selbst wenn diese Freude nicht offen, sondern nur indirekt geäußert wurde, weil die entsprechende Frau – wie auch Virginia Woolf – »eigentlich« egalitäre Ideale vertritt.

Es war Virginia Woolfs Unglück und ihr Glück, dass die Mutter starb, als sie noch so jung war. Am Ende des 19. und zu Beginn des 20. Jahrhunderts wurde es Töchtern sehr viel schwerer gemacht als heute, sich den mütterlichen Vorstellungen von einem »anständigen« oder »standesgemäßen« Leben zu widersetzen, eigene Ziele zu entwerfen und sie durchzusetzen. Am Ende des Romans »Die Fahrt zum Leuchtturm« denkt Lily Briscoe über die Vergeblichkeit von Mrs. Ramsays Wünschen und Vorstellungen für die jüngere Generation nach. Sie wollte, dass sie alle heiraten sollten, die eigenen Kinder und Lily Briscoe. Sie sollten die Tradition fortführen und damit garantieren, dass das Leben in ruhigen Bahnen weiterfloss. Es war keine Frage für Mrs. Ramsay (und für Julia Stephen), dass es die Aufgabe der Frauen sei,

Beständigkeit herzustellen und zu bewahren. Frauen wie Lily Briscoe, die malten, anstatt zu heiraten und Kinder zu bekommen, die selbst über den Sinn des Lebens nachgrübelten, anstatt philosophische Fragen den Männern zu überlassen – sprich: Frauen wie Virginia Woolf und ihre Schwester, die Malerin Vanessa Bell –, hatten keinen Platz in einer Welt, die Mrs. Ramsay – sprich: Julia Stephen – für die einzig wahre und richtige hielt. Als Lily Briscoe viele Jahre nach der ersten, gescheiterten, Fahrt zum Leuchtturm noch einmal vor dem Haus steht, in dem sie den Sommer als Gast der Familie Ramsay verbrachte, empfindet sie einen sanften Triumph: Sie hat sich und ihre eigenen Vorstellungen gegen die der toten Mrs. Ramsay durchgesetzt:

»Aber die Toten, dachte Lily, (...) oh, die Toten! murmelte sie, die bedauerte man, man streifte sie beiseite, man hegte sogar ein wenig Verachtung für sie. Sie waren einem ausgeliefert. Mrs. Ramsay ist verblaßt und verschwunden, dachte sie. Wir können uns über ihre Wünsche hinwegsetzen, ihre beschränkten, altmodischen Ideen verbessern, bis nichts mehr von ihnen übrig ist. Sie weicht immer weiter und weiter von uns zurück. Spöttisch schien sie sie dort am Ende des langen Korridors der Jahre zu sehen, wie sie unter allem ungereimten Zeug ausgerechnet ›Heiratet! Heiratet!‹ sagte (und dabei sehr aufrecht am frühen Morgen dasaß, und die Vögel im Garten zu zwitschern begannen). Und man würde ihr sagen müssen: Es ist alles anders gekommen, als du es gewünscht hast. Die sind glücklich auf ihre Art; ich auf die meine; das Leben hat sich ganz anders gestaltet. Da hätte ihr ganzes Wesen, sogar ihre Schönheit, für einen Augenblick etwas Verstaubtes und Altmodisches. Für einen Augenblick geschah es, daß Lily, wie sie, die Sonne heiß auf dem Rücken, so dastand (...), über Mrs. Ramsay triumphierte, die nie wissen würde, daß Paul ins Kaffeehaus ging und eine Mätresse hatte; (...) wie sie selbst hier stand und malte, nicht geheiratet hatte, nicht einmal William Banks.

Mrs. Ramsay hatte das geplant. Vielleicht hätte sie, wenn sie am Leben geblieben wäre, diese Heirat erzwungen.«[64]

Zeitlich liegen nur gut zwanzig Jahre, doch inhaltlich liegt ein ganzes Universum zwischen der Welt, in der sich Lily Briscoe von Mrs. Ramsay emanzipiert, und dem »Waisenstern«, auf den sich Nelly Sachs nach dem Tod ihrer Mutter verbannt fühlt.

Was stieg aus deines Leibes weißen Blättern
die ich dich vor dem letzten Atemzug
noch Mutter nannte?

Was liegt auf dem Leinen für Sehnsuchtsverlassenes?

Welche Wunde schließt die durchschmerzte Zeit
die rann aus deinem Puls
mit Sternmusik?

Wohin der Kranz deiner warmen Umarmung?
In welchen Azur dein geflüsteter Segen?[65]

Die deutsch-jüdische Dichterin und Nobelpreisträgerin Nelly Sachs war 59 Jahre alt, als ihre Mutter im Februar 1950 starb. Margarete Sachs, geborene Karger, wurde 79 Jahre alt. Im Alter von 69 und 49 Jahren flohen die beiden Frauen in buchstäblich letzter Minute aus dem nationalsozialistischen Deutschland nach Schweden. Im Exilland setzten sie eine symbiotische Überlebensbeziehung fort, die schon in Berlin begonnen hatte, nachdem der Vater gestorben war, ihr Besitz »arisiert« wurde und sie als Jüdinnen schließlich auch in ihrer physischen Existenz bedroht waren. Als diese Symbiose durch den Tod der Mutter zerbrach, erlitt Nelly Sachs ihren ersten schweren Nervenzusammenbruch.

In den Gedichten auf die tote Mutter stimmt sie den hohen Ton ihrer Totenklagen an: Die Mutter reiht sich für sie in die Schar derer ein, die bereits ermordet wurden. Schon in ihrem Gedicht »Chor der Geretteten« schrieb sie:

Wir Geretteten,
Aus deren hohlem Gebein der Tod schon seine Flöten
    schnitt,
An deren Sehnen der Tod schon seinen Bogen strich –
(...)
Immer noch hängen die Schlingen für unsere Hälse
    gedreht
Vor uns in der blauen Luft –
Wir Geretteten
Bitten euch:
Zeigt uns langsam eure Sonne.
(...)
Zeigt uns noch nicht einen beißenden Hund –
Es könnte sein, es könnte sein
Daß wir zu Staub zerfallen –
Vor euren Augen zerfallen in Staub.[66]

Am 16. Mai 1940 flogen Nelly Sachs und ihre Mutter mit der letzten Passagiermaschine, die den Flughafen Tempelhof verließ, nach Stockholm. Hier kamen sie erst in einem Flüchtlingsheim und schließlich in einem Haus der Warburg-Stiftung unter. Ihre Wohnung, die aus einem Zimmer und einer Küche bestand, war winzig, dunkel und kalt. Nelly Sachs arbeitete als Wäscherin, um sich und die Mutter durchzubringen. Als sie über genügend Sprachkenntnisse verfügte, übersetzte sie schwedische Lyrik ins Deutsche. Ihre alte Berliner Freundin Gudrun Harlan war der einzige Mensch, dem Nelly Sachs ehrlich von ihrem schwierigen Alltag berichten und ein wenig ihr Herz ausschütten konnte. Diese Briefe an die Freundin lassen erkennen, wie belastend die Sorge um die kranke Mutter für Nelly Sachs war, wie sehr sie ihre Aufgaben als Pflegerin vom Schreiben abhielten, und wie sehr sie die Mutter dennoch liebte und brauchte. Im März 1947 schreibt sie an Gudrun Harlan:

»Mein Tag, von dem du wissen willst, reicht niemals aus. Morgens mache ich meinen Liebling zurecht. Sie muß gepflegt werden wie ein Kind. Frühstück bekommt sie im Bett. Dann mache ich unsere kleine Wohnung und nach 12 steht der Liebling auf, falls sie sich wohl genug fühlt. Dann gehe ich einkaufen am Strand entlang, komme wieder, und wenn das Wetter schön ist, gehen wir ein bißchen in die Sonne. (...) Dann mache ich Mittag, und nachmittags wird übertragen, um Geld zu verdienen. Abends die nötigen Briefe, die nun in die ganze Welt hinausgehen und oft die Übersetzungen meiner Gedichte in fremde Sprachen zum Inhalt haben. In der Nacht das Drama (das Versdrama »Das Haar«, an dem Nelly Sachs zu der Zeit arbeitete, Anm. d. Autorin). Aber oft ist mein Liebchen nicht wohl, und so sitze ich dann bei ihr und versuche mit meinen armseligen Kräften zu erleichtern, was ich kann. Zuweilen kommen Menschen, aber ich selbst sage allen ab, ich kann einfach nicht mehr, und wenn ich könnte, kann ich das Muttchen nicht verlassen, außer im Notfall.«[67]

Margarete Sachs war bis zum Machtantritt der Nationalsozialisten an ein Leben in Wohlstand gewöhnt gewesen. Nun verließ sie sich ganz auf die Tochter, die gleichzeitig die Rolle des Familienernährers, der Krankenpflegerin, des Dienstmädchens und der liebenden Tochter übernehmen musste. Eine ehemalige Nachbarin der beiden Sachs-Frauen im Stockholmer Flüchtlingswohnheim schilderte der Biographin Ruth Dinesen ihren Eindruck von Nelly Sachs' Mutter Margarete:

»Ein toller Charme – nicht schön aber charmant – gewandte Gesellschafterin – heiter oberflächlich – kam aus guter Familie, sehr wohlhabend – (…) immer elegant, von Kopf bis Fuß in Rosa. Bewunderte Li (Nelly Sachs wurde von ihren Freundinnen Li genannt, Anm. d. Autorin): ›das Kind macht wunderbare Dinge‹ – und Goethe. Nannte Nelly Sachs immer ›die Kleine‹ oder ›das Kind‹. Sie war schon früh sehr gealtert – nahm den täglichen Haushalt nicht wahr. Wenn Li fort mußte, bat sie mich, bei der Mutter zu sein – und kam jedesmal total echauffiert nach Hause aus Sorge, die Mutter habe sie vermißt – und tatsächlich ging auch die ganze Zeit die Mutter in dem kleinen Zimmer auf und ab und fragte: ›Wo bleibt denn das Kind?‹«[68]

Nelly Sachs bestätigt diese Beobachtung in einem Brief an die Freundin Gudrun Harlan vom Oktober 1948: »Meinem Muttchen ging es jetzt oft in den Nächten sehr schlecht. Sie litt unsagbar und ich mit ihr, und ich weiß oft nicht mehr, wie ich ihr helfen kann. Denn sie kann auch nicht mehr die kürzeste Zeit allein sein, und ich muß doch Besorgungen für das tägliche Leben machen.«[69]

Margarete Sachs tat offenbar nicht viel, um das schwierige Exilleben in Armut und auf engem Raum für sich und die Tochter erträglicher zu machen. Sie stützte sich auf »das Kind«, wie ein Kind sich auf die Mutter verlassen würde. Wir wissen nicht, ob ihr die Tatsache, dass sie zur Erschöpfung ihrer Tochter wesentlich mit beitrug, Leid tat oder ob sie sich dessen überhaupt bewusst war. Nelly Sachs nimmt ihre Mutter stets in Schutz, und ihr Zusammenbruch nach deren Tod zeigt, dass die Abhängigkeit der beiden Frauen voneinander tatsächlich gegenseitig war. Nelly Sachs brauchte ihre Mutter emotional so sehr, wie umgekehrt die Mutter ihre physische und seelische Unterstützung benötigte. Nelly Sachs' Biographin Ruth Dinesen erklärt diese Mutter-Tochter-Beziehung aus den historischen Bedingungen, die den beiden Frauen ein Leben aufzwangen, auf das sie nicht vorbereitet waren:

»Die umgedrehte Mutter-Kind-Beziehung reicht weit zurück in Nelly Sachs' Leben. Ihre unmittelbaren Voraussetzungen liegen in der erzwungenen Isoliertheit der beiden Frauen, die in Berlin in einem möblierten Zimmer begonnen hatte und sich in Stockholm verstärkte. Umgeben von lauter fremden Menschen, von einer Sprache, die ihr lange verschlossen bleiben sollte, hatte Nelly Sachs keinen anderen Menschen, mit dem sie alle Erinnerung und alles Gefühl hätte teilen können. Physische Nähe, ohne unbeobachtet essen, schlafen oder sich waschen zu können, ohne ungestört ihren Gedanken nachgehen zu können, band sie noch stärker an die Fürsorge für ihre Mutter. Nur nachts, wenn sie schlief, hatte Nelly Sachs Gelegenheit, Eindrücke zu durchdenken und die bohrenden Gedanken niederzuschreiben.«[70]

Die Rollenumkehr ging so weit, dass Nelly Sachs nach Margarete Sachs' Tod ein Babyfoto der Mutter in einem herzförmigen Rahmen bei sich trug. In ihrer Phantasie und in ihren Gedichten beschwor Nelly Sachs immer wieder die »Wohnungen des Todes« herauf, die Vernichtungslager des Nationalsozialismus. In einem dieser Lager verlor sie ihren Geliebten, und mehrere Verwandte wurden in den Gaskammern ermordet. Ihre Dankbarkeit, dass die Mutter zu den »Geretteten« gehörte, dass sie die Mutter »behalten« durfte, war grenzenlos. Und sie wusste, dass die Mutter nicht mehr lange leben würde. In einem Gedicht beschreibt sie ihre Bemühungen, die Depressionen der Mutter aufzufangen und ihren Tod aufzuhalten:

71

O meine Mutter,
wir, die auf einem Waisenstern wohnen –
zu Ende seufzen den Seufzer derer
die in den Tod gestoßen wurden –
wie oft weicht unter deinen Schritten der Sand
und läßt dich allein –
Meine Arme halten dich
wie ein hölzerner Wagen die Himmelfahrenden –
weinendes Holz, ausgebrochen
aus seinen vielen Verwandlungen –[71]

Währenddessen schrieb Nelly Sachs an ihrem Versdrama
»Das Haar«. Eine Freundin kümmerte sich täglich ein paar
Stunden um die kranke Mutter, sodass Nelly Sachs wenigstens zeitweise arbeiten konnte. Ende 1949 war der erste Ent-
wurf fertig. Ein knappes Jahr zuvor hatte sie Gudrun Harlan
geschrieben: »Ich habe noch meine geliebte Mutter, solange
bin ich nicht allein, und dann einmal werde ich einsam sein
mit meinem Werk.«[72] Als Margarete Sachs am 7. Februar
1950 starb, schrieb Nelly Sachs an die Freundin nur: »Denk
an mich.«[73] Kurt Pinthus in New York schickte ihr einen Bei-
leidsbrief, auf den sie ihm antwortete: »Lieber Freund, Sie
haben gefühlt, was dieser Tod für mich bedeutet. Mit dem
Verstand müßte ich ihn tragen in Dankbarkeit. Aber ich bin
bis in meine letzten Grenzen getroffen, durchgeschnitten.
Dieses letzte, teuerste Erdengut hatte mich zusammengehalten. Nun ist nur noch Sehnsucht übrig.«[74]

Als die Mutter sie nicht mehr brauchte, als sie sich nicht
mehr zusammennehmen musste, verlangte die Erschöpfung
ihr Recht. Gut anderthalb Jahrzehnte lang hatte Nelly Sachs
um das Überleben gekämpft, sie hatte die Verfolgung in Berlin durchgestanden, ein brutales Verhör durch die Gestapo,
die Flucht nach Schweden, den Verlust des Geliebten, die

Nachrichten von der Vernichtung der europäischen Juden, Krankheit und Depression der Mutter, Geldsorgen, Schlafmangel, ständige Überarbeitung. Sie hatte sich verhalten wie eine Mutter, die für ihr Kind verantwortlich ist und sich selbst und ihre eigenen Bedürfnisse ignoriert, um alle Kraft für das hilflose Kind zur Verfügung zu haben. Als das »Kind« – die eigene Mutter – starb, war sie dieser Verantwortung ledig, und damit löste sich auch die Disziplin auf, die sie aufrecht gehalten hatte. Und sie war einsam. Die Mutter war auch ihre engste Vertraute gewesen, der einzige Mensch, dem sie die Wahrheit über ihre unglückliche Liebesbeziehung in Berlin erzählt hatte, mit dem sie also ihr wichtigstes Geheimnis teilen konnte. Was sie am Leben erhielt, war nun, wie sie es vorausgesagt hatte, ihr Werk.

Nelly Sachs ruft in ihrer Lyrik mehrfach die Mutter an. »Waisenkinder«, das »Muttergestirn«, Metaphern des Mütterlichen tauchen in zahlreichen ihrer Werke auf. Der Tod spielt die zentrale Rolle in ihren Gedichten, der Tod »im Rauch«, der Tod des Geliebten, einzelner Freundinnen und Freunde. Der Tod der Mutter fügt sich in die Partitur dieses Requiems mit einer deutlichen Stimme, die manchmal als Solo zu hören ist, manchmal mit dem Klang der anderen Instrumente verschmilzt. Der Ton, den sie anschlägt, ist stets hoch, oft ekstatisch, häufig mystisch. Für eine kritische Auseinandersetzung mit der Mutter oder mit den eigenen Gefühlen der Mutter gegenüber ist in diesem Werk kein Platz. Nelly Sachs sieht ihre Mutter als eine, die zwar gerettet wurde, aber um den Preis, ihre Nächte im Reich der Toten verbringen zu müssen. Als sie schließlich stirbt, folgt sie lediglich den Ermordeten nach, die ihr vorangegangen sind. Indem sie die Mutter so in den »Chor« der Toten einreiht, erhebt die Tochter sie zur unantastbaren Ikone des Mütterlichen, zum Symbol der Wärme und Geborgenheit, an deren Verlust nicht nur die Dichterin leidet, sondern die Welt, die in den Trümmern der Vernichtung überlebt hat.

Simone de Beauvoirs Mutter starb im Spätherbst 1963. Im darauf folgenden Jahr veröffentlichte die damals bereits weltweit bekannte Schriftstellerin das Buch »Ein sanfter Tod«, einen Bericht über das Sterben der Mutter. Madame de Beauvoir war in ihrer Wohnung gestürzt, hatte sich den Schenkelhalsknochen gebrochen und musste ins Krankenhaus. Dort stellte man bei einer Untersuchung fest, dass sie Krebs – und nicht mehr lange zu leben hatte. Simone de Beauvoir hatte sich schon als junge Frau ihrer Mutter, die sie als Kind geliebt und bewundert hatte, entfremdet. Sie hatte sich gegen die Rollenvorstellungen und -erwartungen der konventionellen, streng katholischen Mutter zur Wehr gesetzt und war ihr schließlich als erwachsene Frau mit (wie sie annahm) Gleichgültigkeit begegnet. Wie auch ihre Schwester hatte sie sich vor Besuchen bei der Mutter eher gedrückt, und wenn die beiden Frauen sich sahen, entstand keine Herzlichkeit zwischen ihnen. Der Gedanke, die Mutter könnte sterben, kam für Simone de Beauvoir völlig überraschend: »Für mich hatte es meine Mutter immer gegeben, und niemals hatte ich im Ernst daran gedacht, daß ich sie eines Tages, und zwar bald, verschwinden sehen würde. Wie ihre Geburt, so lag auch ihr Tod in einer mythischen Zeit. Wenn ich mir sagte: Sie hat das Alter erreicht, wo man stirbt, waren das leere Worte wie so viele andere auch.«[75]

Sie alarmiert die Schwester, und gemeinsam betreuen sie nun ihre Mutter in den letzten Wochen vor dem Tod. Als sich deren Zustand weiter verschlechtert, lassen sie die Sterbende nicht mehr allein, abwechselnd und zeitweise gemeinsam wachen sie an ihrem Bett im Krankenhaus. Der Prozess des Sterbens verändert nicht nur die Mutter, sondern auch die

Tochter und die Beziehung zwischen Mutter und Tochter: »Ich war an diese Sterbende gebunden. Während wir im Halbdunkel miteinander sprachen, beschwichtigte ich einen alten Selbstvorwurf: Ich nahm das Zwiegespräch wieder auf, das während meiner Jugend abgebrochen war und das wir auf Grund unserer Gegensätze und unserer Ähnlichkeit nie wieder hatten aufnehmen können. Und die frühere Zärtlichkeit, die ich für immer erloschen geglaubt hatte, erwachte wieder, seit es Mama möglich war, sich in schlichten Worten und Gesten auszudrücken.«[76]

Der Zustand der Mutter zwingt die Tochter, eine Intimität zu erleben, der sie bisher ebenso ausgewichen war wie die Mutter selbst: »Die Krankengymnastin trat an ihr Bett, schlug die Decke zurück und packte Mamas linkes Bein; ihr Nachthemd stand offen, und gleichgültig stellte sie ihren verrunzelten, von winzigen Falten überzogenen Bauch und ihre kahlgewordene Scham zur Schau. ›Ich schäme mich gar nicht mehr‹, sagte sie überrascht. ›Daran tust du recht‹, bemerkte ich. Doch ich wandte mich ab und vertiefte mich in die Betrachtung des Gartens. Das Geschlechtsteil meiner Mutter zu sehen, hatte mir einen Schock versetzt. Kein Körper existierte für mich weniger – er existierte für mich nicht mehr. Als Kind hatte ich ihn lieb gehabt, als junges Mädchen hatte ich ihn als quälend und abstoßend empfunden (…) er war ein Tabu. Dennoch wunderte ich mich über die Heftigkeit meines Mißbehagens. Es wurde durch die unbekümmerte Art meiner Mutter verstärkt; sie gab alle Verbote und Weisungen auf, die sie ihr ganzes Leben lang unterdrückt hatten.«[77]

Das veränderte Verhalten der Mutter, die sich von den Zwängen, die man ihr seit ihrer Kindheit auferlegt hatte, frei macht, und die Intensität der Situation erlauben der Tochter plötzlich, die Person hinter der Mutterfigur zu sehen und die

Bedingungen, unter denen sie geformt worden war, zu berücksichtigen: »Gegen sich selbst anzudenken, kann fruchtbar sein; doch bei meiner Mutter war es anders: Sie hat gegen sich selbst angelebt. Reich an Gelüsten, hat sie all ihre Energie darauf verwandt, sie zu verdrängen, und sie hat diese Selbstverleugnung im Zorn durchlitten. In ihrer Kindheit ist ihr Körper, ihr Herz und ihr Geist in einen Panzer von Grundsätzen und Verboten gepreßt worden. Man lehrte sie, sich einzuengen. In ihr lebte eine leidenschaftliche, glutvolle Frau: aber verunstaltet, verstümmelt und sich selbst entfremdet.«[78]

Als sich der Zustand der Patientin scheinbar etwas stabilisiert, tritt Simone de Beauvoir eine lange geplante Reise mit Sartre nach Prag an. Kaum ist sie im Hotel eingetroffen, erfährt sie, dass es ihrer Mutter bedeutend schlechter geht, dass das Ende bevorsteht. Sie fliegt sofort zurück und ergibt sich von da an der Realität des Sterbens, die Ausschließlichkeit fordert: »Ich war jetzt ruhiger als vor meiner Reise nach Prag. Die Verwandlung meiner Mutter in einen lebenden Leichnam war endgültig vollzogen. Die Welt war auf die Ausmaße ihres Zimmers eingeschrumpft: Wenn ich im Taxi durch Paris fuhr, sah ich nur eine Kulisse, vor der Statisten herumliefen. Mein eigentliches Leben spielte sich bei ihr ab und hatte nur ein Ziel: sie zu beschützen. Nachts kam mir das kleinste Geräusch gewaltig vor (…). Tagsüber ging ich auf Strümpfen.«[79]

Das Leben »draußen«, außerhalb des Sterbezimmers, die berufliche Arbeit, ihr Freundeskreis, ihre Vergnügungen und Verpflichtungen spielen für die Autorin kaum noch eine Rolle. Die reale Welt erscheint ihr, die sich im Bannkreis des Todes bewegt, hohl und schal. Ihre Schilderung der Pariser Straßen und Geschäfte, die ihr bis vor kurzem vertraut und angenehm waren, erinnert an mittelalterliche Vanitas-Darstellungen, die den Menschen an die Vergänglichkeit weltlicher Eitelkeit gemahnen: »Als ich am Mittwoch abend im Taxi nach Hause fuhr, war ich sehr traurig! Die Fahrt durch die vornehmen Viertel kannte ich auswendig: Lancôme, Houbigant, Hermès, Lanvin. Oft zwang mich ein rotes Licht, vor dem Laden von Cardin anzuhalten. Ich sah Filzhüte, Westen, Seidentücher, Schuhe und Halbstiefel von lächerlicher Eleganz. Dahinter lagen schöne flauschige Morgenröcke in zarten Farben; ich dachte: ›Ich werde Mama einen kaufen, als Ersatz für ihren roten Morgenrock.‹ Parfums, Pelze, Wäsche und Schmuck: die aufwendige Anmaßung einer Welt, in der für den Tod kein Platz ist; doch er lauerte hinter der Fassade, im grauen Geheimnis der Kliniken, der Krankenhäuser und der Sterbezimmer. Und eine andere Wahrheit kannte ich nicht mehr.«[80]

Die vernunftbetonte, skeptische Intellektuelle akzeptiert schließlich, dass es existenzielle Situationen gibt, denen sie rational nicht beikommen kann – und auch nicht muss. Insofern ist »Ein sanfter Tod« auch ein Entwicklungsroman der Seele. Die Theoretikerin beugt sich der Macht realer Erfahrung; aus einer distanzierten Tochter wird eine reife Frau, die der hilflosen Mutter Fürsorglichkeit und Zärtlichkeit geben kann. Am Ende des Buches teilen die beiden Schwestern die Hinterlassenschaft der Mutter auf und überlegen, welche Gegenstände sie Freunden und Freundinnen als Andenken schenken und welche sie wegwerfen sollten. Poupette, Beauvoirs Schwester, bricht in Tränen aus, als sie das schwarze Bändchen von der Uhr der Mutter abmacht. Sie kann es nicht wegwerfen und entschuldigt sich für dieses scheinbar kindische Verhalten. Simone de Beauvoir sagt ihr, sie solle es doch behalten, und fügt die Sätze hinzu, die ich als eine Art Resümee ihres Buches gelesen habe: »Man braucht gar nicht erst zu versuchen, den Tod ins Leben einzubeziehen und sich einer Sache gegenüber rational zu verhalten, die es ihrerseits nicht ist; jeder muß zusehen, wie er auf seine Art in der Verwirrung seiner Gefühle zurechtkommt.«[81]

Teil 2:
»Sie war mir plötzlich sehr nahe«

4 Requiem
für meine Mutter

Als meine Mutter starb, schien die Sonne und ein paar Häuser weiter wurde ein neues Möbelzentrum eröffnet, mit Blasmusik und Bier und Tanz. Wir hielten das Fenster geschlossen, obwohl es warm war, wir fürchteten uns vor dem Lärm, für uns und für die Sterbende.

Meine Mutter ist lange gestorben. Sie wurde immer dünner, sah aus wie ein kleiner Vogel. Sie wusste, dass sie sterben musste. Zwei Jahre vor ihrem Tod sagte der Arzt im Krankenhaus, sie hätte vielleicht noch zwei Jahre zu leben. Vielleicht wäre aber nur noch ein Jahr lang ein erträgliches Leben für sie möglich. Er hat beinahe Recht behalten. Meine Mutter starb in Raten. Ihr Zustand verschlechterte sich, blieb dann eine ganze Weile so, verschlechterte sich erneut, blieb so und so weiter. Sie rutschte sozusagen den Hang hinunter, blieb auf einem Felsvorsprung liegen, bis der unter ihr wegbrach und sie wieder ein Stück tiefer ins Tal fiel. Je mehr sie sich der Talsohle näherte, desto häufiger gab es falschen Alarm. Wir, meine Schwester und ich, eilten dann zu ihr, zuerst ins Krankenhaus, dann nach Hause. Bei ihren letzten beiden Operationen hatten wir Angst, sie überlebe sie nicht. Aber sie hat sie überlebt, mit nichts als ihrem Optimismus,

81

ihrem Mut und ihrer Lebensfreude. Und ihrer Entschlossenheit, meinen Vater nicht zu verlassen, bei ihm zu bleiben, so lange es nur ging. »Wißt ihr, wir zwei machen es uns fein«, sagte sie. Da habe ich zum ersten Mal um sie geweint.

Sie hat zuletzt entsetzlich gelitten. Und niemand konnte ihr helfen. Wir nicht, der Arzt nicht, die Pflegerin, die in den letzten Wochen kam, auch nicht. Ich spüre noch immer ihren Schmerz in mir, ich höre sie noch immer betteln: »Ein Pflaster, bitte, ein Pflaster!« Sie war in ständiger Panik, wir könnten vergessen, ihr ein neues Morphiumpflaster zu geben. Sie war vollgeklebt mit Morphiumpflastern, aber es nützte nichts. Alle zwei, drei Stunden fuhr der Schmerz in sie, zerstach sie, verbrannte sie, ätzte sich in ihren wunden Leib, bohrte sich in ihre Gedärme, riss und zerrte an ihren bloßliegenden Nerven. Ich verstand es nicht, ich konnte nicht begreifen, warum sie so leiden musste. Warum das Morphium nichts bewirkte. Es gab keine Logik darin, und mit Erstaunen registrierte ich, wie alter Kinderglaube in mir erwachte, wie ich mir sagte: »Aber sie war doch so ein guter Mensch, wofür soll sie denn bestraft werden? Das ist doch ungerecht! Wenn jemand wirklich keine Strafe verdient hat, dann sie!« Wer sollte sie denn bestrafen? Ich glaube nicht mehr an den »lieben Gott« meiner Kindheit. Wenn eine Tante das aussprach, was ich heimlich dachte, reagierte ich gereizt.

Es war ein sonniger Spätsommer. Der Mais stand schon hoch auf den Feldern, die Berge leuchteten bereits herbstlich in der klaren Luft, aber die Bäume waren noch üppig grün und auf den Wiesen am Flussufer wuchsen Gänseblümchen, Schafgarbe, wilde Kamille und Löwenzahn. Meine Schwester, die ein paar hundert Kilometer näher zu meinen Eltern wohnt als ich, war zuerst da. Sie hatte an einem Freitagabend im August später als sonst meinen Vater angerufen. Sie fand, er klang seltsam. Sie versuchte, sich darüber zu beruhigen, aber es ging nicht. Also setzte sie sich ins Auto und fuhr, mitten in der Nacht, nach Innsbruck. »Es war reiner Instinkt«, sagte sie mir später. Sie kam gerade zurecht, um meinem Vater in seiner Verzweiflung zu helfen.

Er war mit Mama auf die Toilette gegangen wie immer, das heißt, er hatte sie hingeschleppt und hochgehoben. Dabei hätte er gar nichts heben dürfen, nicht einmal einen Kasten Bier. Er hatte einen offenen Bruch, der längst hätte operiert werden sollen. Und sein Fuß ist zum Teil amputiert, wenn er keinen Innenschuh trägt, kann er sich auf das rechte Bein nicht abstützen. Trotzdem schleppte er Mama zur Toilette. Sie hatte einen künstlichen Darmausgang, dafür schämte sie sich. Mehr, nämlich in das Bett zu machen, in eine Windel, hätte sie nicht ertragen. Noch nicht. Auch das musste sie schließlich ertragen. Sie hatte einen sechsten Sinn für Schönheit und eine sehr feine Nase. Unter schlechten Gerüchen hat sie immer gelitten. Sie war auch immer gut angezogen, die Kleider hat sie sich selber genäht. Die Wohnungen, in denen sie lebte, hatten immer etwas Leichtes und zugleich Behagliches. Alles Muffige, Überladene, Spießige war ihr fremd. In dunklen, voll gestellten Räumen bekam sie Erstickungsgefühle. Sie brauchte Luft und Weite und Leichtigkeit und Schönheit. Und sie schuf all das um sich herum. Nun lag sie unbeweglich in ihrem Bett, schied stinkenden Kot aus und konnte ihn nicht wegmachen.

An dem Freitagabend, an dem meine Schwester sich spontan auf den Weg gemacht hatte, waren beide, mein Vater und meine Mutter, auf dem Weg zur Toilette gestürzt. Mein Vater war nicht mehr hochgekommen, mit seinem kaputten Rücken, seinem kaputten Fuß, seinem Bruch. Mama hatte sich auch nicht bewegen können, sie hatte in ihrem abgemagerten Körper keine Kraft mehr, sich abzustützen. Sie waren beide in Panik auf dem Boden gelegen. Endlich hatte mein Vater es doch noch geschafft, hochzukommen und meine Mutter ins Bett zu bringen. Als meine Schwester eintraf, war er am Ende seiner Kräfte. Vorläufig. Am nächsten Tag bestellten sie den Pflegedienst.

Meine Schwester blieb über das Wochenende. Wir vereinbarten, dass ich, falls nötig, Dienstagabend käme, um sie abzulösen, sie musste spätestens Mittwoch früh wieder im Büro sein. Ich steckte in der Arbeit an einem längeren Dokumentarfilm, hatte die Dreharbeiten gerade abgeschlossen und bereitete nun den Schnitt vor. Während der letzten Drehtage hatte es falschen Alarm gegeben. Ich musste nach Innsbruck, konnte aber die Arbeit nicht einfach abbrechen. Der Kameramann schlug vor, er könne die letzten Aufnahmen auch alleine machen, ich solle sofort den nächsten Zug nehmen. Das war der erste Akt einer großzügigen Hilfsbereitschaft und Kollegialität, die ich während des Sterbens meiner Mutter immer wieder und von den unterschiedlichsten Menschen erfahren sollte. Meine Prioritäten begannen sich bereits zu verschieben, aber solange ich in Köln und mit der konkreten Arbeit beschäftigt war, schien mir eine längere Unterbrechung schwierig bis unmöglich. Der Film musste fertig werden, ich konnte es mir nicht leisten, die Redaktion zu vergraulen, die Cutterin, mit der ich schneiden wollte, zu verlieren, ich konnte mir auch finanziell keine größere Arbeitsunterbrechung leisten. Dachte ich.

Am Montag rief mich meine Schwester an, ich solle sofort kommen, Mama läge nun im Sterben, es könne schnell gehen. Ich telefonierte mit meiner Reiseagentin, bat sie, mir buchstäblich den nächsten Flug nach Innsbruck zu buchen. Drei Stunden später konnte ich starten. Ich betete den ganzen Flug über: »Bitte, Mama, warte auf mich, bitte warte, bitte stirb noch nicht!« Ich hatte mich in meinem ganzen Leben noch nie vor etwas so gefürchtet wie jetzt davor, nicht bei ihr zu sein, wenn sie starb, mich nicht von ihr verabschieden zu können. Ich handelte mit dem Gott, an den ich nicht glaube. Versprach ihm, was mir gerade einfiel, wenn er Mama am Leben ließ, bis ich bei ihr war. In Frankfurt musste ich umsteigen, ich hetzte über die endlosen Laufbänder zum nächsten Telefon. »Mama, ich komme«, keuchte ich atemlos vom Laufen in den Hörer, »ich bin in zwei Stunden bei dir, hörst du mich?« Erst sagte sie nichts. Ich weinte fast, flehte sie an, auf mich zu warten. »In zwei bis drei Stunden«, wiederholte ich mehrmals, »in zwei, drei ganz kleinen, winzigen Stündchen bin ich bei dir.« Ganz leise, fast unhörbar sagte sie: »Kommst du?« Ich musste einhängen, sonst verpasste ich den Anschlussflug. Ich rannte zum Gate, rannte im Flugzeug innerlich weiter, nahm meine Gebete wieder auf, zum »lieben Gott«, zur Muttergottes, zu allen Heiligen, bettelte: »Lasst Mama noch nicht sterben, lasst mich rechtzeitig kommen.« Schuldgefühle schnürten mir die Luft ab. Warum hatte ich so lange gewartet? Der Film, die anderen Projekte, an denen ich arbeitete, der Stress, in dem ich rotierte, das alles galt nicht mehr, schmeckte nach faulen Ausreden. Ich hätte früher nach Innsbruck fahren müssen.

Meine Schwester holte mich am Flughafen ab, an ihrem Gesicht sah ich, dass ich noch rechtzeitig gekommen war. »Es geht ihr wieder ein bisschen besser«, sagte sie, »aber das kann sich jederzeit ändern.« Mein Vater fragte: »Wie lange kannst du bleiben?« – »Eine Woche auf jeden Fall, wenn es nötig ist, auch länger«, behauptete ich und hatte keine Ahnung, wie ich das arrangieren sollte.

Meine Mutter schlief. Als sie wach wurde, fragte sie: »Wie lange bleibst du?« – »So lange, wie du mich brauchst«, sagte ich, hielt ihre Hand, sah ihr in das kleine, zusammengefallene Gesicht und wusste, das ist jetzt so. Das ist richtig so. Köln war schon sehr weit weg.

Am Abend redete ich noch lange mit meiner Schwester und meinem Vater. Er war vollkommen erschöpft, ließ sich aber nicht davon abbringen, nachts bei Mama zu bleiben. Er hatte sich ein klappriges Gästebett neben ihrem Bett aufgestellt, auf dem lag er, döste und bewachte ihren Atem. Nachts rief ich meinen Mann an und sagte ihm, dass ich nicht wisse, wie lange ich hier bliebe. Ich rief ihn in den kommenden Wochen jeden Abend an, wenn mein Vater »zu Bett« gegangen war, und weinte, erzählte, weinte, fluchte. Er ließ mich reden, hörte zu, nahm mich über tausend Kilometer Entfernung in den Arm, tröstete mich, gab mir neue Kraft. »Papa hat niemanden, dem er so in die Arme sinken kann«, dachte ich. Ich litt mit ihm und konnte ihm doch nicht wirklich helfen. Er ist ein Mann und gehört einer anderen Generation an. Er hat nicht gelernt, sich auszusprechen, zu weinen, sein Herz auszuschütten. Und er hätte es sich vermutlich gar nicht leisten können. Ohne seine übermenschliche Selbstbeherrschung hätte er die Anstrengungen schon rein körperlich nicht durchgestanden. Ich war froh, wenn er wenigstens manchmal still weinte. Was er für Mama tat, das tun normalerweise nur Frauen für ihre Männer, und auch das nicht mehr häufig, denn die meisten Menschen sterben heutzutage im Krankenhaus. Mein Vater hat meine Mutter gepflegt, gefüttert, gehalten, gestreichelt, er hat ihr Morphiumpflaster und Zärtlichkeit gegeben, all die Zärtlichkeit seines liebenden Herzens. Ein halbes Jahr nach ihrem Tod hätte er es beinahe geschafft, ihr hinterher zu sterben. Sein Herz gab auf. Drei Bypässe holten ihn ins Leben zurück.

Die Schwester vom Pflegedienst kam nun immer morgens, um Mama sauber zu machen und ihre Wunden mit Salben zu behandeln. Sie legte ihr eine Windel an. Sie wechselte einmal am Tag den Beutel mit den Exkrementen, den Mama am Bauch hängen hatte. Abends übernahm ich diese Arbeiten, ich nahm die gebrauchte Windel und den vollen Beutel ab, reinigte den Intimbereich, salbte die offenen Stellen, legte eine frische Windel ein und einen neuen Beutel an. Sterbebegleitung, das klingt sehr nobel und sanft und fürsorglich. Es ist aber auch mit Schmutz und Gestank und Scham und Verzweiflung verbunden. Man muss den Sterbenden, der einem schutzlos ausgeliefert ist, ständig in seinem Schamgefühl verletzen. Ich weiß nicht, was meine Mutter empfand, als mein Vater sie auf die Toilette setzte und ihr den Beutel abnahm. Ich weiß nur, dass sie darunter gelitten hat, dass sie ihm das antun musste. Er verbarg seine Empfindungen hinter seiner Fürsorglichkeit und Zärtlichkeit, aber ich sah den Schmerz in seinen Augen. Als ich das Beutelwechseln übernahm, erkannte ich an seiner Erleichterung, welche Belastung es für ihn gewesen war. Mama ertrug es klaglos, dass die Pflegerin und ich sie säuberten und eincremten. Nur dass sie »Schmutz machte«, dass sie stank, dass sie uns so viel Arbeit machte, das grämte sie bis zuletzt. Als ich zum ersten Mal die Scham meiner Mutter wusch und sie dabei zum ersten Mal in meinem Leben *sah*, ihren Leib, aus dem sie mich geboren hatte, stiegen widersprüchliche Empfindungen in mir auf. Sie hatte mich als Baby gewindelt, gewaschen, eingecremt, mit weichen, sanften Händen, nun tat ich das Gleiche für sie. Ich sprach mit ihr, um sie abzulenken, aber es schien ihr weniger peinlich zu sein, als ich befürchtet hatte. Auch ihre Prioritäten hatten sich verschoben.

Die Schwester behandelte Mama professionell und liebevoll, sie war geschickt und schnell. Sie erklärte mir die wichtigsten Griffe, zeigte mir, wie ich sie so hochheben konnte, dass ich ihr möglichst wenig Schmerzen bereitete. Aber mir fehlte die Übung, ich ging zu ängstlich mit dem ausgemergelten, wunden Körper um, der schon vom bloßen Anfassen schmerzte, und verlängerte dadurch die Qual. Selbst wenn die Schwester die Arbeit verrichtete, tat es meiner Mutter weh, umso schlimmer waren meine unbeholfenen Griffe. Sie flüsterte »Liebes, es tut weh«, versuchte sich zu beherrschen, wimmerte leise, und ich brauchte alle Kraft, die ich mobilisieren konnte, um nicht unter ihrem Schmerz zusammenzubrechen. Ich konnte sie nicht in ihrem Kot liegen lassen. Es gab keinen Ausweg, ich musste ihr wehtun, um ihr zu helfen. Das war das Schlimmste.

Die Schmerzanfälle kamen alle zwei, drei Stunden. Dazwischen schlief sie oder lag wach und sprach mit mir. Ich wechselte mich mit meinem Vater ab, sodass ständig einer von uns bei ihr war. Dennoch trug er den größeren Teil der Last. Er schlief nachts kaum, weil er auf jeden ihrer Atemzüge achtete und sofort aufsprang und sich zu ihr setzte, wenn sie das leiseste Geräusch von sich gab. Ich flehte ihn an, sich tagsüber hinzulegen, aber es fehlte ihm die innere Ruhe dafür. Ich kochte alles, was meiner Mutter schmeckte. Sie aß nur winzige Häppchen, aber sie aß gerne. Sie freute sich über das Essen, lobte mich und fragte schon vormittags: »Wann gibt es denn zu essen? Kochst du wieder so etwas Gutes heute?« In den letzten Tagen konnte sie kaum noch etwas zu sich nehmen. Nur ihre Kipferlen (Hörnchen) liebte sie bis fast zuletzt. Immer wenn sie aufwachte, fragte sie: »Krieg ich jetzt ein Kipferle?« Als sie kaum noch sprechen konnte, flüsterte sie: »Bitte ein Kipferle.« Jeden Morgen lief einer von uns los, um frische Kipferlen zu holen, wir hatten eine Sammlung davon. Sie wurde zu einem kleinen Mädchen in den letzten Tagen vor ihrem Tod, einem lieben, braven kleinen Mädchen, das sich für alles bedankte und für alles entschuldigte. Und das manchmal ein bisschen übermütig wurde. Dann machte sie sich über einen von uns lustig, wir schalten sie scherzhaft, und sie lachte vergnügt in sich hinein.

Sie war immer eine große Optimistin gewesen. Die Ärzte

hatten nach jeder neuen Operation darüber gestaunt, wie schnell sie sich erholte. Sie bekam zuerst Gebärmutterkrebs, vertrug die Chemotherapie nicht, gab sie auf, überstand mehrere Operationen, lebte weiter. Dann befiel der Krebs den Darm. Die Operationen wurden schwieriger, langwieriger, gefährlicher. Sie musste sich entscheiden, ob sie eine Chemotherapie zuließ oder riskierte, früher »als nötig« zu sterben. Sie plagte sich erst einmal alleine mit dem Hin- und Herüberlegen. Dann versuchte sie eine Behandlung, wurde sterbenskrank davon, musste sich wochenlang erbrechen, war vor Übelkeit gelähmt, war verzagt wie noch nie zuvor. Sie fasste ihren Entschluss, brach die Therapie ab und bat meinen Vater dafür um Verzeihung.

Sie hatte sich über ein Vogelgezwitscher, eine Wiese, einen blühenden Baum begeistern können, sie hatte Tiere magisch angezogen, sie liefen ihr zu, und sie sprach mit ihnen. Sie hatte schöne Stoffe geliebt und ihren Beruf. Sie war Verkäuferin gewesen, eine gute Verkäuferin, sie war auf die Kundinnen eingegangen und hatte sich gefreut, wenn sie etwas Passendes für sie finden konnte. »Du siehst immer nur das Schwere«, hatte sie mir vorgeworfen, sie, die so viel *Schweres* erlebt und tapfer durchgestanden hatte. Das *Schwere* war für sie reales Leben gewesen. Dass man freiwillig darüber lesen, schreiben, Filme machen wollte, konnte sie nicht verstehen. Sie hatte »den Hitler« und seinen Anhang gehasst und war während eines Bombenangriffs im Keller des Kaufhauses, in dem sie gearbeitet hatte, verschüttet worden. Sie hatte die Alliierten herbeigesehnt und sich vor ihren Bomben zu Tode gefürchtet. Als sie meinen Vater kennen lernte, musste sie auch noch um ihn zittern. Auch er hasste die Nazis, und er hielt damit nicht hinter dem Berg. Als der Krieg endlich zu Ende und Österreich befreit war, lehrte mein Vater meine schüchterne, scheue Mutter, das Leben zu genießen. Er brachte ihr Schifahren und

Bergsteigen bei, Schwimmen und Radfahren, sie lernte mit ihm eine neue, beglückende Freiheit kennen. Aber das *Schwere* kam wieder, und sie trotzte ihm mit ihrer Lebensfreude und ihrem Sinn für »das Leichte«.

Ich hatte mein Leben lang Angst davor, ihr Sorgen zu machen. Ich machte ihr ständig Sorgen und hatte andauernd Schuldgefühle deswegen. Ich liebte sie, ich stritt mit ihr, ich schlug um mich in dem verzweifelten Bemühen, mich ihr verständlich zu machen. Niemand konnte mich so tief verletzen wie sie. Manches wollte sie einfach nicht verstehen. Sie fürchtete, es könnte ihr wieder Kummer bereiten, ihr das Leben und das Herz schwer machen, und so blockte sie mich ab, hörte nicht zu, verweigerte sich. Das Herz wurde ihr trotzdem schwer, und sie grollte mir. Auf ihrem Sterbebett hat sie mir davon erzählt, ein wenig, nur eine Episode. Ich habe sie um Verzeihung gebeten. Indem sie mir die Möglichkeit dazu gab, machte sie mir das Leben leichter. Ich habe ihre Hand gehalten und ihr erzählt, wie sehr ich sie liebe. Sie nickte langsam, versonnen, zufrieden.

Sie mochte es, wenn ich sie berührte, streichelte, ihre Hand hielt. Ich strich ihr über die Wange wie eine Mutter einem traurigen oder kranken Kind und sprach dazu Zärtlichkeiten, murmelte Liebes- und Trostworte. Sie lächelte glücklich wie ein Kind, das sich geborgen fühlt. In den allerletzten Tagen kam ihre Mutter zu ihr, die vor über dreißig Jahren gestorben war. Mama führte lange Gespräche mit ihr, oder, genauer gesagt, sie hörte zu. Sie lauschte aufmerksam mit geschlossenen Augen und gab kleine erstaunte und zustimmende Laute von sich. Was Großmutter ihr erzählte, muss gleichzeitig verwunderlich und tröstlich gewesen sein. Sie hatten sich sehr geliebt und füreinander gesorgt. Als meine Großmutter gestorben war, im Krankenhaus, war meine Mutter wach geworden, zu Hause in ihrem Bett. Sie hatte

»Mama!« gerufen und gewusst, was geschehen war. Am Morgen hatte jemand von der Klinik angerufen und Tod und Zeitpunkt des Todes bestätigt. Meine Mutter litt ihr Leben lang darunter, dass sie ihre Mutter allein gelassen hatte, dass sie in der Stunde ihres Todes nicht bei ihr gewesen war. Dass das gar nicht möglich gewesen wäre, dass man damals Angehörige nachts nicht in das Krankenhaus einließ, spielte für sie keine Rolle, minderte ihr Schuldgefühl nicht. Ich weiß nicht, was ihre Mutter ihr erzählte, als sie kam, um sie zu sich zu holen, aber es muss etwas Schönes gewesen sein, etwas, das sie zufrieden machte, ihr die Angst nahm. Jetzt liegen sie beieinander im selben Grab.

Manchmal stellte ich mir vor, Mama wäre jetzt nicht zu Hause bei uns, sondern im Krankenhaus. Niemand wäre bei ihr, wenn sie ihre Schmerzanfälle bekäme, niemand tröstete sie, hielte ihre Hand, sie könnte sich im Schmerz an niemandem festkrallen, niemand sagte ihr: »Es geht wieder vorbei, es geht wieder vorbei!«. Niemand hörte sie, wenn sie um ein Kipferle bäte. Es gäbe kein Kipferle. Eine überforderte Schwester würde ab und zu bei ihr vorbeischauen. Dann, wenn sie Zeit hätte. Nicht, wenn meine Mutter jemanden brauchte. Die Vorstellung war unerträglich. Man wäre sicher freundlich zu ihr, denn die Krankenschwestern waren immer freundlich zu meiner Mutter, sie war »das Sonnenscheinchen« auf jeder Station. Sie forderte nie etwas, hatte immer für alles Verständnis, entschuldigte sich, wenn sie etwas brauchte. Auch jetzt machte sie sich Sorgen über unseren Zustand. »Bring den Papa dazu, dass er sich hinlegt«, trug sie mir auf, »er darf mit seinem Rücken nicht so lange sitzen!« Ich bin um jede Minute dankbar, die ich bei ihr sein konnte. Ich werde meinem Vater ewig dankbar dafür sein, dass er sie zu Hause behielt, dass sie nicht allein sein musste, dass sie uns bei sich hatte, jederzeit.

Ich war längst nicht so ausdauernd und selbstlos wie mein
Vater. Ich konnte meine Rückenschmerzen nicht völlig ignorieren und bestand darauf, zwischendrin Gymnastik zu machen. Ich konnte nicht den ganzen Tag sitzen und mich nur
in der Wohnung bewegen, ich musste an die frische Luft. Einmal am Tag ging ich am Fluss spazieren, eine halbe Stunde,
manchmal eine Stunde. Ich hatte dabei immer das Hochhaus,
in dem meine Eltern lebten, im Blick: Wenn mein Vater dort
auf dem Balkon gestanden und gewunken hätte, wäre ich sofort zurückgelaufen. Die Spaziergänge wurden zu meiner
Energiequelle, neben den abendlichen Telefongesprächen mit
meinem Mann. Ich sah dem Fluss beim Fließen zu und wurde ruhiger. Ich begrüßte die Berge, jeden einzelnen Gipfel,
nahm sie zum ersten Mal seit vielen Jahren wieder bewusst
wahr in ihrer Schönheit und Majestät. Ich pflückte Gänseblümchen für Mama, sie liebte Gänseblümchen, und stellte
sie ihr in einem Schnapsglas, das ich zur Vase umfunktionier-
te, ans Bett.

Sie starb nachts, um Viertel nach zwölf. Ich war gerade
eingeschlafen, als mein Vater an die Tür klopfte. In den zwei,
drei Minuten, die ich brauchte, um wach zu werden, in den
Bademantel zu schlüpfen und in ihr Zimmer zu laufen, ist sie
gestorben. Mein Vater hatte ein leises Geräusch von ihr gehört, er war aufgestanden, hatte sich zu ihr gesetzt, ihre
Hand gehalten und mit ihr gesprochen. Sie hatte zugehört,
sogar leise »mhm« gesagt, um ihm zu zeigen, dass sie ihn hörte und verstand. »Sie ist ganz ruhig geworden, ganz ruhig
und friedlich«, sagte er weinend. Ich nahm ihn in den Arm,
mein Mitleid für ihn überschwemmte meine eigene Trauer.
Ich streichelte das Gesicht meiner toten Mutter, sagte ihr auf
Wiedersehen, küsste sie auf den Mund, küsste ihre Hände,
immer noch vorsichtig, um ihr nicht wehzutun. Dann ging
ich aus dem Zimmer und ließ meinen Vater allein von ihr

Abschied nehmen. Ich rief meine Schwester an und sagte ihr, dass Mama gestorben war. Sie hatte sich an dem Dienstag, bevor sie zurückgefahren war, von ihr verabschiedet. Hatte lange an ihrem Bett gesessen, und als sie aus dem Zimmer gekommen war, hatte sie bitterlich geweint. Jetzt war sie wortkarg, aus dem Schlaf gerissen, erschrocken, aber nicht erstaunt. Wir hatten ja gewusst, dass es nicht mehr lange dauern würde. Ich rief noch meinen Mann an, informierte ihn kurz und verabredete mich für den nächsten Tag zum Telefonieren mit ihm. Ich war zu müde, um zu weinen oder über meine Gefühle zu sprechen.

Meine Mutter hatte Angst gehabt, lebendig begraben zu werden. Die Vorstellung, dass man sie unter die Erde brachte, während sie noch lebte, hatte sie geplagt, und wir hatten ihr versprechen müssen, dass wir ganz genau prüften, ob sie auch wirklich tot war. Ich holte einen Spiegel und hielt ihn ihr vor den Mund. Sicherheitshalber kniff ich sie in die Arme, wir hatten ihre Furcht verinnerlicht. Wir wussten, dass sie tot war, aber wir wollten uns trotzdem vergewissern. Sie war einmal verschüttet worden, das sollte ihr nicht wieder passieren. Dann holte ich warmes Wasser und saubere Waschlappen und wusch sie sorgfältig. Wieder hatte ich das Gefühl, ich tue ihr weh, wenn ich sie anhebe. Ich entschuldigte mich bei ihr, wie ich es die Wochen zuvor immer getan hatte, sagte: »Mama, ich muss dir jetzt leider wehtun, aber es geht ganz schnell, es dauert nicht lange, ich beeile mich, du musst nur noch einen Moment aushalten.« Während ich redete, erschrak ich über mein unlogisches Verhalten, konnte es aber nicht abstellen. Ich war mir nicht *sicher*, ob sie wirklich nichts mehr spürte. Mein Vater, der mir half, wunderte sich nicht, vielleicht ging es ihm ähnlich. Ich suchte ein schönes Kleid heraus, zog es ihr an, kämmte ihre Haare. Zusammen zogen wir ihren Ehering vom Finger, mein Vater steckte ihn sich an, trug nun die beiden Ringe des Witwers. Ihr Tod wurde Realität. Ich faltete ihre Hände und wand den Rosenkranz ihrer Mutter herum, den sie in der Nachttischschublade aufbewahrt hatte. Sie sollte ihn mitnehmen in das gemeinsame Grab. Wir küssten sie noch einmal, packten die unbenutzten Windel- und Wattepackungen, Salben, Plastikhandschuhe, Morphiumpflaster in einen großen Karton für den Pflegedienst, warfen das Bettzeug in die Waschmaschine und das schmutzige und hinten aufgeschnittene Nachthemd in den Müll. Dann gingen wir zu Bett.

Eine Stunde später trafen wir uns in der Küche wieder, wir hatten beide nicht schlafen können. Ich kochte uns einen Kaffee, und wir besprachen, was wir am Morgen alles machen mussten: Erst den Hausarzt anrufen, damit er kommt und den Totenschein ausstellt, dann das Bestattungsunternehmen, dann der Schwester vom Pflegedienst die Sachen mitgeben. Verwandte und Freunde anrufen. Einen schwarzen Anzug für meinen Vater und einen schwarzen Rock für mich für das Begräbnis kaufen.

Um sieben Uhr morgens verständigte mein Vater den Hausarzt. Ich ging zu meiner Mutter, setzte mich an ihr Bett und sah sie an. Sie hatte sich verändert. Sie war jetzt tot. Richtig tot. Die Seele hatte ihren Leib verlassen, der war kalt, blassgelb, ihre Stirn war feucht, sie sah schrecklich aus. Wir hatten ihr aus Unwissenheit das Kinn nicht hochgebunden. Die Augen hatten wir ihr schließen wollen, aber es war uns nicht gelungen, die Lider herunterzuziehen, wir hätten dafür gewaltsam vorgehen müssen, und das hätten wir nicht übers Herz gebracht. Jetzt waren die Lippen leicht geöffnet und über den Kiefer gezogen, die Augen schwammen riesengroß in den Höhlen, die Wangen waren eingefallen. Der Anblick ihres Totenschädels hat mich noch lange verfolgt.

Der Hausarzt kam, gefolgt vom Amtsarzt, einem freund-

94

lichen Menschen, der die Leiche sanft und respektvoll untersuchte. Sie hatte noch Kot ausgeschieden, der Arzt half mir, sie zu waschen, ihr eine frische Binde einzulegen, und er hielt sie hoch, damit ich die Unterhose wechseln und den Fleck an ihrem Kleid auswaschen konnte. Als wir fertig waren, kamen die Leichenträger, packten sie in eine Art Schlafsack und zogen den Reißverschluss zu. Sie hatten angeboten, das alleine zu machen, aber ich wollte bis zuletzt bei ihr bleiben. Ich hatte die ganze Zeit über, als ich sie gewaschen und gekleidet und gekämmt hatte, das Gefühl gehabt, einen heiligen Ritus zu vollziehen, und der war erst beendet, wenn man sie wegbrachte.

Der Mann vom Beerdigungsunternehmen schlug uns Särge, Kränze, Kerzen, Todesanzeigen in verschiedenen Preisklassen vor, freundlich, ruhig, unbeirrbar. Wir kooperierten, freundlich, ruhig, beherrscht. Wählten aus, vereinbarten einen Beerdigungstermin, unterschrieben Formulare. Schrieben die Todesanzeige, führten die anstehenden Telefonate. Gingen Kleider für das Begräbnis kaufen. Es regnete heftig, die Tage zuvor hatte die Sonne geschienen, jetzt weinte der Himmel um meine Mutter. Ich fand das ganz logisch. Ich spazierte langsam durch den Regen zur Kirche, um dem Pfarrer etwas über Mama zu erzählen, damit er wusste, was er sagen sollte bei der Beerdigung. »Bloß keinen Pomp, bloß kein feierliches Getue«, hatte mein Vater mir aufgetragen. »Machen Sie es bitte so schlicht wie möglich«, bat ich den Pfarrer, und er hielt sich daran.

Am Morgen vor der Beerdigung kamen meine Schwester und mein Schwager. Es war ein »schönes Begräbnis«, viele Menschen, viele Kränze, viele Blumensträuße. Alle Anwesenden waren gekommen, weil sie meine Mutter gemocht hatten, und fast alle konnten das meinem Vater auch zeigen. Es tat ihm gut, soweit ihm in dieser Situation etwas gut tun konnte. Ich registrierte, wer da war, wer einen Kranz geschickt hatte, von wem die Blumen waren, wie viele Kerzen vor dem Sarg standen, dass die Musik zu leise war, man konnte sie kaum hören. Ich hatte die Maurerische Trauermusik von Mozart ausgesucht, und ich hätte sie gerne gehört. Meine Gefühle waren betäubt, ich war müde und ausgelaugt. Ich empfand nur Sorge um meinen Vater. Er war seelisch und körperlich über alle Grenzen hinaus erschöpft. Ich wusste, ich muss zurück nach Köln, zurück zu meiner Arbeit, zu meinem Film. Und er bleibt allein zurück. Ganz und gar allein. Ich hatte Angst, er überlebt es nicht. Will es nicht überleben. Ich hätte es akzeptiert, wenn er ihr hätte nachfolgen wollen. Aber ich hätte es nicht ertragen.

Wir gingen in das Einkaufszentrum um die Ecke essen, mein Vater, meine Schwester, mein Schwager und ich. Wir hatten keinen Leichenschmaus gegeben, niemanden eingeladen, wir wollten unter uns bleiben. Mein Vater und ich erzählten, wie er im Zimmer von Mama gestolpert war, ich ihn auffangen wollte und stattdessen hinfiel, ihn mitzog, und wir schließlich beide auf dem Boden lagen. Ich hatte mich dabei furchtbar erschrocken, dachte, er hätte sich das Kreuz gebrochen, aber jetzt lachten wir und lachten und konnten gar nicht aufhören zu lachen. Nebenan spielte immer noch die Blasmusik.

5 Mütter und Töchter:
»Unsere Beziehung war sehr ambivalent«

Die Töchter, die ich für dieses Buch interviewte, sind so unterschiedlich wie ihre Mütter und wie die Beziehungen, die sie zu ihren Müttern hatten. Doch eines ist fast allen gemeinsam: Auf die Frage: »Wie war Ihr oder dein Verhältnis zur Mutter?« antworteten sie spontan: »Ambivalent.« Kaum eine hatte eine eindeutige Beziehung zu ihrer Mutter, sei es eine liebevolle, sei es eine hasserfüllte. Oft folgte in den Gesprächen auf eine negative Darstellung der Mutter sofort eine positive und umgekehrt. »Sie war so – aber auch so«, oder auch: »Ich habe unter ihr gelitten, aber später habe ich verstanden, warum sie so war« – solche und ähnliche Aussagen bekam ich von vielen Frauen zu hören.

Ich habe insgesamt 20 Frauen interviewt. Die Mehrheit gehört den Jahrgängen 1948 bis 1954 an. Eine Frau ist jünger, sie wurde 1960 geboren. Und fünf Frauen sind älter, sie kamen 1924, 1927, 1934, 1939 und 1940 zur Welt. Über die Hälfte meiner Interviewpartnerinnen war, als ihre Mutter starb, zwischen 40 und 60 Jahre alt. Eine Frau war beim Tod ihrer Mutter zehn, eine 13, eine weitere 16 Jahre alt. Die anderen waren zwischen 20 und 35. Fast alle von mir interviewten Töchter haben studiert oder eine qualifizierte Berufsausbildung gemacht. Bis auf eine Ausnahme sind oder waren alle berufstätig, und alle leben in Großstädten. Die interviewten Frauen sind (oder waren) von Beruf Journalistinnen, Verlagsangestellte, Lehrerinnen, Psychotherapeutinnen, Pressereferentin, Literaturagentin, Buchhändlerin, Mediendesignerin, Grafikerin, Schauspielerin, Sachbearbeiterin in der Immobilienbranche, Heilpraktikerin und Rechtsanwältin.

Die meisten Töchter kommen aus der unteren bis gehobenen Mittelschicht. Von ihren Müttern hatte gut die Hälfte einen Beruf erlernt, einige hatten ihn auch, zumindest zeitweise, ausgeübt. Sie waren Verkäuferinnen, Künstlerin, Musikerin, Psychotherapeutin, Journalistin, Gewerkschafterin, Bäuerin und Hebamme, Schneiderin, Köchin, Juristin. Vier der von mir interviewten Frauen wuchsen als Scheidungskinder auf, für zwei Frauen spielte die Großmutter in der Erziehung eine ebenso große oder sogar größere Rolle als die Mutter. Zehn der interviewten Frauen leben mit ihrem Ehemann oder Partner zusammen, fünf leben zurzeit ohne festen Partner, fünf weitere mit einer Partnerin. Sieben der interviewten Frauen sind selbst Mutter.

Ich habe, als ich diese Interviews führte und bearbeitete, vieles gelernt. Mir wurde deutlich: Die Beziehung zwischen Müttern und Töchtern ist ein emotionales Minenfeld. Ich erkannte, dass meine Erfahrungen mit meiner eigenen Mutter ganz und gar nicht repräsentativ sind. So ging ich zum Beispiel davon aus, dass Mütter gemeinhin mit ihren Töchtern zärtlich und liebevoll umgehen. Zumindest, solange sie Kinder sind. Doch mehrere der Töchter, die ich interviewte, hatten von ihrer Mutter wenig Zärtlichkeit und körperliche Zuwendung erhalten. Mechtild erzählt zum Beispiel, dass ihre Mutter sie nie in den Arm nahm und ihr auch nie sagte, dass sie ein hübsches oder kluges oder zumindest liebes Mädchen sei: »Sie war so unemotional. Und in Situationen, in denen ihre Wärme gefragt war, war sie völlig überfordert, damit konnte sie überhaupt nicht umgehen.« Mechtild kroch einmal, als es ihr sehr schlecht ging, zu ihrer Mutter ins Bett: »Sie lag da und hat nichts gemacht. Sie hat mich nicht angefasst, sie hat sich nicht einmal gerührt.«

Auch Maria erinnert sich eher an Zurückweisungen als an Nähe: »Als ich mit 18 oder 19 beschloss, von zu Hause aus- und in eine andere Stadt zu ziehen, habe ich mich so gequält mit Skrupeln, habe überlegt, wie bringe ich ihr das bloß bei? Und als ich es endlich aussprach, reagierte sie ganz locker. Es machte ihr anscheinend gar nicht so viel aus, dass ich wegging.« Wenn Maria später zu ihrer Mutter fuhr, um sie zu besuchen, erlebte sie Ähnliches: »Da war immer diese große Sehnsucht, sie zu sehen, diese Freude auf sie, und dann die Enttäuschung, wenn wir zusammen waren. Weil wir einfach nicht miteinander konnten. Und weil ich merkte: Ich habe ihr nicht wirklich gefehlt.«

Mehrere Frauen wurden als Kinder geschlagen, auch von ihren Müttern. Es war in den vierziger und fünfziger Jahren offenbar »ganz normal«, die Kinder körperlich zu züchtigen. Mechtild zum Beispiel hatte lange Zeit »vergessen«, dass sie als Mädchen misshandelt worden war. Erst nach dem Tod ihrer Mutter, als sie Briefe las, die ihre Mutter an ihren Vater geschrieben hatte, wurde sie mit dem Verdrängten wieder konfrontiert: »In einem Brief schrieb sie: ›Mechtild hat wieder das und das gemacht, und ich musste sie sehr schlagen, weil sie so böse war, aber sie hat nicht geweint, sie hat nur gesagt, ich will bei euch nicht mehr sein, ich will weggehen.‹ Da habe ich gedacht, so war das: ›Sie hat nicht geweint.‹ Das hat ihr überhaupt nicht Leid getan, oder auch, dass ich weggehen wollte, ich muss da ganz klein gewesen sein, vielleicht drei Jahre alt, das schien die gar nicht weiter erschüttert zu haben.«

Mehr Frauen, als in diesen Generationen zu erwarten wäre, genossen eine gewisse Freiheit, die für Mädchen nicht selbstverständlich war. Einige dieser Töchter sind allerdings davon überzeugt, dass ihre Mutter dafür nicht unbedingt edle Motive hatte. Maria zum Beispiel erinnert sich: »Sie hat mir viel Freiheit gelassen, ich wurde nicht so gegängelt und observiert wie andere Kinder aus dem Dorf, aber das war in gewisser Weise eine mehr egoistische Haltung. Es war ihr letztlich Wurscht, sie wusste ja, ich werde schon nichts anstellen, und heim komme ich auch.«

Auch Beate durfte mehr als andere Mädchen, jedoch auch sie um den Preis von Wärme und Geborgenheit: »Ich hatte immer eine größere Distanz, wenn ich mich mit anderen vergleiche. Meine Schulfreundinnen, wie geborgen die zu Hause waren, so geborgen war ich vom Emotionalen her nie. Meine Mutter hat gut für mich gesorgt, viele Erkenntnisse der modernen Erziehung einbezogen, ich durfte immer Hosen anziehen und rumtoben, was ja ungewöhnlich war damals. Aber ich kann mich nie an etwas Kuscheliges erinnern bei uns zu Hause. Meine Mutter war schon die, die letztendlich immer über mich gewacht hat. Ich wusste, sie passt auf mich auf. Aber das war nicht das Warme, das ich bei anderen gespürt habe.«

In beinahe allen Familien war Sexualität ein großes Tabu. Kaum eine Tochter erlebte, dass ihre Mutter ein positives Sexualleben hatte, dass ihr die körperliche Liebe oder auch nur ihr weiblicher Körper Freude machte. Und diese Einstellung übertrugen die Mütter bruchlos auf ihre Töchter. Fast alle Frauen sagen, sie wurden nicht aufgeklärt, und wenn, dann auf äußerst kryptische Weise. Monika erinnert sich zum Beispiel: »Als ich meine erste Regel gekriegt hab, war der einzige Kommentar, den sie zu mir gesagt hat: ›Jetzt bist du ein Fräulein.‹ Und damit war die Sache erledigt. Dann musste ich

100

irgendwie lernen, damit umzugehen, was es mit dem Fräulein auf sich hat. Das holt man sich dann woanders, die Informationen. Aber mit ihr darüber reden, das war nicht drin.« Mehrere Mütter vermittelten ihren Töchtern: Sex ist etwas, das die Männer wollen und die Frauen deshalb über sich ergehen lassen müssen. Sex ist schmutzig, bestenfalls lästig. Und für Frauen ist Sex – vor allem vor der Ehe – zudem gefährlich und eine gemeine Falle.

Ich selbst ging, als ich schon längst nicht mehr zu Hause lebte, gerne mit meiner Mutter »in die Stadt«, auf Einkaufsbummel. Deshalb fragte ich mehrere Frauen, ob sie eine ähnliche Erfahrung gemacht haben. Und die meisten antworteten geradezu erleichtert mit »ja«. Gerade die Töchter, die ein schwieriges und defizitäres Verhältnis zu ihrer Mutter hatten, fanden im gemeinsamen Einkaufsbummel eine Möglichkeit, Nähe herzustellen und zu erleben. So erinnert sich zum Beispiel Maria, die von sich sagt, sie habe von ihrer Mutter nie Liebe erfahren: »Ich bin zum Beispiel immer mit ihr einkaufen gegangen, solange sie das noch konnte. Als sie dann im Rollstuhl saß, da sind wir auch zusammen einkaufen gegangen, weil ich wusste, das mag sie gern. Und immer wenn ich nach ihrem Tod so durch den Supermarkt ging, an Regalen vorbeikam, von denen sie sich bestimmte Dinge ausgesucht hatte, ob das eine bestimmte Sorte von Bonbons war oder so etwas, da schossen mir die Tränen in die Augen.« Auch Christel, die ein herzliches Verhältnis zu ihrer Mutter hatte, ging jede Woche einmal mit ihr auf Einkaufsbummel und anschließend in eine Filiale der »Nordsee« etwas trinken. Nach dem Tod ihrer Mutter kaufte Christel sich ein Jahr lang nichts zum Anziehen, da sie es nicht ertrug, alleine einkaufen zu gehen.

Das gemeinsame Einkaufengehen schafft anscheinend Intimität und gleichzeitig eine Art Ausnahmezustand: Beide

Frauen haben dasselbe Ziel vor Augen, sie wollen sich etwas Schönes kaufen oder auch nur sehen, was es Schönes zu kaufen gäbe. Sie befinden sich weder in der elterlichen Wohnung noch in der Wohnung der Tochter und somit sozusagen auf exterritorialem Gebiet. Niemand kann hören, was sie sagen, niemand kann in das Gespräch platzen und es unterbrechen, niemand wartet nebenan darauf, dass sie sich endlich wieder »Wichtigerem« – ihren Männern zum Beispiel – zuwenden. Und sie sind für eine bestimmte Zeit von den Anforderungen und Sorgen des Alltags befreit. Dieser Zustand erleichtert es Frauen offenbar, sich zu entspannen und aus sich herauszugehen.

Ulrike, die sich sonst sehr um Distanz zu ihrer Mutter bemühte, beschreibt dieses Phänomen anschaulich anhand ihrer eigenen Erfahrung: »Wir sind gelegentlich zusammen einkaufen gegangen. Ich denke, dass sie den eigenen Anspruch, ihrer Tochter eine Freundin zu werden, und den hatte sie, dass sie den zum Teil durchaus einlösen konnte. Sie sagte zum Beispiel ›Ich will mir ein Kleid kaufen, kommst du mit?‹, und dann sind wir zusammen losgegangen, und für mich fiel üblicherweise auch etwas ab. Das waren eigentlich immer ganz schöne Nachmittage, weil sie da wahrscheinlich, so sehe ich das jetzt rückblickend, nicht Mutter sein musste. Das heißt, mein Vater war nicht dabei, und damit wurde sozusagen die Triade zu einer wirklichen ›Biade‹. Die Alltagsroutine wurde aufgehoben, es war eine Art Ausnahmesituation, man nahm sich Zeit, und da wurden dann auch Geschichten erzählt, über die Familie und Freunde und so weiter. Da sind wir uns richtig nahe gekommen.«

Die Mütter, über die meine Interviewpartnerinnen sprechen, sind keine glatten Frauenfiguren. Sie sind vielschichtig und widersprüchlich, und die Töchter wiederum stellen sie aus verschiedenen Blickwinkeln dar: Sie beschreiben die

Mutter, die sie als kleines Mädchen erlebten, die Mutter, gegen die sie als Teenager rebellierten, und die Mutter, die sie, oft erst kurz vor oder auch erst nach deren Tod, zu verstehen und zu akzeptieren anfingen. Mehrere Töchter machten eine oder auch mehr als eine Therapie, um von der Mutter loszukommen. Die Mütter hatten fast alle – zumindest in der Darstellung der Töchter – ein schweres und manchmal auch freudloses Leben. Mehrere Mütter gaben den Beruf auf, um sich um Mann und Kinder zu kümmern, andere wurden durch Krieg und Vertreibung sozial deklassiert und kamen damit nicht zurecht, wieder andere wurden von ihrem Mann verlassen und haderten damit bis an ihr Lebensende.

Mehrere Töchter sagen aus, ihre Großmutter, also die Mutter der Mutter, sei eine harte oder gar böse Frau gewesen, doch die meisten können nicht allzu viel über ihre Familie erzählen. Und viele wissen auch so gut wie gar nichts über ihre Mutter, ihre Herkunft, ihre Kindheit und Jugend. Es herrschte in deutschen Nachkriegsfamilien offenbar eine große Sprachlosigkeit. Monika, die, bei allen Einschränkungen und Schwierigkeiten, ein liebevolles Verhältnis zu ihrer Mutter hatte und von ihr auch Zärtlichkeit erfuhr, sagt: »Über persönliche Dinge oder auch intime Dinge ist bei mir zu Hause eigentlich sehr wenig geredet worden. Im Rahmen ihrer Möglichkeiten hat sie sich ausgesprochen, aber nie konkret. Das ist diese sprachlose Generation. Ich weiß zum Beispiel nicht viel oder, besser gesagt, gar nichts von den Anfängen der Beziehung meiner Eltern. Das ist nie erzählt worden, ob sie es am Anfang der Ehe nett zusammen gehabt haben und wie es gegangen ist. Und mein Vater, der hat überhaupt nichts geredet.«

Tatsächlich waren es, wenn überhaupt, eher die Mütter, die etwas erzählten. Doch auch sie hielten sich weitgehend

103

zurück, sowohl in Bezug auf das, was sie über sich selbst hätten berichten können, als auch in Bezug auf das, was sie von ihren Töchtern hätten erfahren können. Renate, deren Mutter sich ständig verletzte und innerhalb der Familie die Rolle des Opfers einnahm, fragte sich, als sie selbst bereits erwachsen war: »Woher kommt das? Woher kommt es, dass sie fast keine Freundinnen hat, keinen Kontakt zur Nachbarschaft? Doch es war mir nicht möglich, etwas aus ihr oder aus den anderen herauszubekommen. Ich bin daran gescheitert, weil in unserer Familie einfach nicht kommuniziert wurde. Man redete nicht. Über nichts. Und schon gar nicht über so schwierige und heikle Dinge.«

Beate bedauert heute, dass sie so wenig über ihre Mutter und ihre Familie weiß. Sie führt dieses Manko allerdings nicht nur auf eine generelle Sprachlosigkeit in der Familie zurück, sondern begründet es auch mit ihrem relativ jugendlichen Alter: »Man fängt ja gemeinhin so mit 26 an, mit den Eltern über das zu reden, was früher war. So steht es jedenfalls in der Literatur, und so kenne ich es auch von Freundinnen. Und genau davor ist meine Mutter gestorben. Ich weiß nicht, ob ich es gemacht hätte, aber dass sie gegangen ist, ohne dass ich nochmal mit ihr über mich reden konnte oder über unsere Beziehung, das tut mir sehr Leid und das hat mich auch sehr wütend gemacht.«

Brigitte wiederum, die eine Generation älter ist als Beate, beschreibt das Defizit an verbaler Kommunikation, das wohl in den meisten Familien in der ersten Hälfte des 20. Jahrhunderts üblich war: »Man hat immer hinterher das Gefühl, mir geht das jedenfalls sehr stark so, dass man viel zu wenig Wesentliches gesagt oder auch zu wenig über Familiengeschichten gesprochen hat oder darüber, was die Mutter damals empfunden hat. Also dass die Familie mehr auf Tätigkeit und Zusammenleben ausgerichtet war, auf den praktischen Alltag, und dass die wesentlichen Dinge dadurch eigentlich zu kurz gekommen sind.«

Brigittes Aussage deckt sich mit Lieselottes Wahrnehmung, dass »diese modernen Dinge« wie das Reden über Konflikte und Gefühle, das Psychologisieren von Erfahrung und so weiter früher keine Rolle spielten. Tatsächlich wurden bestimmte Bedürfnisse und Fähigkeiten, die uns heute selbstverständlich erscheinen, vermutlich erst von der Generation der 68er und der neuen Frauenbewegung entwickelt. Insbesondere das Verbalisieren von emotionalen Erfahrungen und, darüber hinaus, das Bestehen darauf, dass über alles und jedes geredet werden muss, ist sicher eine, wie auch immer zu bewertende, Errungenschaft der Nachkriegsgenerationen. Auch Beates Überlegung, dass man erst ab einem bestimmten Alter beginnt, sich für die Person der Mutter und für die Familiengeschichte zu interessieren, ist sicher richtig. Junge Frauen, die noch dabei sind, sich von der Mutter und ihren Erwartungen zu lösen, um ihr eigenes Leben zu entwerfen und zu gestalten, reden lieber über sich selbst, und das viel eher mit Freundinnen oder dem Freund als mit der Mutter. Erst wenn die Tochter eine erwachsene Frau mit einem von der Mutter unabhängigen Leben und eigenen Erfahrungen geworden ist, scheint es eher möglich, miteinander zu reden. Doch auch in dieser Konstellation war es den meisten interviewten Frauen nicht oder nur in Ansätzen möglich, über die schwierigen und schmerzhaften Aspekte der Mutter-Tochter-Beziehung zu sprechen. Die Töchter konnten zum Beispiel mit den Müttern nicht über die Verletzungen reden, die diese ihnen zugefügt hatten. Und umgekehrt war es ähnlich.

In deutschen Familien kommt sicher ein wichtiger Faktor hinzu, der die allgemeine Sprachlosigkeit der Vorkriegsgeneration noch verstärkte: Die Eltern der Frauen, die ich für dieses Buch interviewt habe, erlebten ihre eigene Jugend während des Nationalsozialismus. Einige waren noch sehr jung, andere waren alt genug, um beteiligt gewesen zu sein. In jedem Fall aber fühlten sie sich genötigt, über ihre Jugend, die Zeit also, die einen Menschen prägt und die für viele die glücklichste und aufregendste im Leben ist, zu schweigen, denn diese Zeit war, ob die Einzelnen das nun selbst so sahen oder nur gelernt hatten, dass man es so zu sehen hatte, eine verbrecherische. Wenn man nun aber über die Phase des eigenen Lebens, an die man sich gerade mit zunehmendem Alter vermehrt und meist gerne erinnert, nicht reden soll oder will, dann verstummt man vermutlich generell. Und dies erklärt auch, warum die Väter gemeinhin als noch schweigsamer beschrieben werden als die Mütter. Männer reden vielleicht allgemein weniger über sich als Frauen. Doch Männer dieser Generation haben meist auch mehr zu verschweigen als ihre Frauen.

Ich habe das, was mir meine Interviewpartnerinnen im Verlauf der langen und oft sehr offenen Gespräche, die ich mit ihnen führte, zu einzelnen Themenbereichen erzählten, in den jeweiligen Kapiteln dieses Buches verwendet. Einige meiner Interviewpartnerinnen und ihre Beziehung zur Mutter werde ich im folgenden in kurzen Skizzen vorstellen. Frauen, die für ihre Generation eher typisch sind, und andere, deren Schicksal ungewöhnlich ist. Es sind jedoch vor allem diejenigen Frauen, die sich am ausführlichsten oder prägnantesten zu ihrer Mutterbeziehung geäußert haben.

Selbstverständlich ist das meiste von dem, was die einzelnen Frauen erzählen, subjektiver Natur. Es ist ihre Erfahrung, das Bild, das sie sich von ihrer Mutter machen. Es ist das kleine Mädchen in ihnen, das sich erinnert, es ist die trauernde Tochter, die über die gestorbene Mutter nachdenkt, es ist die Frau, die gerade eine lange Therapie beendet hat und nun ihre Mutter und sich selbst unter einem veränderten Blickwinkel sieht. Wie diese Mutter »wirklich« war, geht aus den Berichten der Töchter nicht unbedingt immer hervor. Doch wer könnte dieses »Wirkliche« feststellen? Wer könnte eine »objektive« Aussage machen? Die Mutter selbst hätte aus ihrer Perspektive berichtet, und die Erinnerungen der Geschwister der jeweiligen Frau sind vielleicht ganz andere als die ihren und auch andere, als die der Mutter es wären. Eine Freundin, die ich für dieses Buch befragte und die nach dem Begräbnis der Mutter erstmals »richtig« mit ihren Schwestern gesprochen hatte, sagte mir: »Es war, als hätte jede von uns eine andere Mutter gehabt.« Es ist also klar, dass das, was in diesem Buch berichtet wird, das individuelle und subjektive Erleben und die Reflektionen der interviewten Frauen darstellt. Ich habe deshalb darauf verzichtet, immer wieder darauf hinzuweisen. Die Geschichten, die in diesem Buch über Mütter und Töchter erzählt werden, sind wahr, weil sie so wahrgenommen und verarbeitet wurden. Und weil es keine »objektive« Instanz gibt, die sie korrigieren oder bestätigen könnte. Das gilt für die von mir interviewten Frauen ebenso wie für mich selbst.

Margot

Margot ist Jahrgang 1960, sie arbeitet als Buchhändlerin und lebt zurzeit allein. Als ihre Mutter starb, war Margot 30 Jahre alt. Sie beschreibt ihre Beziehung zur Mutter als sehr widersprüchlich: »Ich habe sie einerseits geliebt für das, was sie an sozialen Kompetenzen in der Familie gezeigt hat und weil sie immer da war und uns unterstützt hat. Und andererseits habe ich oft vermisst, dass sie so wenig eine eigene Meinung hatte. Wenn mein Vater dies sagte, dann sagte sie das auch, und wenn ich das sagte, sagte sie das, was ich sagte. Also ich habe oft gedacht, die Frau könnte auch mal so ein feministisches Bewusstsein im weitesten Sinne entwickeln. Sie wollte es immer allen recht machen, und das fand ich ganz schwierig.«

Margots Mutter zeigte der Tochter ihre Liebe auch körperlich, sie nahm sie in den Arm, war zärtlich zu ihr und vermittelte ihr Geborgenheit. Sie bereitete sie auf die Frauenrolle vor, lehrte sie Kuchen backen und bügeln und führte dann die Ergebnisse stolz ihren Freundinnen vor. Margot war das peinlich, sie fand es lächerlich, wehrte sich aber nicht ernsthaft dagegen. Ihr Verhältnis zur Mutter war vertraut und der Tochter manchmal zu vertraulich: »Ich glaube, mir hat sie Sachen erzählt, die hat sie sonst niemandem erzählt, selbst ihrer besten Freundin nicht, weil sie auch sagte, in der Familie kann man doch am besten reden. Und mich hat das immer gewundert, dass ich ihre Ansprechpartnerin war, weil ich ja viel jünger war und das gar nicht so nachvollziehen konnte.«

Die ersten größeren Auseinandersetzungen mit der Mutter erlebte Margot zum Thema Sexualität. Die Art, wie ihre Mutter damit umging, findet sie heute noch schlimm: »Ich war mit meinem damaligen Freund auch mal öfter auf meinem Zimmer, da haben sie dauernd meinen kleineren Bruder geschickt, dass der guckte, was wir da trieben. Ich habe dann irgendwann entnervt mein Zimmer zugeschlossen, und dann kam sofort meine Mutter und schrie, ich wäre eine Hure. Ich habe das damals gar nicht so recht begriffen, ich dachte nur, was sagt die zu mir. Erst Jahre später hab ich gedacht, wie hart, von der eigenen Mutter als Hure bezeichnet zu werden. Also das war alles sehr repressiv bei uns, sehr freudlos.«

Margot weiß, dass ihre Mutter nicht zufällig so und nicht anders auf die erwachende Sexualität ihrer Tochter reagierte. Sie selbst erlebte Sexualität offenbar als etwas ebenso Lustloses wie Gefährliches: »Ich weiß noch, mein Vater, der wollte sie öfter mal in den Arm nehmen und sie sagte dann immer: ›Ach, hör auf, vor den Kindern doch nicht!‹ Das war bei ihr ganz negativ besetzt. Oder ich bin einmal als Kind, mit sechs, in das Badezimmer gekommen, als sie gerade gebadet hat, und sie hat sich total erschrocken vor mir und gerufen: ›Hu, geh raus!‹ Sie war unheimlich gehemmt.«

Als Margot von zu Hause auszog und in eine weit entfernte Großstadt ging, gab es erneute Auseinandersetzungen, die jedoch nicht so heftig ausfielen. Dass die Tochter sich vom Elternhaus löste, einen Beruf erlernte und sich politisch betätigte, erschien der Mutter nicht so bedrohlich wie die Tatsache, dass sie sich »mit Jungs einließ«. Sie verfiel wieder in das ausgleichende Verhalten, das die Tochter so an ihr störte. Sie versuchte, die Harmonie innerhalb der Familie aufrechtzuerhalten: »Sie sagte: ›Du bist jetzt so anders geworden. Du hast dich so verändert. Man kennt dich ja gar nicht mehr. Man kann ja gar nicht mehr mit dir reden.‹ Aber sie hat immer versucht, keinen Streit mit uns Kindern zu haben.«

Margot erinnert sich, dass die Mundwinkel ihrer Mutter nach unten zeigten, dass sie etwas Freudloses ausstrahlte. Es gibt allerdings ein Foto, das sie als junge unverheiratete Frau zeigt, und auf diesem Bild lacht und strahlt sie. »Was ist mit dieser Frau passiert«, fragt sich Margot und erklärt sich den Widerspruch damit, dass ihre Mutter erst einen Beruf erlernen musste, den sie nicht wollte, und nach der Hochzeit gar nicht mehr berufstätig sein durfte, obwohl sie sich gerne ein wenig Selbständigkeit bewahrt hätte. Sie beugte sich den Regeln, vermutet die Tochter, fügte sich in die Rolle und litt unter deren Beschränkungen und Zwängen. Der Tochter wurde sie damit zum negativen Vorbild. So wie ihre Mutter wollte Margot auf keinen Fall werden und leben.

Bettina

Bettina ist Jahrgang 1956, sie arbeitet als Psychologin und lebt zurzeit ohne Partner. Als ihre Mutter starb, war Bettina 42 Jahre alt. Über ihre Beziehung zur Mutter sagt sie spontan: »Wir beide hatten das, was Therapeuten als Konkurrenz der Opfer bezeichnen. Eigentlich ist das etwas, das man bei Paarbeziehungen hat, dass jeder denkt, er ist derjenige, der verletzt worden ist, und man eigentlich immer von dem anderen fordert, das anzuerkennen, mit Vorwürfen und was weiß ich allem. Und einer von beiden muss aussteigen aus diesem Kreislauf und als erster Entschuldigung sagen und die Verletztheit des anderen anerkennen. Solange das nicht passiert, gibt es diese ewige Konkurrenz, wer ist am meisten verletzt worden. Das charakterisiert ganz gut, was zwischen meiner Mutter und mir abgelaufen ist. Und ich habe es nicht geschafft, den ersten Schritt zu tun.«

Als Bettina vier, fünf Jahre alt war, trennte sich ihr Vater von der Mutter, ein paar Jahre später ließ er sich scheiden. Bettina verbrachte ihre Kindheit in Horten und Internaten. Ihre Mutter kam bis zu ihrem Tod nicht darüber hinweg, dass ihr Mann sich von ihr getrennt hatte. Das Kind spielte für sie – so erinnert es zumindest Bettina – keine große Rolle: »Ich kann wirklich nicht behaupten, dass sie für mich da war. Ich habe viel eher das Gefühl, ich war dazu da, ihre Bedürfnisse zu befriedigen.«

Bettinas Mutter arbeitete erfolgreich als Fachjournalistin, konnte sich aber über ihre berufliche Anerkennung nicht recht freuen. Bettina erinnert sich, dass sie ständig mit ihrem Leben haderte und immer wieder über den Verrat ihres Mannes klagte. Von der Tochter erwartete sie, dass sie ihr die Nähe und Zuneigung gab, die ihr fehlten. Bettina reagierte auf ihre unerfüllbaren Ansprüche mit Rückzug und gleichzeitigen Schuldgefühlen:

»Sie wollte mich unheimlich stark an sich binden, und ich bin immer weiter weg. Zum Teil hab ich mir auch gedacht, wenn ich sie wirklich zufrieden hätte stellen wollen, dann hätte ich bei ihr einziehen müssen. Alles andere wäre zu wenig gewesen. Gut, das sind nun auch Erkenntnisse einiger Jahre Therapie, dass ich nicht für das Leben meiner Mutter verantwortlich bin, dass ihre Einsamkeit nicht meine Schuld ist und dass sie von mir etwas wollte, das ich ihr nie hätte geben können. Weil ich ihr nie den Liebhaber, den Freundeskreis und was weiß ich, was ihr noch alles gefehlt hat, ersetzen hätte können. So hat sie es natürlich nicht ausgedrückt, aber ich denke, das stand dahinter, dass es nie genug war, was sie von mir bekommen hat. Ich hab nie etwas richtig gemacht. Wenn ich sie besuchen kam und zwei Tage Zeit hatte, dann war es zu wenig, und wenn ich eine Woche Zeit hatte, war es auch zu wenig. Ich hatte eigentlich Lust, sie zu sehen und etwas mit ihr zu machen, aber letztlich ist das dann immer so gelaufen, dass ich mich wieder abgrenzen musste. Ich fand das so schade, ich dachte, meine Güte, warum kann sie nicht mal einfach froh über das sein, was sie kriegen kann? Aber ich hatte schon auch ein schlechtes Gewissen, ich hab mich ihr gegenüber auch manchmal mies verhalten. Das tut mir heute Leid. Es wäre nicht alles nötig gewesen. Es kam einfach durch diese Dynamik, dass ich ständig das Gefühl hatte, ich muss meine Grenzen verteidigen.«

Ihre Grenzen zu wahren, das hieß für Bettina auch, der Mutter möglichst nichts von sich zu erzählen. Sie konnte sich ihr aber auch nicht anvertrauen, wenn sie es gebraucht hätte: »Wenn ich Probleme hatte, war sie die Letzte, die davon erfahren hat. Ich habe es ja anfangs versucht, aber sie hat dann zum Teil so blöde darauf reagiert, dass ich es sein ließ. Da kam nie eine Unterstützung. Da kamen entweder Vorwürfe, oder sie hat selber so eine Panik gekriegt und sich solche Sorgen gemacht, dass ich *sie* trösten musste. Sie war wirklich keine Hilfe. Also habe ich mir gesagt, dann erzähle ich ihr halt nichts. Das hat sie natürlich mitbekommen und dann immer so Sachen gesagt wie: ›Wir müssen doch mal richtige Gespräche führen.‹ Und dann hab ich gefragt: ›Worüber willst du denn sprechen? Sag doch mal.‹ Und darauf kam dann: ›Ja, wenn du das nicht weißt!‹ Solche Ansätze sind immer im Streit geendet. Sie hat mir immer vermittelt: Du bist schuld, wenn es mir schlecht geht.«

Bettina vermied es nicht nur, in der Stadt, in der ihre Mutter lebte, zu studieren und später zu arbeiten, sie suchte sich sogar einen Job auf einem anderen Kontinent: »Das war dann wirklich weit genug von ihr weg.« Erst in den letzten Jahren vor dem Tod der Mutter entspannte sich das Verhältnis zwischen den beiden, und Bettina empfand, wie sie sagt, zum ersten Mal ein liebevolles Gefühl ihrer Mutter gegenüber. Beide Frauen wurden im Verlauf der Jahre gelassener und offener: »Sie konnte mich in Ruhe lassen und hat mich plötzlich mehr so akzeptiert, wie ich bin. Und ich konnte ihren Lebensstil besser akzeptieren. Wir mussten nicht mehr ständig aneinander rummeckern, sondern es ist da auf einmal so eine Variante wie Humor aufgetaucht. Das war sehr nett. Ich glaube, sie war in den letzten Jahren auch ein bisschen mehr mit ihrem Leben zufrieden und ich umgekehrt auch mit meinem.«

Monika

Monika wurde 1949 geboren, sie ist Mediendesignerin, verheiratet und hat einen erwachsenen Sohn. Als ihre Mutter starb, war Monika 25 Jahre alt. Über ihre Beziehung zur Mutter sagt sie: »Ich habe meine Mutter sehr gerne gehabt, hatte aber doch auch ein sehr widersprüchliches Verhältnis zu ihr.« Monikas Mutter arbeitete als Verkäuferin in einem Lebensmittelladen. Ihr Mann, Monikas Vater, hatte sie verlassen, und zwar nicht etwa mit einer jüngeren und attraktiveren Frau, sondern mit einer, die in ihrem Alter und sogar mit ihr bekannt war. Die Verletzung war groß, die Mutter begann zu trinken.

Monika vermutet, dass der Grund dafür nicht so sehr im Verlust dieses konkreten Mannes lag, sondern in der Zurückweisung und Erniedrigung, die ihre Mutter empfunden haben musste, und in der Einsamkeit, die auf die Trennung folgte. Wobei Monikas Vater auch schon vorher eher selten zu Hause anzutreffen war. Er war ein Charmeur, beliebt bei den Frauen und ständig unterwegs, beim Bergsteigen oder auf Tanzveranstaltungen. Monika stand uneingeschränkt auf der Seite ihrer Mutter: »Sie hat mir Leid getan. Die Ehe meiner Eltern war wirklich lausig schlecht. Ich kann mich bis zu meiner Kindheit zurück an keinen Tag erinnern, wo es nicht irgendwelche Probleme gegeben hätte. Er war immer weg und hat im Haushalt keinen Finger gerührt. Sie hat aber alles für ihn getan und natürlich auch für mich, sie hat auf so vieles verzichtet, vor allem was soziales Leben anbelangt.«

Doch die Art, wie ihre Mutter auf das Verhalten des Vaters reagierte, stieß die Tochter auch ab: »Sich überhaupt nicht zu wehren und sich total gehen zu lassen, statt sich zu sagen: ›So, jetzt zeige ich's ihm!‹, das hat bei mir manchmal schon so etwas wie Verachtung ausgelöst.« Ihre Mutter ließ

113

sich auch körperlich gehen und stürzte die Tochter dadurch in einen Zwiespalt der Gefühle: »Ich habe mich vor allem in den letzten Jahren auf dem Gymnasium sehr oft für sie geschämt. Natürlich habe ich mich auch sehr schlecht dabei gefühlt, denn das tut man natürlich nicht. Später habe ich dann gedacht, vielleicht war das eine Form der Verweigerung gegenüber meinem Vater. Und es war sicher prägend für mich. Ich hatte das mütterliche Vorbild in der Negativvariante. Ich wusste schon damals: Genau so wollte ich mein Leben als Frau und, sollte ich Kinder haben, auch mit Kindern nicht erleben.«

Monika wollte in jeder Hinsicht anders sein als ihre Mutter, denn Ähnlichkeiten waren auch für sie selbst mit Demütigungen verbunden. Ihre Mutter brachte ihr zum Beispiel keine Körperhygiene bei: »Ich weiß noch, da war ich schon in der Jugendgruppe, da hat mir die Mutter von einem Mädchen gesagt: ›Du hast so einen schmutzigen Hals.‹ Also ich hab jetzt keinen Reinigungstick, aber dass ich mich den ganzen Tag nicht wohl fühle, wenn ich morgens nicht meine Dusche habe, das hat mit Sicherheit damit zu tun.«

Trotz solcher Erfahrungen liebte sie ihre Mutter, die sie als eine sehr warmherzige und liebevolle Frau in Erinnerung hat. Sie schämte sich für sie und schämte sich gleichzeitig dafür, dass sie sich für die eigene Mutter schämte: »Ich hab gedacht, was bin ich für ein gemeines Schwein mit solchen Gedanken, sie ist doch deine Mutter. Aber die Gefühle sind da. Dann hat sie mir wieder Leid getan, und ich hab mich schlecht gefühlt, ekelhaft. Aber wenn ich dann diesen Satz hörte: ›Man schaut sich die Mutter an und sieht, wie die Tochter später wird‹, da hat es mir immer einen Stich gegeben, und ich hab gedacht, nein, bitte nicht.«

Monika lebte immer in derselben Stadt wie ihre Mutter und besuchte sie regelmäßig. Sie kümmerte sich um sie, wenn sie krank war, und bezog sie in ihr Familienleben mit ein. Ihre Schuldgefühle plagten sie noch lange nach dem Tod der Mutter. Erst als sie erlebte, wie stolz ihr Sohn auf sie reagierte, wenn sie ihn von der Schule abholte oder in die Elternsprechstunde ging, konnte sie sich vergeben: »Ich sah einfach, Kinder sind eben so. Ich konnte mir sagen, du hast dich nicht für sie geschämt, weil du so einen miesen Charakter hast, sondern Kinder möchten einfach stolz auf ihre Eltern sein. Und das hat nicht unbedingt etwas mit Geld oder einem dicken Auto zu tun, sondern damit, wie man auftritt und aussieht.«

Sonia

Sonia wurde 1955 geboren, sie ist Psychotherapeutin und lebt mit ihrer Partnerin zusammen. Sie ist Feministin und engagiert sich beruflich in Projekten, die sich um Mädchen und junge Frauen kümmern, die psychische oder physische Gewalt erfahren haben. Ihr Vater war Tierarzt, ihre Mutter Hausfrau. Sie starb, als Sonia zehn Jahre alt war. In ihrer Erinnerung erschien die Mutter lange Zeit als schöne, gütige und liebevolle Frau. Sich selbst erinnert Sonia als eine ergebene und zugleich verunsicherte kleine Tochter, die sich abmüht, die Liebe und Aufmerksamkeit der Mutter zu erringen: »Ich hatte das Gefühl, dass sie da ist und gleichzeitig doch nicht da ist. Als ob ich sie nicht erreichen kann. Ich kann sie weder mit meiner Zuneigung noch sonst irgendwie erreichen. Das hat vielleicht schon angefangen, bevor sie krank geworden ist. Sie war Hausfrau und musste uns Kinder und ein Haus mit Garten versorgen. Und dann hat sie ab und zu ein Kind gerufen, damit wir Milch holen gehen oder aus sonst einem Grund. Und wenn sie gerufen hat, bin ich immer gekommen, sie musste meinen Namen gar nicht rufen, ich bin immer gekommen, weil ich gehofft habe, sie will etwas von mir. Ich bin auch sonst oft zu ihr hingelaufen, immer in der Hoffnung, sie würde jetzt gerne mit mir spielen oder mir etwas erzählen.«

Sonias konkrete Erinnerungen sind eher positiv: »Es gab so Rituale: dass sie mich lange gewaschen und dann ins Bett gebracht und mir dabei Geschichten erzählt hat. Und beim Waschen musste ich das kleine Einmaleins lernen. Für das große hat es nicht mehr ganz gereicht, da war sie dann schon zu krank, deswegen kann ich das kleine Einmaleins besser.«

Die Strenge der Mutter hat Sonia lange Zeit vergessen. Sie wusste zwar, dass ihre Mutter auch »stark manipulativ« war und den Kindern preußische Tugenden beibrachte, zu denen auch gehört, »dass man nicht wütend sein durfte, dass man überhaupt seine Gefühle nicht zeigen durfte«. Aber sie brauchte 30 Jahre, bis sie begriff, dass ihr Bild von den Eltern – die Mutter die Gute, der Vater der Böse – die Mutter unzulässig idealisierte: »Sie hat die Gewalt gegen uns toleriert. Als wir kleiner waren, hat sie uns geschlagen, und wenn Vater nach Hause kam, hat sie ihm erzählt, was wir gemacht haben, hat dann aber dazu gesagt, dass er uns nicht schlagen muss, weil sie das schon gemacht hat. Und das ist natürlich eine absurde Verdrehung, denn damit war Schlagen für sie in Ordnung. Und ich habe immer gedacht, was für eine wunderbare Mutter, sie hat mich beschützt. Aber das ist natürlich völlig bekloppt, dass das ein Schutz sein soll. Gut, sie hat gedacht, er schlägt uns viel mehr, aber sie hätte ja auch sagen können: ›Kinder werden nicht geschlagen.‹ Das wäre ja auch eine Haltung.«

Weil sie aber die Mutter als die weniger Strenge erlebte, wandte sich Sonia, wenn Strafe drohte, an sie. So auch, als sie ihre Mutter zum letzten Mal sah. Sonia hatte eine Fünf in

Englisch geschrieben und musste sich die schlechte Note von den Eltern per Unterschrift bestätigen lassen. Ihre Mutter lag bereits im Krankenhaus. Die Kinder hatten sie noch eine Zeit lang besuchen dürfen, doch nun wurden sie schon eine Weile nicht mehr zu ihr gelassen. Trotzdem fuhr Sonia mit ihrer Fünf ins Krankenhaus. Die Mutter tröstete sie, unterschrieb und versprach der Tochter: Sobald sie wieder gesund wäre, würde sie mit ihr Englisch lernen. Sonia brauchte, wie sie sagt, eine Therapie, bis sie begriff, warum nach dem Tod der Mutter ihre Leistungen in Englisch so schlecht wurden, dass sie schließlich sogar sitzen blieb.

Als die Mutter starb, schlossen sich die Geschwister eng zusammen, ihr Bündnis diente nicht nur der gegenseitigen Unterstützung, sondern es wandte sich auch gegen den Vater. Doch die Schwestern und der kleine Bruder konnten Sonia den Verlust der Mutter nicht ersetzen. Sie freundete sich mit den Müttern ihrer Freundinnen an und fand so eine Art Ersatzmütter: »Ich habe das Gefühl, die Freundinnen hatten die größten Probleme mit ihren Müttern, aber ich hatte sie gerne. Und die Freundinnen haben mir das nicht übel genommen. Ich konnte auch nur ihre Mütter besuchen, mich zu ihnen in die Küche setzen und mich mit ihnen unterhalten. Ich habe das sehr gerne gemacht. Und ich habe gerne zugeschaut, wie sie den Haushalt machen, wie sie kochen. Neidisch war ich erst, glaube ich, ab 20, als ich gemerkt habe, wie viel mir fehlt, wie viele Auseinandersetzungen, wie viele Gespräche und auch wie viel Abgrenzung.«

Die Tatsache, dass ihr die Erfahrungen, die eine Tochter mit der Mutter macht, fehlten, prägte Sonias weitere Entwicklung: »Für mich war die Welt dann ganz komisch aufgeteilt. In meiner Jugend noch nicht so sehr, aber als ich erwachsen war, hatte ich das Gefühl, dass es eine Männerwelt gibt und eine Frauenwelt und dass die nichts miteinander zu tun haben, jedenfalls nicht wirklich. Ich bin nach dem Abitur mit einem Freund anderthalb Jahre um die Welt gefahren und habe während dieser Reise nur Männer kennen gelernt. Wenn man reist, trifft man Männer, da trifft man keine Frauen oder kaum Frauen. Und eines Tages hatte ich die Faxen dicke von dieser Männerwelt. Ich habe dann an der Uni das erste Frauenseminar besucht und überhaupt Frauen gesucht. Ich hatte das Gefühl, ich war in Bezug auf Frauen wie verwahrlost. Ich hatte große Angst vor Frauen, und ich habe auch nicht gewusst, was Frauen tun.«

Dass sie immer noch die Mutter suchte, war ihr damals nicht bewusst. Und als sie erneut mit dem Tod konfrontiert wurde, erschrak sie erst einmal über einen scheinbaren direkten Zusammenhang zwischen ihrem neuen Aufbruch, der auch ein Aufbruch der Gefühle war, und ihrer traumatischen Kindheitserfahrung: »Ich habe dann zum ersten Mal mit einer Frau geschlafen. Sie hat prompt Krebs gekriegt und ist gestorben. Und ich hatte das Gefühl, dass Frauen sich dadurch auszeichnen, dass sie sterben, wenn ich sie liebe.«

Renate

Renate ist Jahrgang 1954. Sie ist Anwältin und lebt mit ihrem Freund zusammen. Beim Tod ihrer Mutter war Renate 30 Jahre alt. Die dominierende Person in Renates Familie war ihre Großmutter mütterlicherseits. Die verachtete ihre eigene Tochter und auch deren Mann, Renates Vater. Sie ließ an beiden kein gutes Haar und versuchte, das Kind gegen die Eltern zu beeinflussen. Renate verteidigte ihre Eltern, die sie liebte, wollte aber auch von der Großmutter anerkannt werden. Und das war nicht einfach, denn für diese Frau galten nur Männer als vollwertige Wesen. Gleichzeitig besteht in der Familie der Verdacht, Renates Mutter sei »das Ergebnis« einer Vergewaltigung der Großmutter durch den Großvater. Renate weiß nicht, ob das stimmt, sie weiß nur, dass die Großeltern erst einen Monat vor der Geburt ihrer Mutter heirateten. Renates Mutter litt darunter, dass ihre eigene Mutter sie ganz offensichtlich nicht haben wollte. Und als sie selbst eine Tochter bekam, Renate, wollte die Großmutter dieses Enkelkind nicht sehen. Den Sohn, der zuvor zur Welt gekommen war, nahm sie dagegen zu sich, um ihn selbst aufzuziehen. Renate vermutet: »Ich hab so das Gefühl, dass ich der Aufmerksamkeit meiner Großmutter nachgelaufen bin, wie es schon meine Mutter möglicherweise gemacht hat. Und ich glaube, dass meine Rolle in dieser Familie auch davon geprägt war, dass ich eben ›nur‹ Tochter oder Enkelin, sprich: weiblichen Geschlechts bin. Die Behandlung von meinem Bruder war immer eine andere.«

Renates Mutter nahm in der Familie die Opferrolle ein, Renate selbst sah sich schon bald als ihre (oft unwillige) Beschützerin: »Meine ganze Kindheit war damit belastet, dass meine Mutter gestürzt ist und es ganz viele Episoden gibt wie diese: Ich komme nach Hause, sie ist nicht da, es ist irgendwo Blut, und sie ist im Krankenhaus gewesen. Da verging kein Monat, wo nicht irgendwas war: Gesichtsverletzung, Kopfverletzung, Brille, Zähne, Nase, Finger gebrochen. Am sichersten war für mich eigentlich noch die Zeit, wenn sie im Krankenhaus war. Wobei ich natürlich auch immer damit rechnen musste, dass sie aus dem Krankenhaus weglief, oder dass sie aus dem Bett stieg und wieder hinfiel und sich im Krankenhaus die zweite Verletzung zuzog.«

Als Renate von zu Hause auszog, änderte sich daran nicht viel. Sie blieb in ständiger Alarmbereitschaft: »Ich war so oft mit der Situation konfrontiert: Ich ruf zu Hause an, meine Mutter geht ans Telefon und kann gar nicht sprechen. Oder

119

ich komm nach Hause, sie steht in der Tür, ist völlig verkrampft, und ich denke, wenn ich nur einen Schritt weitergehe, stürzt sie sofort. Oder ich komm nach Hause, und sie steht vor mir und hat wieder sichtbar irgendeine Verletzung im Gesicht.« Natürlich fragte sich die Tochter, warum ihre Mutter so häufig stürzte und warum sie nie klagte oder weinte oder einen Arzt holen wollte. Renate vermutet, dass ihre Mutter fürchtete, man würde sie in die Psychiatrie einweisen. Es ist auch durchaus möglich, dass Renates Großmutter ihr damit gedroht und sie so in permanente Panik versetzt hatte. Als Studentin wandte sich Renate an eine Psychotherapeutin. Sie wollte herausfinden, was mit ihrer Mutter los war und was sie selbst tun könnte. Die Therapeutin riet ihr, auf Distanz zu gehen, um sich selbst zu retten.

Als ihre Mutter schließlich starb, war Renate nicht zuletzt erleichtert. Sie konnte jedoch ihre Beziehung zur Mutter erst aufarbeiten, als sie begann, sich ernsthaft mit ihrer Beziehung zur Großmutter zu beschäftigen. Und das dauerte noch eine gute Weile. Kurz vor ihrem Tod enterbte die Großmutter Renate ohne ersichtlichen Anlass: »Ganz lange habe ich gedacht, die Bösen sind mein Bruder und meine Schwägerin, die haben sie dazu gedrängt. Aber jetzt denke ich, selbst wenn das stimmt, hätte sie es noch lange nicht tun müssen. Und dadurch, dass sich so mein Verhältnis zu meinem Abgott Großmutter etwas relativiert hat, habe ich auch das, was ich eigentlich schon immer wusste, aber nicht richtig wahrhaben wollte, noch einmal neu überdacht: den Umgang meiner Großmutter mit meiner Mutter und ihre Anforderungen an mich. Ich glaube, da habe ich sie tatsächlich ein bisschen vom Sockel gestürzt. Und vor drei Wochen habe ich in einem Akt der Emanzipation die Bilder meiner Großeltern, die ganz lange bei mir standen, meiner Schwägerin in die Hand gedrückt und hab gesagt: ›Das reicht jetzt.‹«

Dennoch sieht Renate auch die Bedingtheit ihrer Großmutter: »Sie hat mir einmal erzählt, was sie gerne alles – sie
ist 1900 geboren – gemacht hätte an Ausbildung, dass sie
aber als Tochter eben auch keine Chance hatte. Sie ist mal zu
einer Tante geschickt worden, um Haushälterin zu sein, mal
zu deren Vater, der auch eine Haushälterin gesucht hat. Dann
hat sie meinen Großvater kennen gelernt, war relativ früh
schwanger und lebte in einer Ehe mit einem jähzornigen
Mann, der sie auch verbal massiv attackiert hat. Und dann
saß sie da, und nichts von dem, was sie trotz allem mitbekommen hat an Sprachkenntnissen, an Bildungsmöglich-
keiten, ließ sich in irgendetwas umwandeln. Sodass meine
Großmutter natürlich auch mit ihrem Leben alles andere als
glücklich und zufrieden war. Was das betrifft, kann ich so etwas wie Mitleid für sie empfinden.«

Marion

Marion ist Jahrgang 1952. Sie arbeitet als Supervisorin und
lebt mit ihrer Partnerin zusammen. Als ihre Mutter starb, war
Marion 33 Jahre alt. Marion wuchs die ersten zehn Jahre ihres Lebens ohne ihre Mutter auf. Die war das jüngste von
zwölf Kindern einer Bauernfamilie. Sie lief mit 18 Jahren von
zu Hause fort, schlug sich als Köchin durch, zog quer durch
Deutschland und wurde schließlich von einem amerikanischen Besatzungssoldaten schwanger. Über das, was dann geschah, gibt es zwei Versionen: »Mein Pflegevater hat mir immer vermittelt, er hat mich aus dem Kinderheim geholt, und
meine Mutter hat gesagt, sie hat mich ihm übergeben. Es war
nie verifizierbar, was stimmt. Ich glaube aber meinem Pflegevater überhaupt mehr. Also ich glaube, sie hat mich in das
Kinderheim gebracht und ist dann weiter gezogen.«

Die Pflegeeltern waren gut zu ihr, erinnert sich Marion, aber sie sagten ihr schon bald, dass sie nicht ihr eigenes Kind war. Und so fühlte sie sich nicht zugehörig. Lange Jahre hatte sie das Gefühl: »Ich gehöre nirgends hin.« Als ihre Pflegemutter starb, kam Marion wieder in ein Heim. Dort tauchte dann eines Tages ein Mann auf, der mit ihr sprechen wollte: »Der ist mir dann vorgestellt worden als mein wirklicher Vater, aber ich wusste ja, das kann nicht sein, und da hatte der bei mir schon verspielt. Dann kam meine Mutter, und von der war ich sehr angetan. Als ich die endlich gesehen habe, da fand ich die interessant, die hat mir gefallen. Da war ich so neuneinhalb. Und dann haben sie mich gefragt, ob ich zu ihnen ziehen wolle, und ich habe sofort ja gesagt. Kinder wollen nicht im Kinderheim sein, aber dass man so blind mitgeht, ich weiß nicht … Jedenfalls hatte ich 14 Tage später eine neue Familie, einen katholischen Herrn Stiefvater, der Beamter der Bundesbahn war. Und ich kam aus einer Arbeiterfamilie, also wurde ich erst einmal kräftig umgezogen. Das waren die höllischen Jahre, das war Terror für mich. Sie hat mich erzogen, und zwar hat sie Nacherziehung betrieben zu dem, wovon sie dachte, so sollte man sein. Sie war sehr autoritär und sehr dominant.«

Aber Marion mochte diese Frau trotz allem. Sie erinnert sich: »Sie war so gradlinig, sie war eigentlich so leicht zu durchschauen. Ich habe sie schnell verstanden. Sie war aufbrausend, gerecht, und sie war auch lustig und witzig. Diese Art von Mensch gibt es ganz selten, das habe ich schon immer gemerkt. Sie hatte einen unwahrscheinlichen Gerechtigkeitssinn. So wie sie zu mir war, war sie ja nicht nur zu einem Kind, sondern so war sie auch zu ihrem Chef, zu den Mitarbeitern, zu ihrem Mann. Also ich hatte nicht das Gefühl, auf die Kleine geht sie los, sondern sie kann auf alle losgehen. Sie war nicht wie alle anderen, und das hat mir gefallen. Und da, wo ich unter ihr gelitten habe, wo sie so tyrannisch war, da habe ich mir gedacht, eines Tages, du wirst sehen, werde ich dich schlagen. Eines Tages bin ich größer als du. Und so war es dann auch. Bei einem Frühstück, bei dem gerade ein Drama losgehen sollte, habe ich sie so angeschaut, dass sie stillgehalten hat. Da hatte ich plötzlich ihren Blick.«

Marion ist sich der Widersprüche in ihren Gefühlen durchaus bewusst: »Ich glaube, was wir gehabt haben, wahrscheinlich vom ersten Augenblick an, war eine sehr direkte Verbindung. Dieses sich Anschauen, und prinzipiell mag man sich. Sich über die Augen wahrnehmen, auch diese Ähnlichkeit, die wir haben. Und ich konnte noch lange auf ihrem Schoß sitzen. Das war mir überhaupt nicht zu blöd, mich auf ihren Schoß zu setzen. Und sie hat es auch zugelassen. Sie war von ihrer Familie, der Bauernfamilie, sicher die Herzlichste und Körperlichste, also diejenige, die man anfassen konnte und die einen auch angefasst hat. Das macht ja sonst niemand dort. Aber das war sicher nicht Liebe, das würde es überhaupt nicht treffen. Ich würde nie sagen, ich liebte meine Mutter, das geht überhaupt nicht. Das war viel zu ambivalent.«

Marion studierte und hoffte immer, ihre Mutter würde ihre Leistungen würdigen, stolz auf die Tochter sein. Doch sie bekam nie ein anerkennendes Wort zu hören. Sie wusste, dass die Mutter sie vor ihren Freundinnen lobte, doch zu ihr selbst sagte sie nichts. Ihre Beziehung zur Mutter in den letzten Jahren vor deren Tod beschreibt sie als die »von zwei sturen Böcken«. Sie kämpften miteinander, waren sich aber anschließend nicht gram. Marion hatte gelernt, ihre Mutter mit deren eigenen Waffen zu schlagen: »Ihr Standardsatz war: ›Wie siehst du aus!‹ Und das wollte ich einfach nicht mehr hören, also habe ich zurückgeschossen und gesagt: ›Du wirst auch immer älter.‹ Wir hatten harte Auseinandersetzungen, in denen ging es immer darum, wer bin ich, und wer bist du. Ich musste ihre Übergriffe abwehren, dass sie zum Beispiel bestimmte, wie ich aussehen sollte. Dabei sehen wir uns ohnehin sehr ähnlich, ich gehe sogar wie sie. Aber ich ziehe mich anders an. Sie konnte zu mir sagen: ›Mit diesem Rock gehe ich mit dir nicht in die Stadt.‹ Also habe ich ihr erwidert: ›Dann bleiben wir eben zu Hause.‹ Dann haben wir in der Küche gesessen und geredet, wir waren nicht in der Stadt, das war alles.«

Marion hadert nicht mit ihrer Mutter. Der realistische und mitleidlose Blick, den sie offenbar schon sehr früh auf ihre Mutter und auf sich selbst richtete, lässt sie die Dinge so akzeptieren, wie sie sind: »Ich denke, was auch immer meine Mutter mir angetan hat, es hat sehr viel dazu beigetragen, dass ich so bin wie ich bin, und damit bin ich zufrieden. Sie hat mir durch ihre Art auch einiges geboten im Leben, und ich sehe das weniger als ein Defizit, sondern eher als Kapital.«

Ulrike

Ulrike ist Jahrgang 1949, sie arbeitet als Pressereferentin und ist verheiratet. Beim Tod ihrer Mutter war Ulrike 35 Jahre alt. Ulrikes Eltern waren aus der DDR in den Westen geflohen, als sie selbst noch ein Kind war. Sie bauten sich eine Bäckerei auf, in der die Tochter schon als Schülerin mit aushalf. Ulrike erinnert sich an ihre Mutter als eine »sehr vereinnahmende Person«, die »kaum Körperdistanz wahren konnte«: »Sie rückte einem wirklich auf den Pelz, sie hat mich manchmal durch die ganze Küche getrieben, bis sie mich an der Spüle festgenagelt hatte und ich nicht mehr weg konnte. Sie wollte mir nur etwas erzählen, aber es war ihr nicht möglich, das zu tun, indem sie auch nur einen Meter Abstand hielt. Sie war immer sehr dicht an Leuten dran. Das war etwas, das ich schon als sehr störend empfunden habe. In der gleichen Weise vereinnahmend war sie auch, wo es um meine Lebensgestaltung ging. Aber das konnte ich gut abwehren, da war ich ja schon erwachsen.«

Ulrike zog früh von zu Hause aus. Sie studierte und lernte einen Beruf, lebte in einer Wohngemeinschaft, engagierte sich in gewerkschaftlichen Gruppen. Die Kluft zum Leben ihrer Eltern war sehr groß. Sie nimmt an, dass ihre Mutter nie wirklich begriff, was sie eigentlich studierte und worin genau ihre Arbeit bestand. Sie selbst war aber auch nicht in der Lage, es ihr zu erklären. Das Bedürfnis nach Distanz überwog das Bedürfnis nach Verständigung. Dennoch erlebte sie auch die positiven Aspekte ihrer Mutter, die sie bis heute schätzt: »Das war schon sehr ambivalent, denn meine Mutter war in der Ehe diejenige, die offener und vorurteilsloser gewesen ist, im Denken, aber zum Teil auch im Handeln. Sie war sicher die spontanere Person von beiden. Mein Vater war sehr prinzipiell und kaum in der Lage, von einem Prinzip, das er einmal hochhielt, abzuweichen. Meine Mutter hatte auch Prinzipien, aber in einem eher menschlichen Sinne. Sie hat Leute unterstützt, Leuten geholfen. Oder als wir zum Beispiel in den späten Sechzigerjahren über Wohngemeinschaften diskutierten, da ging es auch um die Idee von altersgemischten Wohnformen. Davon habe ich zu Hause erzählt, und meine Mutter meinte dazu spontan: ›Au ja, das fände ich gut, das würde ich gerne machen.‹ Und ich glaube, dass sie das auch gemacht hätte, wenn sie in so eine Situation gekommen wäre, dass sie das zumindest erwogen hätte.«

Auch als Ulrike noch zu Hause lebte und um jede neue »Freiheit« mit den Eltern ringen musste, erwies sich ihre Mutter als sehr viel großzügiger als der Vater. Sie nahm die

Tochter in Schutz, wenn sie abends später als erlaubt nach Hause kam und die Nachbarn sie denunzierten. Doch wenn sie Ulrike fragte, wie »es war«, wurde sie enttäuscht: »Ich habe ihrer Meinung nach viel zu wenig erzählt, sie selbst war da anscheinend ganz anders. Sie muss wohl, wenn sie vom Tanzen nach Hause kam, ihrer Mutter noch in der Nacht erzählt haben, wen sie getroffen hat und wer was gesagt hat und wie sie getanzt hat und so weiter. Und das hat sie bei mir immer sehr vermisst. Ich bin in solchen Sachen eher langsam. Also auf die Frage: ›Wie war's?‹ antworte ich: ›Schön!‹, und das ist es dann erst einmal. Nach ein paar Tagen, wenn ich alles im Kopf sortiert habe, kann ich vielleicht auch erzählen, was war. Dass ich so einsilbig war, das hat zwischen uns oft zu Streit oder Missstimmung geführt.«

Als ihre Mutter gestorben war, machte Ulrike die Erfahrung, dass andere Menschen deren »Übergriffigkeit« als Anteilnahme erlebten und schätzten. Sie ging nach dem Begräbnis zu der Friseurin ihrer Mutter, um sich die Haare machen zu lassen. Und die junge Frau erzählte ihr unter Tränen, wie sehr Ulrikes Mutter ihr geholfen hatte. Sie hatte ihr in einer schlimmen Ehekrise nicht nur zugehört und sie getröstet, sondern sie auch tatkräftig unterstützt. Rückblickend bedauert Ulrike, dass ihr eine gelassene Annäherung an die Mutter nicht möglich war, und sie vermutet, dass diese, wie schon beim gemeinsamen Einkaufsbummel, ohne den Vater durchaus hätte gelingen können: »Ich glaube, wenn mein Vater als Erster gestorben wäre, hätte sich mit meiner Mutter ein sehr viel besseres Verhältnis angebahnt. Es wäre für sie eine Befreiung gewesen, ganz klar, denn die Ehe war nicht besonders toll. Ich glaube, dass wir uns dann wirklich näher gekommen wären. Mit meinem Vater konnte man nicht reden. Aber mit meiner Mutter hätte ich mich immer unterhalten können. Und dann hätten wir möglicherweise auch über

Spannungen, die aus der Jugend kamen oder woher auch immer, reden und die vielleicht abbauen können. Oder wir hätten sogar darüber lachen können, sie hatte ja durchaus Humor.«

Susanne

Susanne ist Jahrgang 1939. Sie arbeitet als Journalistin und lebt allein. Beim Tod der Mutter war Susanne 50 Jahre alt. Susannes Mutter war aktive Gewerkschafterin. Susanne erinnert sich, dass sie als Kind weitgehend allein zurechtkommen musste: »Meine Mutter war damit beschäftigt, die Welt zu retten, da war keine Zeit für ein kleines Kind.« Da auch der Vater gewerkschaftlich engagiert war, lernte Susanne früh, sich um sich selbst zu kümmern. Ihre Mutter kam aus einem frommen Elternhaus und übertrug die körper- und lustfeindliche Erziehung, die sie selbst durchgemacht hatte, auf die Tochter: »Sie hat sich nie etwas gegönnt, sie ist mit sich umgegangen, als sei sie selbst ihr größter Feind. Und mich hat sie auch nicht gerade verwöhnt. Das einzige Sinnliche, das sie sich und uns gönnte, war Essen beziehungsweise Kochen.« Susanne erfuhr von ihrer Mutter keine körperliche Zärtlichkeit, sie kann sich nicht erinnern, dass sie einmal in den Arm genommen oder gestreichelt worden wäre.

Als junges Mädchen entdeckte Susanne, dass sie sechs Monate nach der Hochzeit ihrer Eltern zur Welt kam. Ein uneheliches Kind galt in dieser Familie als große Katastrophe, und nun konnte sie sich erklären, warum ihre Eltern nie ihren Hochzeitstag feierten. Als Susanne 20 Jahre alt war, wurde sie selbst schwanger und dachte, sie dürfe dieses Kind auf keinen Fall bekommen. Und, mehr noch, ihre Mutter dürfte niemals davon erfahren. Sie organisierte alles selbst, was in den Fünfzigerjahren nicht eben einfach war: »Im Krankenhaus sagte dann so eine sadistische Schwester zu mir: ›Es war ein Mädchen!‹ Ich hab natürlich noch jahrelang um dieses Kind getrauert, es war entsetzlich. Es war auch körperlich entsetzlich, denn die Schwangerschaft war schon fortgeschritten, und ich hatte furchtbare Schmerzen.«

Viele Jahre später erzählte Susanne ihren Eltern davon, betrunken und voller Groll und Verzweiflung: »Ich habe gesagt, wenn ihr mich geliebt hättet, dann hätte ich das Kind kriegen können. Ich hab es nicht gekriegt wegen euch, weil ich wusste, dass ich sonst Schande über euch bringe.«

Es waren jedoch weder Susanne noch ihre Eltern in der Lage, ernsthaft darüber zu sprechen. Auch über andere Verletzungen und Konflikte konnte Susanne bis zuletzt mit ihrer Mutter nicht reden: »Dazu hätte sie eine ganz andere Frau sein müssen, ein ganz anderer Mensch, und dann wäre auch ich ein ganz anderer Mensch. Es ist halt, wie es ist. Heute tue nicht ich mir Leid, sondern meine Mutter tut mir Leid. Ich habe das erst später begriffen, sie war ein armes Kind, ein armes und sehr einsames Mädchen.«

Eine lange Therapie und ein kurzes, aber einschneidendes Erlebnis, ein »Zufall«, machten es Susanne möglich, die Beziehung zu ihrer Mutter zu verändern: »Ich war voller Hass auf diese übermächtige Mutter. Und dann, vier, fünf Jahre vor ihrem Tod, begann es, dass ich plötzlich Mitleid mit ihr bekam und Liebe empfinden konnte. Sie ist damals beinahe gestorben, das war eine sehr seltsame Sache. Ich war in Frankreich auf einer Konferenz und bekam eines Tages ganz fürchterliche Magen- und Darmbeschwerden. Wahrscheinlich war es eine Salmonelleninfektion, aber wie auch immer, es war schrecklich, und ich bin einen Tag früher als geplant nach Hause gefahren. Und ich habe, was ich sonst nie tat, bei meinen Eltern zu Hause angerufen. Und da sagte mein

Vater: ›Deine Mutter ist heute ins Krankenhaus gekommen, Magendurchbruch.‹ Ich hatte also genau zu der Zeit, als meine Mutter an einer Magengeschichte fast gestorben wäre, diese Magen-Darm-Geschichte, das war schon eigenartig. Und da habe ich zum ersten Mal gespürt, dass ich sie liebte. Und danach waren die Hassgefühle weg. Wir hatten dann noch vier Jahre, in denen wir uns nah waren, in denen so etwas da war wie Nähe. Wir haben nie drüber geredet, aber sie hat es gespürt.«

Doch so einfach verläuft die Aussöhnung mit einer schwierigen Mutter nicht. Als Susannes Mutter bereits im Sterben lag, sagte sie zu ihrem Mann, Susannes Vater: »Ich hab dich immer geliebt.« Zur Tochter sagte sie nichts dergleichen: »Sie hat kein einziges Mal gesagt, dass sie mich liebt, auch im Sterben nicht, nie, kein Mal. Sie konnte es nicht. Sehr wahrscheinlich, also mit Sicherheit hat sie mich geliebt, auf ihre Weise, aber sie konnte es nicht sagen. Und dann hat das schon wehgetan, dass sie es ihrem Mann sagt, aber nicht mir.«

Martina

Martina ist Jahrgang 1934. Sie arbeitete als Verlagsangestellte und ist seit kurzem Rentnerin. Sie ist geschieden und hat zwei erwachsene Söhne. Als ihre Mutter starb, war Martina 59 Jahre alt. Martinas Mutter war Psychotherapeutin, eine elegante Frau mit gesellschaftlichen Ambitionen und einer unkonventionellen (zweiten) Ehe. Als Mutter erlebte Martina sie dominant und herrschsüchtig. Doch auch ihre Mutterbeziehung war ambivalent. Als Martina sich daran erinnert, wie ihre schöne Mutter manchmal abends, bevor sie eine Gesellschaft gab, an ihr Bett kam und nach Parfum und Zigarettenrauch roch, beginnt sie zu weinen. Die negativen Erinnerungen erzählt sie eher lachend: »Sie hat gesagt: ›Ich bin Therapeutin, also ich bin im Besitz der allein selig machenden Wahrheit. Ich kann sonntags morgens am Frühstückstisch eure Träume deuten. Und kann dann sagen: Hier, mein Kind, du somatisiert nur, oder dein Traum sagt, dass das und das mit dir nicht in Ordnung ist.‹ Sie hat ihr therapeutisches Wissen wirklich missbraucht, um uns Kinder in die Schranken zu weisen.«

Martina war die Zweitälteste der fünf Geschwister und fungierte als eine Art Interessenvertreterin der Kleineren. Sie vermittelte zwischen der übermächtigen Mutter und den Jüngeren – und sehnte sich danach, von der Mutter geliebt und anerkannt zu werden. Als sie ein Kind war, ließ ihre Mutter sich scheiden und überließ die Kinder erst einmal dem Vater. Sie spielten zu der Zeit keine Rolle für sie, denn sie erlebte gerade die große Leidenschaft – und den großen Skandal – ihres Lebens. Sie verliebte sich nicht nur in einen Patienten, sondern auch noch in einen, der 16 Jahre jünger war. Das führte in den Vierzigerjahren zu einigen Komplikationen. Martinas Mutter ließ sich schuldig scheiden und heiratete den Geliebten. Der, so erinnert sich Martina, beugte sich widerspruchslos ihrem Regime, wurde von ihr ebenso beherrscht wie die Kinder und enttäuschte sie vermutlich gerade deshalb zutiefst.

Martina musste als älteste Tochter jahrelang die abgelegten Kleider der Mutter auftragen: »Nun waren die Kleider nie hässlich, sie waren immer geschneidert, aus sehr edlem Stoff und immer sehr schön«, aber es waren die Kleider der Mutter und nicht ihre eigenen. Als Martina ihr erstes Geld verdiente, trug sie »jeden Pfennig in das Kleidergeschäft«. Doch so einfach war es nicht, sich aus dem Korsett zu befreien. Als Martinas Mutter starb, hinterließ sie ihr ein paar Tausend Mark: »Ich habe sie alle zur Schneiderin getragen und ließ mir für 5000 Mark Klamotten machen. Als die fertig waren, waren es genau die Kleider, wie meine Mutter sie getragen hat. Es war nochmal das Fest der Auferstehung. Ich saß auf diesen Klamotten, die ein Unding an Edelstoffen und Biederkeit waren und von genau dem gleichen Schnitt, und ich dachte: Es darf nicht wahr sein, es darf doch nicht wahr sein. Und dann habe ich ein Kleid nach dem anderen weggegeben.«

Martina sagt, sie brauchte viele Jahre Therapie, um diese Mutter, die sie schon als Kind »zwangstherapierte«, loszuwerden. Erst in den letzten Jahren vor deren Tod wandelte sich ihr Verhältnis plötzlich: »Als sie nicht mehr stark war und nicht mehr so viel Macht hatte, da tat sie mir dann auch Leid. Und da konnte ich dann doch so etwas wie Erbarmen mit ihr fühlen. Sie hatte so schreckliche Angst vor dem Sterben. Manchmal hat sie mich nachts um zwei angerufen und hat gesagt: ›Ich hab so eine Angst vorm Tod, hilf mir.‹ Sie war zuletzt eigentlich nur noch ein armes altes Frauchen.«

Lieselotte

Lieselotte ist Jahrgang 1924. Sie ist Rentnerin, geschieden, hat drei erwachsene Töchter und lebt allein. Als ihre Mutter starb, war Lieselotte 54 Jahre alt. Lieselotte unterscheidet sich von den meisten anderen Frauen, die ich für dieses Buch interviewt habe, dadurch, dass sie das Wort Ambivalenz nicht einmal in den Mund nimmt. Sie beschreibt ihre Beziehung zur Mutter als liebevoll und harmonisch. Es gab vielleicht den einen oder anderen Krach, aber das nahmen beide nicht wirklich ernst. An echte Konflikte kann sie sich nicht erinnern. Lieselotte erklärt sich dieses unproblematische Ver-

131

hältnis zuerst aus der großen Entfernung. Sie war mit Mann und Kindern in einen Hunderte Kilometer von ihrer Geburtsstadt entfernten Ort gezogen. Die Mutter sah sie nur selten, und wenn sie sie besuchte, war das für sie »ein nach Hause, ins Nest kommen. Meine Mutter war, das kann ich so sagen, mein Nest.«

Lieselottes Mann war Alkoholiker, die Probleme verstärkten sich im Laufe der Jahre, bis sie sich scheiden ließ und mit drei Kindern und einem Berg Schulden allein dastand. Die wenigen Reisen zur Mutter waren ihre »Kur«, hier wurde sie umsorgt, »wie eben nur eine Mutter ein Kind umsorgt«, und verwöhnt. Sie bekam gutes Essen und konnte sich ausweinen: »Das waren damals keine schönen Zeiten, und dann konnte ich immer mal zu meiner Mutter fahren, und dann hieß es: ›Was möchtest du essen, Kind?‹ Sie sagte immer noch Kind. Man ging in die Stadt, und man sah was Hübsches: ›Möchtest du das haben? Soll ich dir das kaufen?‹ Ich wurde behütet, konnte den ganzen Alltagsstress und den ganzen Mist einen Moment vergessen.« Sie durfte wieder Kind sein und genoss es. Hier bezog sie einen Gutteil der Stärke, die sie brauchte, um ihr Leben zu bewältigen und die drei Töchter »anständig« großzuziehen. Lieselotte spricht von ihrer Mutter stets liebevoll und respektvoll. Nur wenn sie eingesteht, dass »sie auch recht biestig sein konnte«, klingen Verletzungen mit. Doch um keinen »falschen« Eindruck zu erwecken, fügt sie hinzu: »Zu meiner Schwiegermutter war sie biestig, das war aber eine typische Konkurrenzgeschichte.«

Als ich Lieselotte darauf aufmerksam machte, dass ihr unproblematisches und harmonisches Verhältnis zur Mutter nicht nur an der großen Entfernung liegen könne, da sie zum einen viele Jahre mit und in der Nähe der Mutter gelebt hatte und zum anderen viele meiner Gesprächspartnerinnen gleichfalls Hunderte Kilometer vom Elternhaus entfernt lebten, dachte sie eine Weile nach. Dann sagte sie: »Wissen Sie, all diese modernen Dinge, das gab es damals nicht.« Mit »diesen modernen Dingen« meint sie Ambivalenzen, Abgrenzungsbedürfnisse, das Verbalisieren von Konflikten. All das, womit spätere Generationen sich plagten. Lieselotte ist davon überzeugt, dass es derlei Probleme zu ihrer Zeit nicht gab.

Auf mein Nachfragen, ob das mangelnde töchterliche Problembewusstsein in ihrer Generation tatsächlich darauf beruht, dass es nur wenige Probleme gab, oder ob man Konflikte zwischen Eltern und Kindern einfach nur nicht thematisierte, ob also Rollenverteilung und Hierarchie in den Familien so eindeutig waren, dass Töchter abweichende Gefühle unterdrücken mussten und sich deshalb nicht daran erinnern können, weiß Lieselotte keine Antwort. Sie hat sich diese Fragen nie gestellt. Und ich kann ihr ansehen, dass sie das Problem, das ich mit ihren mangelnden Problemen habe, nicht ganz nachvollziehen kann. Sie weiß, dass Frauen heute so denken, aber sie weiß nicht so recht, wofür das gut sein soll. Sie erinnert sich jedenfalls gerne an ihre Mutter. Sie hat mit deren Tod ihr »Nest« verloren, ihre Anlaufstelle. Und es fiel ihr noch jahrelang schwer, sich mit diesem Verlust abzufinden.

Nina

Nina wurde 1948 geboren, sie ist Grafikerin, lebt von ihrem Mann getrennt und hat eine erwachsene Tochter. Als ihre Mutter starb, war Nina 50 Jahre alt. Nina wurde in Israel geboren und verbrachte dort die ersten Jahre ihrer Kindheit. Als sie zehn war, kehrten ihre Eltern, die vor den Nationalsozialisten geflohen waren, nach Deutschland zurück. Während ihre jüngere Schwester sich rasch eingewöhnte und zu einem fröhlichen Kind entwickelte, litt Nina lange unter Heimweh nach Israel. Sie erinnert sich als ein einsames, »kantiges«, ernstes Mädchen. Die Mutter zog die jüngere Tochter vor: »Meine Schwester war immer der Sonnenschein in der Familie, die anderen Freude gemacht hat und unkompliziert war und ein süßes Gesicht hatte, so ein Puppengesicht. Ich war immer die Böse, böse und egoistisch. Ich war sehr eifersüchtig. Und ich habe so sehr um die Liebe meiner Mutter gekämpft!«

Vergeblich, meint Nina heute. Das Gefühl, das sie schon als Kind hatte, dass ihre Mutter sie weniger liebte als die Schwester, bewahrheitete sich für sie, als die Mutter gestorben war. Sie fragte ihre Schwester, wo denn der Schmuck der Mutter sei, und die antwortete ihr, den hätte die Mutter ihr schon zu Lebzeiten geschenkt: »Das war so ein Schock für mich, weil meine Eltern immer hoch und heilig geschworen haben, dass sie wenigstens objektiv keine von uns benachteiligen. Also wenn meine Mutter zum Beispiel ihre Schwester besuchen fuhr, dann kam sie zurück mit Koffern voller Geschenke, und das war immer gerecht, ein rosa Petticoat, ein hellblauer Petticoat. Und plötzlich, im Tod, habe ich gesehen, dass es nicht so war. Dass ich mich nicht nur subjektiv benachteiligt gefühlt habe, sondern dass ich auch objektiv benachteiligt war. Und das hat mich nochmal sehr verletzt, denn bis dahin konnte ich mir einreden, dass ich mir das vielleicht alles nur einbilde, aber dann habe ich gesehen, dass es stimmt.«

Gleichzeitig bedeutete diese Erfahrung für Nina aber auch eine Erleichterung. Gerade weil sie nun bewiesen fand, was sie bisher nur vermutete, konnte sie ihrer eigenen Wahrnehmung trauen, und der Verdacht, sie sei überempfindlich und zu phantasievoll, wurde von ihr genommen. Auch ihr Verhältnis zur Schwester entspannte sich dadurch: »Wir haben darüber ein sehr wichtiges Gespräch geführt, und sie sagte mir, dass es ihr Leid tue. Sie gab mir auch von dem Schmuck etwas ab, doch das war nicht das Entscheidende.«

Nina leidet aber noch immer unter der Ungerechtigkeit. Sie sagt »vernünftig«: »Es ist ja oft so, dass ein Kind mehr geliebt wird als das andere. Und ich hatte das Pech, das andere zu sein.« Doch ihr Verhältnis zur Mutter ist noch immer gestört: »Ich wünsche mir manchmal, ich könnte eine gute Analyse oder Therapie machen, um damit irgendwie ins Reine zu kommen. Das ist so ein Schmerz, der bleibt fürs Leben, wenn du nicht wirklich geliebt worden bist, so, wie du bist.«

Nina fühlte sich immer ausgeschlossen. Mutter und Schwester redeten viel miteinander, sie lebten später im selben Haus zusammen und bildeten in Ninas Augen eine undurchdringliche Einheit. Selbst als ihr Vater starb, den Nina sehr geliebt hatte und dem sie sich in vielem verwandt fühlte, schlossen Mutter und Schwester sie aus. Nina kam von einer Israelreise zurück und erfuhr erst über einen Freund, dass ihr Vater im Sterben lag. Als sie im Krankenhaus ankam, war er bereits gestorben. Auch das kann sie ihrer Mutter nicht verzeihen.

Auf einer Ebene allerdings wandte sich Ninas Mutter ihr zu und nicht der Schwester: »Wenn es um den Hass auf die Deutschen ging, da waren wir uns ausnahmsweise einig. Da hat sie mich gebraucht, denn dafür hatte meine Schwester nun gar keinen Sinn. Sie hat überhaupt keine Probleme damit, bis heute nicht. Das ist ein Phänomen, das ich bei vielen gleichaltrigen Leuten festgestellt habe, dass diese Last des Holocaust von den Eltern auf einem Kind abgeladen wird, und zwar meistens auf dem älteren Kind. Damit sie in Ruhe leben können, laden die Eltern auf diesem Kind die Pflicht ab, weiterzukämpfen oder den Hass weiterzutragen oder ich weiß nicht was, das Andenken zu wahren.«

Erst galt Nina in ihrer Familie als »überkandidelt«, weil sie diese Rolle auf sich genommen hatte. Doch später wusste die Mutter ihr Geschichtsbewusstsein zu schätzen. Sie rief Nina jedes Mal an, wenn ein »einschlägiger« Film im Fernsehen kam oder wenn sie sich über etwas »typisch Deutsches« ärgerte: »Sie hat dann mit mir darüber geredet und mit mir darüber geschimpft und sich so richtig innerlich entlastet bei mir. Und ich glaube, das war für sie auch eine Möglichkeit, zu mir Kontakt zu haben. Und für mich auch. Das war auch etwas, das meine Schwester mit ihr nicht geteilt hat. Meine Freundin Ruth sagte einmal zu mir: ›Ihr habt die Liebe nicht gehabt, aber den Hass habt ihr zusammen geteilt.‹«

Nina ist sich bewusst, dass sie ihre Beziehung zur Mutter noch lange beschäftigen und beeinträchtigen wird: »Dieses Verhältnis, das behindert mich auch in meinen Partnerbeziehungen, denn ich will vom Partner immer wieder das bekommen, was meine Mutter mir nicht gegeben hat. Und das kann mir natürlich niemand geben. Das ist so weit gegangen, dass ich mir inzwischen sage, dann lieber gar nichts, statt wieder die Beziehung mit diesen Wünschen zu belasten. Deshalb habe ich jetzt erst einmal beschlossen, auf eine Beziehung zu verzichten.«

Danuta

Danuta wurde 1948 geboren, sie arbeitet als Heilpraktikerin und lebt mit ihrer Freundin zusammen. Als ihre Mutter starb, war Danuta 22 Jahre alt. Danuta ist Polin, sie wuchs in einem kleinen Dorf auf, in dem ihre Mutter Bäuerin, Hebamme und Heilkundige war. Sie zog zehn Kinder groß, Danuta war das jüngste. Danuta erinnert sich, dass ihre Mutter sie schon als kleines Kind mitnahm, wenn sie Kranke oder Sterbende besuchte. Sie nahm ihr die Angst vor diesen Vorgängen, und Danuta erklärt sich die Tatsache, dass sie selbst Heilpraktikerin und Sterbebegleiterin wurde, damit, dass die Mutter ihr diese Fähigkeiten sozusagen vererbte.

Das Verhältnis zwischen Mutter und Tochter war eng und vertraut. Danuta erinnert sich an lange Gespräche am Küchentisch. Die Mutter erzählte ihr viel aus der Familiengeschichte, aber sie sprach mit ihrer Jüngsten auch über ihre Gefühle, über ihre Eheschwierigkeiten und die Probleme, die ihre älteren Töchter mit ihren Männern hatten: »Ich nehme an, ich war zu jung für diese ernsten Gespräche. Denn ich habe mir damals, da war ich so 15, 16 Jahre alt, geschworen, dass ich nie heiraten werde. Aus dem einfachen Grund, weil meine Mutter mit mir diese Probleme nicht haben sollte. Und später habe ich gedacht, ich würde sie so gerne zu diesem und jenem Thema fragen können, wie das ist und warum das so ist und wie sie das sieht.«

Danuta bewunderte ihr Mutter, als sie noch lebte, und sie bewundert sie noch heute für ihre Stärke und ihre menschlichen Fähigkeiten. Für sie war stets die Mutter das Familienoberhaupt, von ihr lernte sie auch, dass eine Frau sich selbst und ihre Kinder allein ernähren kann. Nach dem Krieg hatte Danutas Vater, der bis dahin Waldarbeiter war, die Familie für drei Jahre verlassen, um auf die Schule zu gehen und das Abitur zu machen: »Mutter hat Vater bewundert, aber als Mann war er eine Katastrophe. Seine Frau mit neun Kindern zu verlassen, er hat keinen Pfennig verdient, Mutter musste ihm Taschengeld geben von dem, was sie vom Bauernhof hatte, und von dem, was sie durch Nähen dazuverdienen konnte, und sie hat auch einige Sachen verkaufen müssen.«

Für Danuta ist die Beziehung zu ihrer Mutter bis heute nicht abgerissen. Sie spricht mit ihr, und sie ist sicher, dass ihre Mutter mitbekommt, wie sie selbst inzwischen lebt und arbeitet. Manchmal erscheint sie ihr auch im Traum und warnt sie vor drohenden Gefahren: »Wenn ich von meiner Mutter träume, dann habe ich am Morgen Angst. Weil das bedeutet, mir passiert etwas. Ich träume selten, aber wenn ich von meiner Mutter träume, dann ist das sozusagen das Signal: Alarmstufe 1!« Danutas positives Verhältnis zu ihrer Mutter setzte sich mit anderen Frauen fort. Sie übertrug es eine ganze Weile auf die Mütter ihrer Freundinnen: »Ich bin in meinem ganzen Leben mit den Müttern meiner Freundinnen viel besser klargekommen als meine Freundinnen. Ich habe alte Frauen immer geachtet. Nur, inzwischen hat sich diese Grenze verschoben: Jetzt nähere ich mich selbst dem Alter.«

6 Das Sterben:
»Ich wollte es bis zuletzt nicht wahrhaben«

»Es ist erstaunlich, welche Kräfte einem zuwachsen, wenn ein sterbender Angehöriger einen braucht.«[82] Das sagte eine der Frauen, die Ruth Eder für ihr Buch über den Tod der Mutter interviewte. Diese Frau pflegte ihre sterbende Mutter, und damit stellt sie in der heutigen Gesellschaft eine Ausnahme dar. Im »Normalfall« sterben Menschen im Krankenhaus oder in einem Pflegeheim, ob sie das möchten oder nicht. Sally Cline verweist in ihrem Band »Frauen sterben anders« auf die Forschungsarbeiten von C. M. Parkes, die ergaben, »dass die meisten Menschen (in Großbritannien) es vorzogen, zu Hause zu sterben. Die Aussagen der Verwandten hatten ihm bestätigt, dass nur 24 Prozent derer, die im Krankenhaus starben, den Wunsch auf Einlieferung geäußert hatten. Ironischerweise sind es die Schwierigkeiten der Verwandten und nicht die der Patienten, die vielfach eine Einweisung ins Krankenhaus bewirken.«[83]

Meike Hemschemeier stellt in ihrer Studienarbeit »Tabu und Faszination« fest: »Dass sich die Angehörigen mit den Sterbenden überfordert fühlen, macht auch die Statistik deutlich: Rund die Hälfte aller Todesfälle (in Deutschland) ereignen sich heute in Krankenhäusern, jeder fünfte stirbt in

139

einem Alten- oder Pflegeheim. Nur dreißig Prozent sterben außerhalb von Institutionen. Darunter fallen allerdings nicht nur die Menschen, die zu Hause sterben, sondern auch diejenigen, die durch Unfälle oder Selbstmord an einem anderen Ort sterben.«[84]

Im Gegensatz zu anderen Autorinnen und Autoren weist Hemschemeier allerdings darauf hin, dass sich auch das Krankenhauspersonal durch den nahenden Tod überlastet fühlt: »Ärzte, Krankenschwestern und Pfleger begegnen dem Sterben täglich. Daraus eine Routine abzuleiten, die ihnen den Umgang mit den Sterbenden erleichtert, ist aber nur bedingt richtig.«[85] Sabine Helmers recherchierte, dass Sterbende, sobald erste Anzeichen des Todes erkennbar sind, einzeln untergebracht werden: »Bei Raummangel kann es unter Umständen ein Badezimmer oder eine Abstellkammer sein. Vielfach meiden Ärzte und Pflegepersonal geradezu die Sterbezimmer.«[86]

Doch die Gründe dafür, dass so viele Menschen im Krankenhaus oder Pflegeheim sterben, liegen nicht nur in der Scheu vor dem Tod und dem Sterbenden, die offenbar sogar bei Professionellen verbreitet ist und, auch darauf verweist Meike Hemschemeier, bis zur (unrealistischen) Angst vor Ansteckung gehen kann.[87] Ärzte, Ärztinnen und Krankenschwestern üben in der Versorgung von Sterbenden ihren Beruf aus und werden dafür bezahlt. Angehörige dagegen praktizieren die Pflege von Sterbenden neben ihrer Berufsarbeit oder ihrer Arbeit im Haushalt. Sie bekommen dafür kein Geld und sind ständig im Einsatz. Die meisten Wohnungen sind außerdem zu klein, um einen bettlägerigen Menschen zusätzlich zu den Bewohnern unterzubringen. Eine Frau, die berufstätig ist, oder auch eine Hausfrau, die Kinder zu versorgen hat und mit ihrer Familie in einer Wohnung lebt, in der es ein Wohnzimmer, ein Schlafzimmer und ein Kinderzimmer gibt, hat weder Platz noch Zeit, ihre sterbende Mutter zu versorgen, auch wenn sie es gerne möchte.

Das in der einschlägigen Literatur obligate Lamento darüber, dass die Menschen heutzutage in anonymen Krankenhäusern sterben müssen, weil – das impliziert die Klage meistens – die Kinder zu egoistisch seien, sie bei sich aufzunehmen, ist heuchlerisch oder realitätsfern. Nur wenige haben die finanziellen und räumlichen Mittel, einen sterbenden Angehörigen zu versorgen. Und diejenigen, die es trotz der Ermangelung der nötigen Mittel tun, fühlen sich häufig überfordert. Eine Frau, die, als ich für dieses Buch recherchierte, ihre todkranke Mutter pflegte, sagte mir: »Ich habe sie wirklich geliebt. Wir hatten immer ein gutes Verhältnis zueinander. Aber jetzt beginne ich, sie zu hassen. Sie begreift nicht, welche Mühe sie mir macht. Sie denkt anscheinend, ich wäre nur für sie da. Sie benimmt sich wie ein kleines Kind. Ich weiß nicht, wie lange ich das noch durchstehe.«

Dass ich selbst die letzten Wochen meiner Mutter miterleben und bei ihr sein konnte, liegt einzig daran, dass mein Vater darauf bestanden hatte, dass meine Mutter, auch als es ihr allmählich schlechter ging, zu Hause blieb und nicht ins Krankenhaus musste. Das bedeutete aber auch, dass er den größten Teil der schwierigen und anstrengenden Pflege übernahm. Ich konnte ihm in der letzten kurzen Zeit vor ihrem Tod dabei helfen, aber ich hätte nicht monatelang für meine schwer kranke Mutter sorgen können. Dass ich deswegen kein schlechtes Gewissen haben muss und auch noch das Privileg hatte, zuletzt bei ihr sein zu können, verdanke ich wie gesagt meinem Vater. Doch gemeinhin pflegen Männer ihre Frauen nicht. Die umgekehrte Situation ist schon eher üblich.

Da Frauen statistisch länger leben als Männer, sind allein schon aus diesem Grunde meist sie es, die ihre kranken und manchmal auch sterbenden Männer pflegen. Außerdem entspricht dies sowohl der herkömmlichen Rollenerwartung als auch den bei Frauen viel eher als bei Männern vorhandenen praktischen Fähigkeiten. Wenn die Frauen selbst todkrank, hilflos und pflegebedürftig werden, ist in der Mehrheit der Fälle auch gar kein Ehemann mehr da, der sich um sie kümmern könnte. Frauen sterben also noch häufiger in Krankenhäusern und Pflegeheimen als Männer. Und von den Töchtern (nicht von den Söhnen) wird gerne erwartet, dass sie dies verhindern, indem sie »die Mutter zu sich nehmen«. Wie schon beschrieben, erfordert die Pflege einer schwer kranken Patientin Bedingungen, die in Privathaushalten meist nicht gegeben sind. Doch warum kann eine Tochter ihre Mutter nicht wenigstens dann zu sich holen, wenn sie bereits im Sterben liegt? Auch diese Überlegung oder Forderung ist realitätsfern. Wann liegt jemand tatsächlich im Sterben? Wer weiß genau, wann jemand sterben wird? Und ob überhaupt?

Im »Normalfall« wird ein alter Mensch, der ernstlich erkrankt, in das Krankenhaus gebracht, operiert und womöglich erneut operiert. Ist keine Genesung zu erwarten, wird die Patientin, der Patient da behalten oder, falls weder ein baldiger Tod noch eine Gesundung zu erwarten sind, in ein Pflegeheim überstellt. Eine Tochter, deren Mutter zum Beispiel Krebs hat und schon mehrfach operiert wurde, ist also darauf angewiesen, dass der behandelnde Arzt oder die Ärztin ihr sagt, wie es um die Kranke steht. Doch zum einen machen Ärzte nur ungern konkrete Angaben über den Zeitpunkt eines zu erwartenden Todes. Und zwar nicht zuletzt deshalb, weil sie aus Erfahrung wissen, dass sich auch die Situation eines »Todeskandidaten« ändern und der Tod nur in den seltensten Fällen mehr oder weniger genau vorhergesagt werden kann. Zum anderen ist die Tochter darauf angewiesen, dass ihre Mutter selbst weiß, wie es um sie steht, und dass sie die Situation akzeptiert. Es erfordert sehr viel Offenheit, Mut und gegenseitiges Vertrauen, um einen Sterbenden auf seinen bevorstehenden Tod anzusprechen. Die Erfahrung von Krankenschwestern zum Beispiel zeigt, dass Sterbende oft bis zum letzten Moment auf eine Genesung hoffen, notfalls auf ein Wunder. Andere ignorieren ihren Zustand völlig und verdrängen jede Ahnung, dass es mit ihnen zu Ende gehen könnte.

Eine schwer kranke alte Frau aus dem Krankenhaus in die (meist zu kleine und nicht entsprechend ausgestattete) Wohnung der Tochter zu holen, würde der Kranken dasselbe signalisieren, als würde die Tochter den Priester holen: dass es mit ihr zu Ende geht. Welche Tochter hat die Kraft, ihrer Mutter, die vielleicht immer noch hofft weiterzuleben, dieses Signal zu geben? Und ihr damit jede Hoffnung zu nehmen? Sie vielleicht in Verzweiflung zu stürzen? Von all den Frauen, die ich für dieses Buch interviewte, konnte sich kaum eine von der sterbenden Mutter explizit verabschieden. Auch wenn die Mutter wusste, dass sie im Sterben lag, mieden beide die Endgültigkeit, die ein Aussprechen der Wahrheit beinhaltet hätte. Und das nicht nur, weil die Tochter die Mutter schonen wollte, sondern auch weil sie sich mit der Unvermeidbarkeit des Todes nicht abfinden konnte. Ich habe selbst erlebt, wie zweifelhaft Beteuerungen sind, wie etwa die, man wünsche einem leidenden Patienten den Tod. Meine Mutter litt entsetzliche Schmerzen. Ich wünschte aus ganzem Herzen, sie könnte endlich sterben, um von diesen Qualen befreit zu werden. Und gleichzeitig stockte mir jedes Mal der Atem, wenn der ihre scheinbar aussetzte. Etwas in mir flehte: »Stirb nicht, bitte stirb nicht«, während die Stimme der Vernunft und die des Mitgefühls in mir ebenso verzweifelt fragten: »Warum darf sie denn nicht endlich sterben?«

Die Zeiten, in denen Sterbende ihr Begräbnis ebenso sorgfältig organisierten wie ihren Nachlass, sind lange vorbei. In einer bäuerlichen Gesellschaft, wie zum Beispiel in dem polnischen Dorf, in dem Danuta groß wurde, verfügen einige Menschen noch über die Gelassenheit und das Gottvertrauen, dem Tod ins Auge zu sehen und ihn als unvermeidlich hinzunehmen. In der Welt der modernen Medizin aber wird die Hoffnung auf Heilung um jeden Preis geschürt und das Sich-Abfinden mit dem Tod als schädlich und defätistisch verworfen. Doch obwohl auf der einen Seite vom kranken Menschen verlangt wird, alles zu tun und alles technisch Mögliche mit sich machen zu lassen, um nicht zu sterben, wird gleichzeitig von den Angehörigen verlangt, dem Sterbenden ein Ambiente zu geben, wie es vielleicht im 19. Jahrhundert üblich und möglich war. Doch auch in Bezug auf die Vergangenheit widerspricht die soziale Realität der nostalgischen Legendenbildung: In der »guten alten Zeit« war der »gemächliche« häusliche Tod ein Privileg der Wohlhabenden. Arme und Arbeiter/innen starben früh und meist auch rasch. Und aus bäuerlichen Verhältnissen kennt man das böse Wort von der »Ahndlvertilgung«. Die Alten im Ausgedinge, die den Hof bereits dem Sohn übergeben hatten und selbst nicht mehr arbeitsfähig waren, wurden gelegentlich von ihren Erben beseitigt.

Den meisten Töchtern, die ich interviewte, war es nicht möglich, sich um ihre sterbende Mutter zu kümmern. Die wenigen unter ihnen, die anwesend waren, als ihre Mutter starb, sind froh darüber und möchten dieses Erlebnis nicht missen. Viele aber konnten nicht einmal das. Fast allen tut das sehr Leid, sie vermissen den direkten Abschied. Anna (Jahrgang 1946, Journalistin) war erst 16 Jahre alt, als ihre Mutter starb. In ihrer Erinnerung spielt sich alles innerhalb von zwei Wochen ab: die Diagnose Darmkrebs, die langwierige und schwere Operation, der rapide körperliche Abbau der Mutter und schließlich ihr Tod. Dass die Mutter jedoch so schnell sterben würde, hatte Anna nicht begriffen: »Ich weiß noch, dass ich sie am letzten Tag vor ihrem Tod, Freitag nach der Schule, besucht habe, das Krankenhaus lag auf dem Schulweg. Ich bin immer anschließend an die Schule vorbeigegangen und habe sie besucht. Meine Mutter war sehr, sehr geschwächt, und ich war sehr, sehr bedrückt. Und gleichzeitig war ich auch ein junges Mädchen, ein pubertäres Mädchen, und es war Karnevalszeit, und ich war sehr aufgeregt, weil ich zu einer Party eingeladen war. Deshalb bin ich am Samstag nicht zu ihr gegangen.«

Am Sonntag erfuhr Anna, dass ihre Mutter gestorben war: »Ich bin wie ein kleines Kind auf dem Schoß meines Großvaters gesessen, als 16-Jährige, und habe Stunde um Stunde geweint und geweint. Die Tage danach bekomme ich gar nicht mehr so richtig rekonstruiert, ich war völlig erschlagen. Meine Schwester und mein Vater legten mir nahe, ich solle meine tote Mutter nicht mehr sehen, sie wäre nicht mehr in einem so guten Zustand, und für mich wäre es besser, ich würde sie so im Gedächtnis behalten, wie ich sie zuletzt gesehen hatte.« Anna litt jahrzehntelang unter Schuldgefühlen. Sie konnte sich nicht verzeihen, dass sie sich, als ihre Mutter starb, auf einem Karnevalsfest vergnügt, dass sie getanzt und herumgeknutscht hatte. Mit dem Verstand wusste sie, dass das für eine 16-Jährige, die auch noch frisch verliebt war, ein durchaus verständliches Verhalten war, zumal sie nicht ahnen konnte, dass ihre Mutter gerade zu diesem Zeitpunkt sterben würde. Doch diese vernünftigen Überlegungen konnten nicht viel gegen ihre Gefühle ausrichten. Dass sie sich, zu allem anderen, nicht einmal von der toten Mutter hatte verabschieden können, belastete sie zusätzlich schwer. Heute, mit gut 50 Jahren, könne sie endlich vernünftig darüber nachdenken und sprechen, meinte sie beim Interview. Und merkte gleichzeitig, dass sie noch immer aufgeregt war, wenn auch längst nicht mehr so sehr wie früher.

Auch Beate (Jahrgang 1945, Lehrerin) warf sich lange vor, sich angesichts des Todes ihrer Mutter nicht richtig verhalten zu haben. Sie war zu dem Zeitpunkt 26 Jahre alt und gerade nach der obligaten Tour durch Schulen in der Provinz in ihre Heimatstadt zurückversetzt worden. Sie suchte eine Wohnung und lebte, bis sie eine gefunden hatte, bei den Eltern. Beate war in diesen Wochen intensiv mit sich selbst beschäftigt. Sie hatte eine sehr schwierige Klasse erhalten, in der es ein paar Jungen gab, die ihr auf dem Kopf herumtanzten. Sie fühlte sich hilflos und überfordert und wusste, sie musste diese Situation so bald wie möglich erfolgreich bewältigen. Für ihre Mutter hatte sie also nicht viel Aufmerksamkeit übrig: »Sie ist an Lungen- und Leberkrebs gestorben. Und sie ist im Krankenhaus gestorben, ohne dass jemand von uns dabei war. Aber das gehört wahrscheinlich zu der ganzen langen Geschichte von ihr und ihrem Sterben. Dass ich so wenig wusste oder so wenig mitbekommen habe, liegt zum einen daran, dass ich mit ganz anderen Sachen beschäftigt war und es irgendwie nicht realisiert habe, und zum anderen daran, dass sie auch nur ganz wenig drüber gesprochen hat, wie es ihr wirklich ging.«

Als Beate eines Tages nach Hause kam, saß ihre Mutter am Küchentisch und schrieb. Beate fragte sie intuitiv, ob sie ihr Testament schriebe, und sie antwortete: »Ja.« Sie sagte ihrer Tochter auch, dass sie »zur Beobachtung« in das Krankenhaus müsse. Wenig später wurde sie mit dem Krankenwagen abgeholt: »Sie war dann einen Monat lang im Krankenhaus, und da habe ich sie auch besucht. Aber im Nachhinein habe ich mir natürlich große Schuldvorwürfe gemacht, dass ich sie nicht oft genug besucht habe. Sie hat mir sogar die Diagnose erzählt und dass sie solche Angst vor der

Bestrahlung hat. Ich weiß bis heute nicht, warum ich nicht richtig reagiert habe, warum ich nicht intensiver bei ihr war. Wenigstens habe ich rechtzeitig meinen Bruder angerufen, der lebte in Norddeutschland, und gesagt, er solle kommen. Er meinte erst einmal, es wird schon nicht so schlimm sein, also er hatte das gleiche Phänomen von Verdrängung wie ich. Er ist dann aber doch gekommen, weil ich ihn so gebeten habe, Gott sei Dank, denn zwei Tage später ist sie dann gestorben. Aber wir hatten auch nicht geahnt, dass es in dieser Nacht sein würde, und deshalb war keiner von uns bei ihr, als es passierte. Wir haben sie am Tag vorher besucht, und da hat sie mir noch aufgetragen, ich solle eine Puppe besorgen. Meine Schwägerin war gerade mit ihrem zweiten Kind schwanger, und meine Mutter wollte deshalb eine Puppe haben, um sie dem Kind zu schenken, wenn es zur Welt kam. Sie hat also noch in die Zukunft geblickt. Deswegen habe ich mich wohl täuschen lassen. Und ich wollte mich wahrscheinlich auch täuschen lassen. Jedenfalls wollte ich es bis zuletzt nicht wahrhaben.«

Renate wollte ihrer Mutter das Krankenhaus ersparen. Sie wusste, dass sie Angst davor hatte. Renates Mutter war in ihrem Leben immer wieder gestürzt und hatte sich dabei manchmal auch schwer verletzt. Sie hatte sich jedoch immer geweigert, einen Arzt oder den Krankenwagen rufen zu lassen, aus Sorge, sie »käme dann nicht mehr raus«. Außerdem hatte Renate nicht den Eindruck, ihre Mutter würde in der Klinik gut versorgt: »Erst ging es ihr einigermaßen besser, und dann ist es innerhalb von wenigen Tagen gekippt. Meines Erachtens deshalb, weil die sie mit Medikamenten ruhig gestellt haben. Und weil die sie außerdem noch festgebunden haben, damit sie sich nicht an der Nase kratzen konnte, weil sie nicht begriffen haben, dass ihr die Kanüle in der Nase wehtat, weil ihre Nasenscheidenwände von den vielen Stür-

147

zen geschädigt und ganz empfindlich waren. Und durch dieses ewige Ruhenlassen kam es zu dieser Bettlungenentzündung und schließlich zum Tod. Ganz kurz vorher haben die Ärzte dann mit mir noch über aktive Sterbehilfe diskutiert.

Die haben gesagt, ab einem bestimmten Moment müsse man darüber nachdenken, ob man einen kranken Patienten noch weiterpflegt oder ob er nicht auch darauf Anspruch hat, dass diese Pflegemaßnahmen, wenn sie ihn offensichtlich nur noch quälen, eingestellt werden. Ich habe zu dem Zeitpunkt bereits überlegt, ich hole sie nach Hause und organisiere selbst eine Pflege. Dieses Gespräch hat mich darin dann nur noch bestärkt.«

Während Renate die private Pflege organisierte und schon mit einer Krankenschwester verhandelte, starb ihre Mutter. Nachträglich meint Renate: »Ich wäre wirklich bereit gewesen, sie nach Hause zu holen. Aber ich denke, ich habe damals nicht richtig eingeschätzt, was alles zu einer Rundumpflege gehört. Vor allen Dingen, da ich ja weiterhin berufstätig und selbständig bleiben wollte. Es war eine Mischung aus verschiedenen Motiven, warum ich dazu bereit gewesen wäre. Eine Kombination aus Mitleid, Pflichtbewusstsein und so etwas ganz Abstraktem wie, was man tut und was man nicht tut. Die Mutter in ein Pflegeheim abschieben, das tut man halt nicht. Und dazu kam, dass ich es auch deshalb nicht übers Herz gebracht hätte, weil ich ahnte, dass sie sich schon ihr Leben lang immer abgeschoben gefühlt hat.«

Als Margots Mutter tödlich erkrankte, lebte sie in einer gut 200 Kilometer entfernten Stadt. Margots Vater hatte, zusammen mit zwei Tanten, die Pflege zu Hause übernommen. »Es gab noch, kurz bevor sie zurück nach Hause gegangen ist, Diskussionen mit dem Krankenhaus, die wollten noch eine Rückenoperation durchführen. Da haben wir gesagt, nein, das bringt doch überhaupt nichts mehr. Ihr Zustand war schon so schlecht. Und wir hatten das Gefühl, dass sie eher ein Versuchskaninchen sein sollte.«

Margot arbeitete die ganze Woche über in ihrem Beruf als Buchhändlerin und fuhr fast jedes Wochenende zu ihrer Mutter. Sie fühlte sich zerrissen zwischen ihrem Bedürfnis nach ein wenig Erholung und Privatleben und dem Bedürfnis, ihrer Mutter nahe zu sein: »Es war für mich ein Liebesbeweis. Ich wollte ihr zeigen: ›Ich bin da.‹ Ich wollte ein wenig so für sie da sein, wie sie für mich da war als Kind.« Während einige ihrer Freunde in Frage stellten, was das denn bringen solle, dass sie sich so überfordere, machten ihr umgekehrt ihre Verwandten den Vorwurf, sie tue nicht genug: »Ich wurde von denen zur Hauptverantwortlichen erklärt. Also die haben ganz schön Druck gemacht, ich sei doch die einzige Tochter, ich sollte doch jetzt wieder nach Hause ziehen und meine Mutter pflegen.«

Margot beschloss, erst einmal herauszufinden, was ihre Mutter selbst davon hielt: »Ich habe dann mit meiner Mutter drüber geredet und sie gefragt, ob sie denn findet, wir kümmern uns genug um sie oder nicht. Und sie hat gesagt, sie findet es schon in Ordnung, wie wir das machen. Aber ich hatte trotzdem sehr damit zu kämpfen. Ich hatte immer das Gefühl, ich mache zu wenig.« Im Gegensatz dazu fühlten sich ihre beiden Brüder weder selbst zuständig, noch wurden sie von anderen in die Verantwortung genommen: »Gegenüber meinen Brüdern wurde das gar nicht so formuliert. Der kleine Bruder hat sogar noch zu Hause gewohnt, aber der hat sich sehr rausgezogen, der war ganz oft in seinem Zimmer und hat sich um nichts gekümmert. Mein älterer Bruder hatte damals schon eine kleine Tochter und war von daher sozusagen abgesichert, er wurde einfach nicht so herangezogen.«

Trotz aller Gewissensbisse behielt Margot ihren Beruf und ihr Leben bei, denn es war ihr auch klar, dass sie es nicht verkraften würde, wieder finanziell von den Eltern abhängig zu sein, keine eigene Wohnung mehr zu haben, Tag und Nacht mit der Pflege beschäftigt zu sein und darüber hinaus auch noch den Männern – Vater und Bruder – den Haushalt führen zu müssen: »Ich wusste, dann werde ich wahnsinnig. Das war, glaube ich, so eine Art Selbstschutz, dass ich ganz stark gespürt habe, das ginge zu weit, daran würde ich zerbrechen. Ich hatte aber auch immer das Gefühl, ich müsste eigentlich. Im Nachhinein dachte ich auch schon mal, vielleicht hätte ich es einfach machen sollen, dann hätte ich nicht so lange an Schuldgefühlen zu knabbern gehabt.«

Als ihre Mutter schließlich nach zwei Jahren Krankheit starb, war Margot bei ihr zu Hause, aber nicht bei ihr. Die Kranke hatte die letzten Tage im Koma gelegen und starb eines Nachts, ohne dass es jemand mitbekam. Als der Vater bemerkte, dass seine Frau tot war, weckte er Margot. Sie bedauert bis heute, dass sie in diesem letzten Moment ihrer Mutter nicht anwesend war.

Bettinas Mutter litt an einer Art Knochenmarkkrebs, einer Krankheit, die sich lange hinziehen kann, und das war auch hier der Fall. Doch dann vertrug Bettinas Mutter plötzlich die Chemotherapie nicht mehr. Sie wurde erneut untersucht, und man stellte fest, dass eine Niere bereits nicht mehr funktionierte und sie Dialysepatientin bleiben würde. Nach drei Monaten Krankenhausaufenthalt hofften die Ärzte, sie könne noch nach Hause entlassen werden: »Es war klar, dass das jetzt schon ein ernsthaftes Stadium war, aber dass das so schnell gehen würde, damit haben die Ärzte nicht gerechnet, oder sie haben es vielleicht auch nicht gesagt, ich weiß es nicht genau. Sie selbst hat eigentlich die Hoffnung nicht aufgegeben, sie wollte unbedingt nochmal nach Hause. Doch ich habe mich zu der Zeit darauf eingestellt, dass sie aus dem Krankenhaus nicht mehr herauskommt.«

Als Bettina ihre Mutter kurz vor deren Tod besuchte, stand sie bereits unter starken Medikamenten: »Sie hatte keine Haare mehr, die waren von der Chemotherapie ausgefallen, und das sah schlimm aus. Und sie war völlig regrediert, sie hat sich benommen wie ein kleines Mädchen. Aber sie lächelte auch die ganze Zeit, ich fand das ganz unheimlich. Ich habe die Ärzte gefragt, was denn mit ihr los sei, und die meinten, das wären die Medikamente. Sie könnten sie auch niedriger dosieren, dann sei sie zwar fitter, aber dann habe sie auch Schmerzen. Da habe ich natürlich gesagt, nein, es ist besser, sie hat keine Schmerzen.«

Bettina begriff zu diesem Zeitpunkt, dass »es nicht gut aussah«. Trotzdem flog sie zurück in die Stadt, in der sie lebt. Sie wollte noch ein paar dringende Sachen erledigen und am darauf folgenden Donnerstagabend wieder zu ihrer Mutter fahren: »Dann riefen aber Donnerstag vormittags die Ärzte an und sagten, ich solle schnell kommen. Sie hatte Fieber bekommen. Und das war klar, wenn sie eine Infektion kriegt, stirbt sie, weil das Immunsystem einfach nicht mehr funktionierte.« Nun begann für Bettina der Wettlauf mit der Zeit. Sie hatte Glück, es gelang ihr, den Flug umzubuchen, sie kam nachmittags im Krankenhaus an und konnte die letzten Tage bei ihrer Mutter verbringen. Als sie am Sonntag starb, war Bettina bei ihr.

Auch Marion kam erst quasi im letzten Moment zu ihrer sterbenden Mutter. Auch sie lebte mehrere hundert Kilometer von ihr entfernt, und sie hatte keine Ahnung, wie ernst die Lage ihrer Mutter tatsächlich war: »Meine Mutter ist sehr schnell gestorben, innerhalb von drei, vier Tagen, am Gehirnschlag. Vierzehn Tage vorher hat sie schwer zu atmen angefangen und war extrem müde. Sie hat mir am Telefon immer gesagt, sie versteht das nicht, sie steht auf, frühstückt, ist müde, legt sich ins Bett und kann wieder schlafen bis zum Mittag. Also ist sie in das Spital, und da haben wir noch telefoniert. Als ich am nächsten Tag angerufen habe und meine Mutter sprechen wollte, da hat die Schwester gesagt: ›Das geht nicht, es geht ihr schlecht.‹ Und da bin ich zum ersten Mal sehr erschrocken.«

Marion bat darum, mit einem Arzt zu sprechen, wurde aber abgewimmelt. Eine Stunde später versuchte sie es erneut, und wieder war kein Arzt aufzutreiben: »Da bin ich aus Unruhe richtig zornig geworden und habe gesagt: ›Ich warte jetzt und Sie bringen mir den Arzt her!‹ Nach fünf Minuten ist ein Arzt an den Apparat gekommen und hat gestammelt, sie ist nicht mehr auf der Abteilung, sie ist auf der Intensivstation und sie wüssten nicht, ob sie die Nacht überlebt. Und dann habe ich gesagt: ›Heißt das, ich muss sofort kommen?‹ Und da meinte er schließlich, er an meiner Stelle würde kommen.«

Marion war völlig fassungslos. Ihre Mutter hatte ihr beim letzten Telefonanruf erzählt, sie habe Herzasthma. Marion wusste zwar nicht, was genau das sein sollte, aber es war ihr klar, dass man daran nicht stirbt. In jedem Fall informierte sie ihre Kolleginnen auf der Arbeitsstelle, dass sie sofort zu ihrer Mutter fahren müsse, und setzte sich ins Auto. Obwohl sie ohne zu zögern handelte, glaubte Marion bis zuletzt nicht, dass ihre Mutter wirklich sterben würde. Als sie im Krankenhaus ankam, lag ihre Mutter bereits im Koma, doch Marion konnte bis zum letzten Moment bei ihr sein.

Christel (Jahrgang 1948, Sachbearbeiterin in der Immobilienbranche) wurde durch das Verhalten ihrer todkranken Mutter in einen qualvollen Zwiespalt versetzt: Sie liebte ihre Mutter und wollte sie nicht verlieren. Ihre Mutter aber wollte sterben, und das schon sehr viel länger, als die Tochter

152

wusste: »Sie hatte gerade mit dem Wechsel angefangen und sehr häufig Kopfschmerzen. Und dann fingen auch die Depressionen an. Sie hat Tabletten genommen, gegen die Kopfschmerzen und gegen die Depressionen, Unmengen von Tabletten. Man hat aufgrund ihrer Nierensituation nachweisen können, dass sie in den letzten fünf Jahren vor der Krankheit soundso viele Tabletten genommen haben muss, weil die Nieren so geschädigt waren. Also sie hat sich selbst vergiftet, das ist unwiderlegbar. Nur, das wollte niemand wahrhaben. Sie hat uns Geld in die Hand gedrückt und gesagt: ›Geh in die Apotheke, hol Kopfwehpulver.‹ Und dann hat man zehn geholt und gar nicht gecheckt, dass man nach zwei Tagen schon wieder zehn holte. Sie hat wohl auch Valium gekriegt, zum Schlafen oder was weiß ich. Wenn man nicht mehr zu Hause wohnt, dann weiß man ja diese Dinge alle nicht.«

Christel pflegte zu der Zeit ihre schwer kranke Großmutter und hatte ihren Mann und zwei Söhne zu versorgen. Die Großmutter stand ihr emotional schon lange nicht mehr nahe, doch sie fühlte sich verpflichtet, die Frau, die sie als Kind aufgezogen und ihr eine Ausbildung ermöglicht hatte, zu versorgen. Dieselbe Großmutter aber hatte ihre Schwiegertochter, Christels Mutter, nach dem Tod ihres Sohnes aus dem Haus gejagt: Sie hatte ihr nie verziehen, dass sie mit ihrem Sohn schon vor der Hochzeit zwei Kinder gehabt hatte. Als auch Christel ein uneheliches Kind bekam, verstieß sie die Enkelin wie zuvor die Schwiegertochter. Christels Mutter, die durch diese Frau Kummer und Demütigungen erfahren hatte, hatte sich ihrer eigenen Tochter gegenüber ganz anders verhalten: Sie hatte sie unterstützt und das Kind betreut, damit Christel arbeiten gehen konnte. All das spielte für Christel zumindest unbewusst eine Rolle, als neben der kranken Großmutter auch die Mutter plötzlich Anlass zur Besorgnis gab. Christel, die sich ihr Leben lang als »Macherin« sah, als die Tüchtige, die jede Situation irgendwie meistert, stand nun vor einer objektiven Überforderung, die sie sich jedoch nicht eingestand. Und so übersah sie die Tabletten, die sich auf dem Nachttisch der Mutter häuften.

Dazu kam, dass ihre Mutter sich lange Zeit weigerte, sich ärztlich untersuchen zu lassen. Als sie erfuhr, dass sie an die Dialyse müsste, ignorierte sie den Befund und verschwieg ihn ihrer Familie. Erst als es fast schon zu spät war, stellten die Ärzte in der Klinik ihren lebensgefährlichen Zustand fest. Und auch jetzt noch tat sie alles, um eine Rettung zu verhindern: »Sie hat immer alles innerlich abgelehnt, sie wollte das alles nicht, weil sie im Grunde nicht leben wollte. Aber sie war auch so dominant, dass man nicht sagen konnte, du musst jetzt etwas tun, sie hat sich da nicht reinreden lassen. Das hat natürlich immer zu Konflikten zwischen uns geführt, weil ich eine bin, die sagt, da findet man eine Lösung, und da tut man etwas dagegen. Und sie hat immer gesagt: ›Du bist so nervig, lass mich in Ruhe!‹ Das ist natürlich eine Gratwanderung zwischen Liebe und Vernunft, vor allem auch weil mein (Stief-)Vater immer gesagt hat, wenn die Mama nicht will, dann will sie das nicht. Der hat das nicht begriffen, dass das Nichtwollen damit endet, dass sie stirbt. Das war ein wilder Kampf. Das hat alles über ein Jahr gedauert, und die ganz schlimme Zeit so etwa ein halbes Jahr, vom Herbst an. Im Februar ist sie dann gestorben.«

Brigitte (Jahrgang 1927, Schauspielerin) hing nicht nur emotional an ihrer Mutter, sie war auch ihr Leben lang von ihr abhängig. Die Mutter zog Brigittes Kinder groß, während sie selbst, nach der Scheidung, ihren Lebensunterhalt verdiente. Als Schauspielerin war Brigitte viel unterwegs, sie arbeitete an verschiedenen Bühnen und Drehorten und war deshalb häufig nicht zu Hause. Als Brigittes Mutter einige Wochen vor ihrem Tod ins Krankenhaus musste, machte sie sich große Sorgen um das finanzielle Überleben der Tochter. Sie sprach mit Brigitte darüber, dass sie möglicherweise sterben müsste, und bat sie, gemeinsam darüber nachzudenken, was dann aus ihr und den Kindern werden würde. Brigittes älteste Tochter war zu dem Zeitpunkt hochschwanger. Sie war aus den Vereinigten Staaten, wo sie lebte, in ihre Geburtsstadt gekommen, um mit Mutter und Großmutter Weihnachten zu feiern und das Kind hier zu bekommen. Und sie hatte ihren Lebensgefährten, den Vater des zukünftigen Kindes, mitgebracht, weil sie ihn den beiden Frauen vorstellen wollte. Die Großmutter aber weigerte sich, den Mann zu sehen, denn er ist schwarz. Dieselbe Frau, die während des Krieges Juden versteckt hatte, konnte sich, so ihre Tochter, »einfach nicht an den Gedanken gewöhnen, dass ihre helle blonde Enkelin mit einem so schwarzen Mann zusammen war«. Die Tatsache, dass die Großmutter todkrank war, mag die Situation deeskaliert haben. Über die Gefühle ihrer Tochter oder ihres Schwiegersohnes konnte Brigitte jedoch keine Angaben machen.

Brigittes Mutter litt an Blasenkrebs. Nach Ansicht Brigittes war sie durch die ständigen schmerzhaften und anstrengenden Untersuchungen so geschwächt worden, dass sie viel früher starb, als es dem Krankheitsbild nach hätte sein müssen. Über Weihnachten durfte die Kranke nach Hause, doch dann musste sie zurück in die Klinik. Tochter und Enkelin durften nur zu den festgesetzten Besuchszeiten in die Klinik kommen. Auch als es der Patientin sichtlich schlechter ging, wurde ihnen nicht erlaubt, länger bei ihr zu bleiben. An einem Abend kurz nach Weihnachten setzten bei Brigittes Tochter die Wehen ein, Brigitte brachte sie ins Krankenhaus, ein anderes als das, in dem ihre Mutter lag. Am nächsten Morgen fuhr Brigitte erst zu ihrer Tochter und dem Neugeborenen. Anschließend eilte sie in die Klinik, in der ihre Mutter untergebracht war: »Das Zimmer war leer. Ich habe eigentlich schon geahnt, was passiert ist. Ich habe versucht, eine Schwester zu erreichen, aber morgens ist das schwer, die Schwestern sind sehr beschäftigt. Und dann traf ich doch noch jemanden, der mir sagte, sie sei in der Nacht gestorben und ich könne sie nicht mehr sehen, sie sei schon in dem Eiskasten. Also ich war sehr aufgeregt, und zum Glück ist mir ein junger Pfarrer entgegengekommen, und den habe ich gepackt und gesagt: ›Ich will meine Mutter noch sehen!‹ Der war sehr nett, wir sind im Dauerlauf durch diese unterirdischen Gänge gelaufen. Ich wusste ja gar nicht, wo das ist, wo die Toten hinkommen. Und als wir dort waren, wollte man mich nicht reinlassen. Der nette Pfarrer hat mir aber geholfen. Dann hat man sie herausgeholt, sodass ich sie wenigstens noch sehen konnte. Heute ist man viel entgegenkommender, aber damals war man scheußlich, was nicht erlaubt ist, ist nicht erlaubt. Mir tut es immer noch weh, dass meine Mutter keine Wärme spüren konnte, als sie gegangen ist, dass sie so alleine war, ich hätte doch in der Nacht bei ihr sitzen können.«

Inge (Jahrgang 1952, Lehrerin) war 13 Jahre alt, als ihre Mutter Selbstmord beging: »Es kam für mich nicht überraschend. Es war nicht ihr erster Selbstmordversuch. Beim ersten habe ich sie gefunden. Sie hat Tabletten genommen. Als sie dann tatsächlich gestorben ist, habe ich sie nicht mehr gesehen. Sie hat wieder Tabletten genommen, aber weil sie ja erlebt hatte, dass das nicht reicht, hat sie sich zusätzlich in eine mit warmem Wasser gefüllte Badewanne gelegt. Und ich stelle mir vor, dass sie dann langsam in dieses warme Wasser gerutscht ist. Es war ein Samstag, ich kam aus der Schule, und es war niemand zu Hause. Ich habe gewusst, sie ist tot. Es hat mir niemand gesagt, ich habe es einfach gewusst. Stunden später kam dann mein Vater aus dem Krankenhaus und hat es mir gesagt. Aber das war gar nicht erforderlich, ich habe es ohnehin gewusst.«

Inge geht heute, 35 Jahre später, betont vernünftig mit dem »Ereignis« um, das für eine Dreizehnjährige traumatisch oder doch zumindest schockierend gewesen sein muss. Sie sagt, es sei ihr klar gewesen, warum ihre Mutter »nach 17 Jahren einer qualvollen Ehe« nicht mehr leben wollte: »Das Bild meiner Eltern, das ich immer hatte, war: mein Vater als schreiendes, polterndes Ungeheuer und meine Mutter hilflos weinend daneben. Ich wusste, wo ich hingehörte, ich hab nämlich neben meiner Mutter gestanden und dann aus Solidarität mitgeheult. Widerstand gab's von ihr nicht. Von mir zunächst mal, als ich klein war, auch nicht, später dann schon. Und von daher war mir das so klar, dass sie keinen Ausweg mehr gesehen hat, dass sie keinen anderen Weg für sich gefunden hat. Insofern war ich nicht überrascht.«

Inge gibt ihrem Vater nicht nur die Schuld am Tod seiner Frau, sondern auch daran, dass ihre Mutter über Jahre hinweg immer wieder als »schizophren« psychiatrisiert wurde: »Ich habe erlebt, wie diese Medikamente sie gedämpft haben. In der Zeit ist sie dann auch dick geworden, logischerweise. Man hat ihr die Aggressionen genommen, statt dass man ihr geholfen hätte, sie mal rauszulassen. Der Erfolg der Therapie war, dass sie dann am Wochenende in die krankmachenden Verhältnisse nach Hause geschickt wurde, eben zu diesem Ehemann. Mein Vater galt als positiver Ehemann, weil er sie ja besuchen kam. Auf den Gedanken, dass er der Grund für ihren Zustand sein könnte, ist man dort in der Psychiatrie überhaupt nicht gekommen.«

Inge sagt, sie habe den Tod der Mutter ganz gut verkraftet. Zum einen, weil sie ihre Motive verstehen konnte, zum anderen, weil sie selbst sich zu der Zeit gerade »im pubertären Ablösungsprozess von ihr« befand. Und, last but not least, weil sie bis dahin eine schöne und liebevolle Beziehung zu ihr gehabt hatte: »Ich hatte eigentlich nie das Gefühl, dass ich sie verloren habe. Das Verhältnis war sehr eng, sodass ich das Positive, das ich von ihr bekommen habe, auch in mir gespürt habe und sie dadurch nicht wirklich weg war. Also das geht bis heute, dass ich denke, sie trägt mich auch ein Stück weit.«

Die meisten Mütter der Töchter, die ich interviewte, starben an Krebs. Und die Mehrheit von ihnen starb im Krankenhaus. Die Bedingungen in den jeweiligen Kliniken erlebten die einzelnen Frauen sehr unterschiedlich. Renate, Brigitte und Marion vermuten, ihre Mutter hätte länger leben können, wenn man ihren Zustand richtig diagnostiziert beziehungsweise sie anders behandelt hätte. Margots Familie hatte den Verdacht, die Mutter solle als Versuchskaninchen missbraucht werden, und holte sie deshalb aus dem Krankenhaus. Bettina dagegen erlebte das Krankenhauspersonal als kompetent, freundlich und hilfsbereit. Während Brigitte zu Beginn der Achtzigerjahre außerhalb der Besuchszeiten abgewiesen wurde und deshalb ihrer Mutter nicht beistehen konnte, durfte Bettina am Ende der Neunzigerjahre im Krankenzimmer der Mutter bleiben, so lange sie wollte. Auch Marion, Monika und Christel konnten unabhängig von den Besuchszeiten in das Sterbezimmer der Mutter kommen. Seit einigen Jahren hat sich in den Kliniken der Umgang mit den Angehörigen offenbar gewandelt. Bettina berichtet, die Schwestern brachten ihr sogar Kaffee und etwas zu essen. Die meisten Frauen konnten ihre Mutter noch einmal sehen, auch wenn sie bei deren Tod nicht dabei waren. Brigitte musste noch regelrecht darum kämpfen, doch selbst im Falle von Anna, deren Mutter bereits in den Sechzigerjahren starb, waren es die Angehörigen und nicht das Krankenhauspersonal, die ihr davon abrieten, die tote Mutter zu sehen.

Mehrere Töchter sagten aus, sie hätten bis zuletzt nicht wahrhaben wollen, dass ihre Mutter ernstlich krank war beziehungsweise wirklich sterben würde. Margot erinnert sich, dass sie nicht akzeptieren konnte, dass ihre Mutter, die doch die ganze Familie zusammengehalten hatte, einfach »verschwinden«, das heißt, sie im Stich lassen könnte. Beate sah ihre Mutter ihr Testament schreiben, und dennoch gelang es ihr, die Realität bis zuletzt zu verdrängen. Christel begriff erst, als es bereits zu spät war, dass ihre Mutter dabei war, sich systematisch selbst zu vergiften, während Bettina sich vorwirft, sie habe ihre Mutter, als sie wirklich krank war, lange Zeit nicht ernst genommen, da ihre Mutter vorher zu oft versucht hatte, die Tochter durch Krankheiten zu häufigeren oder längeren Besuchen zu »erpressen«. Die Töchter, die wie Sonia oder Anna noch ein Kind oder eine Jugendliche waren, als ihre Mutter starb, wussten zwar, dass die Mutter sehr krank war, wurden jedoch von ihrem Tod dennoch überrascht und »völlig aus der Bahn geworfen«. Und selbst Marion, die vom behandelnden Arzt ihrer Mutter den Rat bekam, möglichst schnell zu ihr zu kommen, reagierte auf das reale Ereignis des Todes mit völliger Fassungslosigkeit.

Gefühle sind langsam. Das Bedürfnis, von einer liebenden Mutter umsorgt und beschützt zu werden, verlässt uns auch dann nicht, wenn wir längst erwachsene Frauen sind, die selbst andere umsorgen und beschützen. Wir nehmen dieses Bedürfnis häufig nicht bewusst wahr. Und wenn unsere Beziehung zur Mutter problematisch oder gar feindselig ist, denken wir, wir hätten diese für uns unerreichbaren Sehnsüchte längst begraben. Doch in dem Moment, in dem wir die letzte Möglichkeit verlieren, dieses Bedürfnis endlich oder weiterhin befriedigt zu bekommen, sehnen wir uns vermutlich so heftig danach, wie wir es zuletzt als Kinder taten.

Und können nicht akzeptieren, dass die Mutter gerade dabei ist, uns tatsächlich für immer zu verlassen.

Ich habe mit keiner Tochter (mit Ausnahme von Inge) gesprochen, die nicht froh war, dass sie in den letzten Stunden ihrer Mutter bei ihr sein konnte, oder die es nicht bedauerte, wenn ihr das nicht möglich war. Töchter, die zuvor ihr oft sehr schwieriges und in jedem Fall ambivalentes Verhältnis zu ihrer Mutter schilderten, erzählen voller Rührung, Achtung, Mitleid und Trauer von deren Tod. Bettina, die sich einst Arbeit auf einem anderen Kontinent gesucht hatte, nicht zuletzt, um endlich genügend Abstand zu ihrer Mutter zu bekommen, berichtet, dass sie auf dem Weg zu ihrer sterbenden Mutter den ganzen Flug über schreckliche Angst hatte, sie könnte zu spät kommen. In diesem Augenblick wurde ihr bewusst, wie wichtig es für sie war, bei ihrer Mutter zu sein, sie in den Tod zu begleiten. In diesem Wunsch liegt wohl auch eine letzte Hoffnung auf Aussöhnung, darauf, von der Mutter angenommen zu werden, und darauf, ihr die eigene Liebe und Zuneigung, die hinter allen Konflikten existent blieb, zu zeigen, bevor es für all das zu spät ist.

7 Tod und Abschied:
»Ich habe ihre Hand gehalten«

Die Aussagen der Frauen, die ich interviewte, und auch meine eigene Erfahrung widersprechen deutlich dem, was in der einschlägigen Fachliteratur zu lesen ist: dass die modernen Menschen nicht mit Sterbenden umgehen könnten, davor zurückscheuten, sie zu berühren oder überhaupt in ihrer Nähe zu sein. Der Philosoph Norbert Elias zum Beispiel konstatiert »eine eigentümliche Verlegenheit der Lebenden in der Gegenwart eines Sterbenden« und vermutet: »Gegenwärtig haben die den Sterbenden verbundenen Menschen wohl oft nicht mehr das Vermögen, ihnen Halt und Trost zu geben durch den Beweis ihrer Zuneigung und Zärtlichkeit. Sie finden es schwer, Sterbenden die Hand zu drücken oder sie zu streicheln.«[88]

Das mag auf Menschen zutreffen, die zu dem oder der Sterbenden keine enge persönliche Beziehung haben, oder auf sehr junge Menschen. Oder auf Männer. Frauen, die über den Tod ihrer Mutter entweder selbst schrieben oder in Form von Interviews Auskunft gaben, berichten fast unisono, sie hätten mit ihrer sterbenden Mutter gesprochen, sie gestreichelt und ihre Hand gehalten. Geburt und Tod waren in vielen Kulturen ausschließlich Frauenangelegenheit. Die Frauen brachten die Kinder mit Hilfe anderer Frauen zur Welt und bereiteten die Toten auf ihren letzten Weg vor. In einigen Kulturen und Regionen ist das noch immer so. Nicht nur in Griechenland gibt es Frauen, die während des Begräbnisses Leben und Tod des Verstorbenen besingen und durch lautes Klagen um ihn trauern.[89] Auch in Tirol konnte man noch in den Sechzigerjahren des 20. Jahrhunderts für das Begräbnis Klageweiber »mieten«. In einigen Dörfern der Eifel, berichten zwei meiner Interviewpartnerinnen, gibt es noch immer Frauen, die in das Sterbehaus kommen, um die oder den Toten zu waschen, herzurichten und aufzubahren. Danuta berichtet, dass in dem Dorf in Polen, in dem sie aufwuchs, ihre Mutter Hebamme war und gleichzeitig für die Toten zuständig: »Sie war eine Meisterin im Ritual des Abschieds, sie hat die Dekoration arrangiert, das Blumengesteck, all das. Sie hat auch manchmal der Familie der Toten beim Waschen der Leiche geholfen. Und sie hat den Rosenkranz gebetet. Dieser Rosenkranz muss jeden Tag gebetet werden, drei, vier Tage lang, da versammelt sich das ganze Dorf, um Abschied zu nehmen. Das ist eine schöne Tradition, denn nach dem Rosenkranz haben sie einen Moment zusammen gesessen und über die Tote gesprochen. Sich an sie erinnert, was hat sie gemacht, ich hab mit ihr dies und jenes erlebt und so weiter.«

Frauen in einer Großstadt sind mit solchen Ritualen meist nicht mehr vertraut, und sie fühlen sich auch nicht für das Herrichten der Leiche zuständig. Dennoch fällt auf, dass Frauen offenbar einen selbstverständlicheren und spontaneren Umgang als Männer mit Sterbenden und Toten pflegen, zumindest mit solchen, zu denen sie eine persönliche Beziehung haben oder hatten. Es waren auch meist Frauen, die Sterbende versorgten, pflegten und trösteten, und daran hat sich nicht allzu viel geändert. Begriffe wie »Zärtlichkeit«, »Nähe«, »Streicheln« und »Liebesdienst« fielen in den von mir geführten Interviews häufig. Von einer Scheu vor der Sterbenden oder gar von Ekel oder Abneigung berichtet keine meiner Gesprächspartnerinnen. Eine Frau wollte die Leiche ihrer Mutter nicht sehen, doch sie wäre bei deren Tod gerne anwesend gewesen. Eine andere fühlte sich angesichts der Kälte der Leiche an die Kälte der lebenden Mutter erinnert, unter der sie immer gelitten hatte. Doch auch diese Frau hatte das Bedürfnis, die Tote zu berühren. Es mag sein, dass einzelne Frauen negative Gefühle, die sie der Sterbenden gegenüber empfunden hatten, im Gespräch mit mir verschwiegen. Wer wollte schon zugeben, dass sie sich vor der eigenen Mutter ekelte? Doch die Berichte meiner Interviewpartnerinnen zum Thema Sterbebett und Tod der Mutter sind in den meisten Fällen differenziert und detailliert, und dieselben Frauen hatten zuvor sehr offen auch von ihren Schwierigkeiten mit der Mutter gesprochen. Ich gehe deshalb davon aus, dass das, was sie über ihr Verhalten der Sterbenden oder Toten gegenüber berichten, der Wahrheit entspricht.

Barbara Dobrick berichtet in ihrem Buch »Wenn die alten Eltern sterben« über eine Art von Verlegenheit und Scheu am Sterbebett, die auch einige der von mir interviewten Frauen kennen lernten: »Wir meinen (…), nicht zeigen zu dürfen, dass es uns anstrengt, uns dauernd um Vater oder Mutter zu kümmern, dass die Zeit mit ihnen uns für anderes fehlt, für das Zusammensein mit Mann, Frau und Kindern, für die Arbeit und für unsere Entspannung. Wir sagen nichts von unserer Angst und Hilflosigkeit. Im Gegenteil, um sie zu beruhigen, erwecken wir den Eindruck, wir kennten uns aus mit den letzten Dingen des Lebens, die uns so fremd sind und uns zutiefst erschrecken. Indem wir uns selbst in Schweigen hüllen, bringen wir uns und sie um die letzte Möglichkeit, uns zu verständigen, uns zu verstehen.«[90]

Warum sprechen wir nicht offen mit der sterbenden Mutter? Nicht nur über unsere Angst und Unsicherheit, sondern auch über unsere Beziehung zu ihr? Warum sagen wir nicht im buchstäblich letzten möglichen Augenblick endlich all das, was wir ihr schon immer sagen wollten? Für viele von uns gilt vermutlich die Antwort: Worüber man mit einer Frau im Vollbesitz ihrer Kräfte nicht reden konnte, darüber kann man sich schon gar nicht mit einer Todkranken auseinander setzen. Menschen, die bereits vom Tod gezeichnet sind, flößen uns gleichzeitig Respekt und Mitgefühl ein. Der Tod ist eine archaische Macht, die imstande ist, vieles, das uns unendlich wichtig erscheint, (vorläufig) einfach wegzuwischen. Querelen, Verletzungen, Verärgerungen, die uns noch auf der Seele brannten, solange die Mutter gesund und stark war, verlieren während des Sterbeprozesses an Bedeutung. Gleichzeitig fühlen wir uns hilflos angesichts einer Situation, die wir weder beeinflussen noch entdramatisieren können. Es hat keinen Sinn, einer Sterbenden zu sagen: »Es wird schon wieder gut.« Dazu kommt bei vielen die Verunsicherung darüber, ob der Kranken bewusst ist, dass sie sterben wird, ob sie ihr »Todesurteil« kennt oder ob sie sich gegen alles bessere Wissen nicht doch noch Hoffnung macht. Also tun wir so, als hofften auch wir, oder verhalten uns zumindest nicht so, als würden wir mit dem Tod rechnen. Außerdem, darauf verweist Bettina aus ihrer Erfahrung, ist es im Krankenhaus aus räumlichen Gründen oft gar nicht möglich, ungestört miteinander zu sprechen.

Die Macht des Todes drückt sich auch darin aus, dass Prioritäten, die unser Leben bestimmen, sich, zumindest zeitweise, verschieben. Mehrere der Frauen, die ich interviewte, sind an das Sterbebett ihrer Mutter geeilt, obwohl sie berufstätig waren und ihre Arbeit nicht ohne weiteres im Stich lassen konnten. Sie blieben auch, wenn sie es durften, im Krankenzimmer oder, wenn die Sterbende zu Hause war, in ihrer

Nähe. Und sie sprachen, wie Barbara Dobrick bemerkt, tatsächlich nicht über die Unbequemlichkeiten und Einschränkungen, die das für sie bedeutete. Doch sie nahmen sich das, was sie brauchten, um weiter funktionieren zu können. Eine Frau, die wusste, sie würde ein Rückenleiden davontragen, wenn sie nächtelang auf einem Stuhl im Krankenzimmer saß, ging nachts nach Hause, um im Bett zu schlafen. Sie hatte Gewissensbisse und Angst, dass ihre Mutter gerade in diesen Stunden sterben könnte, doch sie riskierte es. Eine andere Frau hielt es nie lange aus, bei der Mutter zu sitzen, die im Koma lag. Sie verließ das Krankenzimmer immer wieder und kehrte dann zurück. Eine andere Frau, deren Mutter zu Hause lag, versäumte den Augenblick ihres Todes, weil sie zu diesem Zeitpunkt gerade schlief. Auch ich war gerade eingeschlafen, als meine Mutter starb. Ich hatte das Angebot meines Vaters, nachts zu schlafen, angenommen, weil ich nicht gewusst hätte, woher ich die Kraft nehmen sollte, mehrere Nächte lang wach zu bleiben. (Mein Vater, der älter und gebrechlicher ist als ich, hatte diese Kraft.)

Wir, die Frauengenerationen der Nachkriegszeit, haben gelernt, auf unsere eigenen Bedürfnisse zu achten, und sind nicht mehr zu grenzenloser Selbstaufopferung bereit. Doch wir sind in der Lage, uns selbst zurückzustellen und unser Leben zeitweise so umzuorganisieren, dass wir für unsere sterbende Mutter da sein können. Es waren in den Familien der Frauen, die ich interviewte, immer die Töchter und nie die Söhne, die sich um die todkranke Mutter sorgten und kümmerten und den Vater, so er noch lebte, unterstützten. Wir übernehmen also noch immer die Verantwortung für Geburt und Tod, wenn auch in einem viel eingeschränkteren Maße und auch mit weniger Kompetenzen als in früheren Zeiten. Und wir haben ein schlechtes Gewissen, wenn wir nicht »genug« tun. Wir schwanken zwischen den moralischen Ansprüchen, die an uns gestellt werden, oder den Ansprüchen, die eine Tochter, die ihre Mutter liebt und von ihr geliebt wurde, an sich selbst stellt, und unserer Realität als berufstätige, weit von der Mutter entfernt lebende und oft doppelbelastete Frauen. Margot, die jedes Wochenende mehrere hundert Kilometer zu ihrer todkranken Mutter fuhr, sagte: »Ich wollte ihr ein wenig von dem zurückgeben, was sie für mich getan hatte.« Aber wir können nicht alles zurückgeben.

Umgekehrt erlebten einige Frauen zum ersten Mal Mitleid und Rührung für eine Mutter, unter der sie ihr Leben oder zumindest viele Jahre lang gelitten hatten. In dem Moment, in dem die übermächtige und herrschsüchtige Mutter schwach und hilflos oder auch bereits tot war, konnte ihre Tochter sich ihr erstmals sozusagen gefahrlos nähern. Die Umkehr der Rollen – die Mutter war der Tochter ausgeliefert und von ihrem Wohlwollen, ihrer Hilfe abhängig – verführte die Töchter, mit denen ich gesprochen hatte, nicht zu Grausamkeit oder dem Bedürfnis, endlich Revanche zu nehmen. Im Gegenteil, sie empfanden Liebe und Zuneigung zu der Sterbenden oder gerade Gestorbenen und eine Nähe, die sie im Leben zu ihr nicht gehabt hatten.

Bettina, der es gelungen war, in den letzten Jahren vor dem Tod ihrer Mutter ein entspannteres und liebevolles Verhältnis zu ihr aufzubauen, konnte mit ihr, als sie noch nicht sterbenskrank war, über mögliche Probleme im Falle ihres Todes sprechen. Sie machte mit ihr eine Patientenverfügung und fragte sie, wo sie begraben werden möchte und wie sie das Begräbnis gerne hätte. Als jedoch der Zeitpunkt des Todes tatsächlich nahte, war es für sie nicht mehr möglich, offen über schwierige Dinge zu sprechen. Die Situation im Krankenhaus machte im Grunde jede Art von ernsthaften Gesprächen unmöglich: »In der ersten Zeit war ich nicht oft genug da. Und dann, du bist ja nie alleine. Es ging am Anfang mal, da konnte ich sie noch in einen Rollstuhl setzen und dann irgendwohin mit ihr fahren, wo man ein bisschen alleine war. Bei schönem Wetter habe ich sie manchmal in den Park geführt, oder es gab da auch eine Bibliothek, da waren wir ab und zu alleine. Aber danach war auch das nicht mehr möglich, da konnte sie ja nur noch im Bett liegen. Und in so einem Zimmer, wo noch zwei, drei andere liegen, da führst du solche Gespräche nicht. Das ging erst wieder, als sie in das Einzelzimmer kam. Aber da stand sie schon so stark unter Medikamenten, dass ich nur hoffen konnte, dass sie irgendetwas von dem mitkriegte, was ich sagte. Ich hatte hinterher den Eindruck, dass zwischen uns vieles unausgesprochen geblieben ist.«

Bettina hätte gerne »richtig« Abschied von ihrer Mutter genommen. Das hätte für sie bedeutet, »dass wir vielleicht auch über unsere Beziehung gesprochen hätten, denn die war nicht die einfachste. Dass man nochmal Bilanz zieht und sich vielleicht ein paar Sachen gegenseitig verzeiht.« Doch sie fügt auch selbstkritisch hinzu: »Aber das war irgendwie nicht möglich. Ich will gar nicht sagen, dass das nur an ihr lag, dass sie das nicht akzeptieren wollte, sondern davor hatte auch ich Angst, das fand auch ich sehr schwer. Ich weiß nicht, ob wir das hingekriegt hätten, auch wenn die äußeren Bedingungen dafür günstiger gewesen wären.« Am Ende, als ihre Mutter schon im Koma lag, erzählte Bettina ihr »einfach alles, was mir durch den Kopf ging«, auch »dass sie mich jetzt alleine lässt«. Erst als eine Auseinandersetzung nicht mehr möglich war, wagte sie es, die schmerzhaften Dinge auszusprechen.

Bettina beschreibt ihr eigenes Verhalten nüchtern und realistisch. Sie ertrug es zum Beispiel nicht, ständig bei ihrer Mutter zu sitzen: »Ich bin die erste Nacht dort geblieben, hatte aber nur einen Stuhl, also nichts, wo ich mich richtig hinlegen konnte. Ich habe eine kaputte Bandscheibe und dachte, wenn ich das jetzt jede Nacht mache, kann ich nachher nicht mehr laufen. Ich bin dann immer abends hin und bis – was weiß ich – zwölf, ein Uhr nachts geblieben und dann mittags nochmal für ein paar Stunden hin. Ich musste auch einfach ab und zu raus.« Sie hatte deswegen nicht nur ein schlechtes Gewissen, sondern auch Angst, den entscheidenden Moment zu verpassen. Doch ihre Sorge erwies sich als unbegründet: »Ich bin Sonntag nachmittags hin, und eine Stunde später ist sie gestorben. Irgendwie hatte ich das Gefühl, sie hat darauf gewartet, dass ich komme. Und ich bin so froh, dass ich da war.«

Den Tod selbst erlebte sie als »unspektakulär«: »Das war nicht dramatisch, ihr Atem ist einfach weniger geworden. Sie hat einmal nach Luft geschnappt, und da rief die Krankenschwester einen Arzt dazu. Der hat nochmal kontrolliert und dann gesagt: ›Jetzt geht es zu Ende.‹ Und dann ist sie eigentlich ganz friedlich hinübergegangen. Das ist schon beeindruckend. Das war das erste Mal, dass ich das mitgekriegt habe, wie ein Mensch stirbt. Du stehst davor und denkst: Das war es jetzt! Eigentlich habe ich etwas Dramatischeres erwartet. Aber es war nur ein Übergang, wobei gar nicht klar war, ab wann es ganz zu Ende war.«

Marion musste mehrere hundert Kilometer aus der Stadt, in der sie lebte, an das Sterbebett ihrer Mutter fahren. Als sie ankam und ihre Mutter sah, war ihr sofort klar: »Sie ist wirklich am Sterben. Ich hatte noch nie einen komatösen Menschen gesehen, aber man merkte, die Aura geht irgendwie weg. Also ich musste mich damit befassen, dass sie stirbt, das war sofort sichtbar.« Marion fiel das nicht leicht. Sie fühlte sich überrumpelt und überfordert: »Meine Mutter, die so lebendig war und eigentlich sehr dominant, still da liegen zu sehen, das war wie ein Donnerschlag. Ich bin innerlich hochgehoben worden, dann hat es mich umgedreht, und dann bin ich wieder auf den Füßen gelandet und habe zu weinen angefangen. Und das Schrecklichste, glaube ich, war, dass ich mich sofort mit ihr identifiziert habe: So schaut das also aus. Eines Tages liege ich im Bett und sterbe. Das hat für mich alles in Frage gestellt, ich dachte, wofür plage ich mich. Also ich war so erschüttert dass ich dachte, ich komme aus dem Zimmer nicht mehr raus, ich kann mich gleich hinlegen und auch sterben. Es hat mich, glaube ich, nichts so erschüttert wie dieser erste Anblick, die ersten drei Minuten, die haben mich so erschüttert, dass mein ganzes Vertrauen in dieses Leben weg war. In diesen Tagen hat mich nichts mehr erreichen können. Ich war wie abgeschottet; wenn meine Wohnung abgebrannt wäre, hätte ich gesagt: Na gut, brennt sie halt ab. Es war alles unwichtig. Es ging wirklich nur noch um Leben und Tod und um nichts anderes.«

Die Ärztinnen und Ärzte sagten Marion, dass man nicht weiß, was Komapatienten mitbekommen, dass man aber davon ausgehe, dass es ihnen angenehm sei, vertraute Stimmen zu hören. Marion solle am besten das machen, was ihr spontan am besten erscheine: »Ich habe ihr dann immer erzählt, dass sie sterben darf, dass es schon in Ordnung ist. Ich habe versucht, ihr die Erlaubnis zu geben. Aber kaum habe ich mich umgedreht und das Zimmer verlassen, habe ich gedacht, das ist doch nicht möglich, sie darf nicht sterben. Ich habe sie angeschaut und mir gedacht, das ist doch in Ordnung, ich bin 34, ich komme schon alleine zurecht. Und sie würde es gar nicht aushalten, behindert zu sein. Also, sie darf sterben, ich bin groß, ich bin erwachsen. Und kaum habe ich sie nicht gesehen, habe ich gedacht, sie soll da bleiben, es ist viel zu früh, dass sie geht. Ich weiß zwar nicht, wofür ich sie brauche, für das Leben, für den Alltag habe ich sie ja schon lange nicht mehr gebraucht, aber ich brauche sie einfach als Person auf dieser Welt. Ich bin immer so hin und her gegangen. Aber ich habe ihr auch erzählt, dass ich da bin. Und es tat auch gut, sie anzugreifen, denn sie war so vertraut. Ich habe ihr die Hand gehalten und sie im Gesicht gestreichelt, wobei meine Mutter ja eher distanziert war, es war mir nicht klar, ob ihr das überhaupt angenehm war. Deshalb habe ich einen gewissen Abstand gehalten. Ich habe sie vor allem an der Hand gehalten.«

Auch Marion fällt es, wie Bettina, schwer, ständig bei der Sterbenden zu sein: »Ich habe es nicht lange ausgehalten, maximal eine Viertelstunde, dann musste ich wieder gehen. Ich bin immer gegangen und gekommen. Ich habe diese Hilflosigkeit und auch dieses Ausgeliefertsein schlecht ausgehalten. Ich hatte immer das Gefühl, bei ihr bin ich vernünftig, so wie es unsere Beziehung auch war, und vor der Tür kann ich dann endlich unvernünftig sein. Da kann ich zusammenfallen. Und so bin ich immer zwischen dem Vernünftigen und dem innerlichen Zusammenbrechen hin- und herspaziert.«

Als ihre Mutter tatsächlich starb, war Marion nicht anwesend: »Ich habe das mit der Krankenschwester besprochen. Ich habe zu ihr gesagt: ›Wenn sie die Augen aufmacht, dann rufen Sie mich bitte an.‹ Da hat sie mich gefragt: ›Glauben Sie, dass Sie das aushalten?‹ Und dann habe ich gesagt: ›Ich glaube nicht, dass ich das aushalte.‹ Ich hatte das Gefühl, wenn meine Mutter mich so anschaut, trifft mich der Schlag. Sie hat die Augen nicht mehr aufgemacht und ist dann gestorben. Ich wurde sofort angerufen und bin sozusagen respektvoll danebengestanden. Das, was vorher noch da war, die Seele oder Aura, das war weg. Als sie im Koma lag, da war ein Flair über ihrem Körper, und ich wusste, da darf ich nicht hineingreifen, da würde ich etwas zerstören. Das war jetzt verschwunden. Und ich hatte das Gefühl, sie ist auch weg, sie gehört nicht mehr mir.«

Margot verbrachte die letzten Tage vor deren Tod mit ihrer Mutter, war jedoch nicht dabei, als sie starb. Sie war schon in den Monaten zuvor jedes Wochenende zu ihrer kranken Mutter gefahren, wissend, dass sie nicht mehr gesund werden würde. Es gelang jedoch weder ihr noch ihrer Mutter, diese Zeit zu nutzen, um sich auszusprechen und um Abschied voneinander zu nehmen: »Ich bedaure das sehr, dass wir nicht mehr offen reden konnten über die schönen wie auch die problematischen Sachen. Ich habe eher immer versucht, noch schöne Sachen mit ihr zu unternehmen und ihr Mut zu machen. Doch über das, was eigentlich anstand, haben wir beide nicht gesprochen. Ich denke, wir wussten es, aber es war auch tabu. Außerdem hatte sie bis zum Schluss noch Hoffnung. Aber ich glaube, im Grunde hat sie schon gewusst, dass sie nicht mehr lange zu leben hat. Ein paar Mal war ich kurz davor, das anzusprechen, offen mit ihr zu reden, doch ich habe gemerkt, ich stehe das nicht durch, ich kann das nicht, ich breche dann zusammen. Und ich hatte das Gefühl, das bringt weder meiner Mutter noch mir was, wenn ich dann heulend da liege.«

Marias Mutter starb, wie sie sagt, »in Etappen«. Sie hatte mehrere Infarkte und war zuletzt sehr schwach, aber immer noch vital. Marias Beziehung zur Mutter war sehr problematisch. Als die Mutter, die allein lebte, gebrechlich wurde, hatte Maria sie, mehr oder weniger gegen ihren Willen, in die Stadt geholt, in der sie lebte und arbeitete, und dort in einem Pflegeheim untergebracht. Noch am Tag vor ihrem Tod hatte Maria sich über ihre Mutter geärgert: »Ich bin immer, wenn man mich angerufen hat, von meiner Arbeit hingefahren und ein Weilchen geblieben. Ich weiß noch, an dem Tag war ich sehr ungeduldig, ich habe eigentlich nur aus Pflichtschuldig-

171

keit gefragt: ›Möchtest du noch etwas haben?‹ Darauf hat sie gesagt, das werde ich nie vergessen: ›Ja, ich hätte gerne so ein Milchweckerl. Das gibt es da beim Bäcker.‹ Also ich war richtig wütend und dachte, na gut, dieses Milchweckerl, das holst du ihr jetzt noch, und dann ist Schluss. Und dann war das tatsächlich der letzte Dienst, den ich ihr erweisen konnte.«

Am darauf folgenden Tag rief eine Schwester aus dem Pflegeheim an und sagte Maria, sie glaube, es gehe nun zu Ende. Maria fuhr sofort hin und konnte noch eine gute halbe Stunde bei ihrer Mutter verbringen: »Ich habe es als Glück empfunden, das muss ich schon sagen, dass ich bei dem Sterben dann dabei war.« Als ihre Mutter sie nicht mehr zurückweisen konnte, gelang es Maria zum ersten Mal, von sich aus die Nähe herzustellen, die sie immer vermisst hatte: »Sie war nicht mehr bei Bewusstsein. Die Schwester hat mich aber sehr ermutigt, sie sagte: ›Sprechen Sie mit ihr, nehmen Sie ihre Hand, sie fühlt das vielleicht.‹ Und das habe ich auch getan, also gesprochen in dem Sinne habe ich nicht mit ihr, aber ich habe sie mit ›Mama‹ angesprochen und gesagt: ›Ich bin bei dir.‹ Sie hat kein Zeichen des Erkennens gegeben. Auch den Händedruck hat sie nicht erwidert, sie war eigentlich schon fast weg.« Trotzdem hielt Maria die ganze Zeit über ihre Hand: »Das war für mich keine Überwindung, im Gegenteil, es war gut. Ich konnte sie sonst eigentlich nicht anfassen, die Körperlichkeit war immer ein Problem zwischen uns. Ich hätte gerne mehr Nähe zu ihr gehabt, aber solange sie da war, war diese Nähe nicht möglich. Und in dieser Todesphase war sie auf einmal für mich möglich. Das tat mir gut.«

Nach einiger Zeit machte die Krankenschwester Maria darauf aufmerksam, dass »es nun so weit« sei: »Da merkte ich auch, die Augen, die waren ganz verändert, der Blick war irgendwie schon weg, und der Atem wurde immer weniger.

Er setzte auch schon aus und kam dann wieder. Das Ende war dann ganz unverkennbar, sie hat nochmal die Schultern gehoben, wie so ein letztes Ausstoßen der Körperenergie, und dann war es aus. Ich habe das als ein ganz eindrucksvolles Erlebnis erfahren, es hat mich tief beeindruckt. Ich bin noch viele Stunden in dem Zimmer geblieben und habe nachgedacht, es war so ein wunderbarer, strahlender Wintertag, die Sonne schien durch das Fenster, ich empfand in dem Raum mit der Toten eine große Ruhe. Keiner hat mich gestört, nur einmal kam die Schwester und hat gefragt, ob ich einen Kaffee möchte. Das war so ein versöhnliches Erlebnis nach all dem Unversöhnlichen zwischen mir und meiner Mutter. Ich hatte vielleicht in diesem Moment die engste Beziehung zu ihr, ich kann es nicht anders sagen.«

Wie Maria hatte auch Susanne eine sehr schwierige Beziehung zu ihrer Mutter. Sie hatte erst wenige Jahre vor deren Tod aufgehört, ihre übermächtige Mutter zu hassen. Als sie starb, war Susanne bei ihr. Susannes Vater hatte die Mutter, als abzusehen war, dass es zu Ende ging, aus dem Krankenhaus nach Hause geholt, und Susanne verbrachte diese letzten Tage im Elternhaus: »Sie war, Gott sei Dank, seit zwei Tagen im Koma, vorher hat sie entsetzlich geschrien. Der Arzt hat immer gesagt: ›Sie spürt nichts mehr‹, aber da war ich mir gar nicht sicher. Dann ist dieser Arzt in Urlaub gefahren, es kam ein anderer Arzt, und der gab ihr Gott sei Dank Spritzen. Darauf hat sie nicht mehr geschrien, war aber auch nicht mehr ansprechbar. Ich habe an dem Tag, an dem sie gestorben ist, ihre Hand gehalten, und plötzlich habe ich gemerkt, wie die Hand geflattert hat, wie ein kleiner Vogel, wirklich als ob du einen kleinen Vogel in der Hand hältst, so ein Gefühl war das, und dann hat die Atmung aufgehört. So ist sie gestorben. Und das war für mich in dem Moment eine unglaubliche Erleichterung.« Und wie Maria sagt auch Su-

173

sanne: »Es war so schön, dass ich da war und ihre Hand gehalten habe. Das war eine Verbindung, wie ich sie zu ihren Lebzeiten eigentlich überhaupt nicht gehabt habe.«

Monikas Mutter starb sehr plötzlich. Sie fiel schon einen Tag, nachdem sie ins Krankenhaus kam, ins Koma und lebte nur noch drei Tage lang. Monika wurde von ihrem Zustand völlig überrascht: »Sie ist am Tag, bevor sie ins Krankenhaus ging, noch bei mir zu Hause gewesen, hat einen Milchreis gegessen, den Kater auf dem Schoß gehabt und sich etwas im Fernsehen angeschaut. Sie hatte also offensichtlich keine Schmerzen. Das hätte sie mir wahrscheinlich schon gesagt, wenn sie Schmerzen gehabt hätte.« Der Gedanke, dass ihre Mutter einen schmerzlosen und raschen Tod hatte, tröstet Monika heute so sehr, wie sie damals über das unerwartete Ende erschrak. Sie denkt: »Wenigstens hat sie nicht leiden müssen.«

Allerdings sah ihre Mutter bei diesem letzten Besuch bei der Tochter so schlecht aus, dass Monika Angst um sie bekam. Sie war schon längere Zeit abgemagert und schwach, doch bis dahin hatte Monika die Alarmzeichen nicht bemerkt. Erst als sie die Mutter in das Krankenhaus brachte und mit dem behandelnden Arzt sprach, wurde sie mit der bislang verdrängten Wahrheit konfrontiert: Ihre Mutter war Alkoholikerin, und ihre durch eine frühere Erkrankung bereits angegriffene Leber war vollkommen zerstört. Am nächsten Tag besuchte Monika ihre Mutter und blieb eine Zeit lang bei ihr: »Aber dann hat sie gesagt: ›Du kannst doch nicht den ganzen Tag hier herumsitzen, geh doch nach Hause!‹ Und nachdem ich gegangen bin, ist sie plötzlich ins Koma gefallen und nicht mehr aufgewacht. Ich konnte mich also gar nicht richtig von ihr verabschieden. Ich bin sofort zurückgekommen und habe dann bei ihr gesessen und mich unheimlich hilflos gefühlt. Das Einzige, was ich tun konnte, war, ihr mit Glyzerinstäbchen die Lippen bestreichen, damit sie feucht blieben. Und ich habe manchmal das Gefühl gehabt, das bin jetzt nicht ich, und das ist nicht meine Mutter, sondern ich sitze irgendwo abseits und sehe mir das an. So wie man einen Film sieht. Da kommen dann auch Schuldgefühle auf, die sind mir zumindest gekommen, sodass man anfängt zu überlegen, habe ich etwas versäumt, habe ich irgendetwas getan, das nicht wieder gutzumachen ist, hätte ich mehr tun sollen. Ich habe mich auch geärgert, dass ich einfach nicht schon früher gemerkt habe, was mit ihr los war.«

Das Ende kam beinahe unmerklich: »Körperlich hat sich in dem Moment eigentlich nichts geändert, sie war ja im Koma, sie hat nur ganz leise aufgehört zu atmen.« Da nicht nur ihr damaliger Mann, sondern auch ein Arzt und eine Krankenschwester anwesend waren, streichelte Monika ihre tote Mutter noch einmal und nahm schweigend von ihr Abschied: »Vor so vielen Leuten konnte ich meine Gefühle nicht zeigen. Getrauert um sie habe ich, als ich zu Hause war und mich zurückziehen konnte.«

Wie Monika wollte auch Christel lange Zeit nicht wahrhaben, wie es um ihre Mutter stand. Auch sie erfuhr die Wahrheit erst, als es bereits zu spät war: dass ihre Mutter depressiv war und sich durch übermäßigen Tablettenkonsum konstant vergiftet hatte. Dazu kam, dass ihre Mutter sich weigerte, gesund zu werden und sich helfen zu lassen. Dennoch versuchte es Christel immer wieder, zunehmend gegen den Willen der Kranken. Schließlich musste sie einsehen, dass ihre Rettungs- und Aufmunterungsversuche keinen Sinn mehr hatten. Sie leistete ihrer Mutter nur noch Gesellschaft und Beistand am Sterbebett. Da sie annahm, dass ihr Stiefvater, der ihre Mutter sehr liebte, deren elenden Zustand nicht ertragen könnte, hielt sie ihn lange davon ab, in das Krankenhaus zu kommen. Bis sie begriff, dass ihre Mutter die

175

ganze Zeit schon auf ihn wartete: »Als er kam, nahm sie seine Hand, sah ihn an und starb.«

Danutas Mutter starb, nachdem sie drei Wochen lang an einer Grippe gelitten hatte. Doch Danuta geht davon aus, dass »diese prosaische Krankheit« nicht die wirkliche Todesursache war. Vier Jahre zuvor war Danutas Vater gestorben, nach 46-jähriger Ehe: »Ich denke, er hat ihr sehr gefehlt. Sie hatte uns Kinder, aber das ist ja etwas anderes. Ich bin sicher, sie ist gestorben, weil sie nicht mehr wollte. Der Doktor hat gesagt, im Grunde genommen hat sie nichts. Und sie hat auch keine Medikamente genommen, aber sie war wie versteinert. Und dann ist sie gestorben.«

Drei Tage vor ihrem Tod kamen Danutas ältere Schwestern, die bereits verheiratet waren und an anderen Orten lebten. Die Mutter, die offensichtlich wusste, dass sie im Sterben lag, nahm die Situation in die Hand und gab ihren Töchtern letzte Anweisungen: »Sie hat mit uns über den Tod geredet. Sie hat mir gesagt, wie sie angezogen sein muss, welches Kleid, welches Hemd, welche Schuhe, wie was sein muss. Mit wem ich eventuell reden soll, wer mir wobei hilft, sie hat noch Instruktionen gegeben, wie die Beerdigung sein soll, was wir machen müssen. Dann hat sie auch noch gesagt, dass das Leben weitergehen muss.«

Nach drei Tagen reisten die Schwestern wieder ab und ließen Danuta mit ihrer Mutter und dem jüngeren Bruder allein. »Natürlich, jede hatte Familie und Arbeit, und sie haben gesagt: ›Ach, heute geht es Mutter etwas besser.‹ Sie sind um sieben Uhr morgens gefahren, und um zehn vor acht ist die Mutter gestorben.« Die Kranke wollte an diesem Morgen schon nicht mehr essen, sie nahm nur etwas zu trinken an. Sie war bei vollem Bewusstsein und sprach wie immer mit Danuta. »Und dann hat sie gesagt: ›Nun ja, das war es, und was wird jetzt? Was wird jetzt?‹ Das waren ihre letzten

Worte, danach ist sie richtig eingeschlafen. Ich habe sie in den Armen gehalten. Sie hatte zehn Kinder, sie hat das verdient, dass eines dabei war.« Danuta zündete noch eine Kerze an, dann ging sie ihren Bruder holen: »Es war ein großer Schock, denn ich war ja ein relativ junges Mädchen. Jetzt habe ich mit Sterben viel zu tun, aber damals habe ich Angst bekommen, eine regelrechte Panik, dass ich jetzt allein bleibe.«

Beate, Anna und Sonia waren sehr jung, als ihre Mütter starben, sie waren nicht bei ihnen und konnten sie auch als Tote nicht mehr sehen. Alle drei sagen, dass sie darunter litten, dass sie sich von ihrer Mutter nicht verabschieden konnten. Sonia, deren Mutter starb, als sie erst zehn Jahre alt war, wusste, dass ihre Mutter sehr krank war. Dennoch traf sie die Todesnachricht unvorbereitet. Sie erinnert sich nur noch an Bruchstücke, zum Beispiel daran, dass ihre Schwester »Kartoffelbrei und Bratwürstchen mit einer grässlichen Tomatensuppe« gekocht hatte: »Wir haben uns zum Mittagstisch gesetzt, und mein Vater war im Anzug, was sehr ungewöhnlich war, weil er nie im Anzug war. Er erzählte uns, dass er Mutter am Vormittag besucht hat, dass sie noch zusammen gebetet hätten und dass sie dann gestorben ist. Dann hat er geweint. Und dann ist er aufgestanden und weggegangen.« Da ihre Mutter schon seit Wochen nicht mehr zu Hause, sondern im Krankenhaus gewesen war, begriff Sonia das Unwiderrufliche der Situation noch nicht. Sie ging am Nachmittag wie üblich mit Freunden spielen. Als der Vater sie erzürnt in das Haus zurückbeorderte, verstand sie nicht, worüber er sich so aufregte.

Beate, die Anfang 20 war, als ihre Mutter alleine im Krankenhaus starb, wollte die Tote nicht sehen: »Die Ärzte haben auch gesagt, wir sollen sie nicht anschauen, weil sie so entstellt ist. Durch diesen Leberkrebs muss sie wohl ganz aufgedunsen und gelb gewesen sein.« Beates Vater wollte, dass der Sarg geöffnet blieb, doch er beugte sich schließlich den Ärzten und dem Bestattungsunternehmer. Damals war Beate froh darüber, doch heute sagt sie: »Im Nachhinein sehe ich, dass mir dieser Abschied fehlt, obwohl das jetzt immerhin 30 Jahre her ist. Ich habe in der Therapie dazu gearbeitet, auch über meine Wut, dass sie mich einfach so verlassen hat, ohne von sich aus zu sagen, es wird jetzt zu Ende sein, und ich will das und das noch sagen. In der Therapie konnte ich wenigstens die Wut rauslassen, dass sie sich sozusagen aus dem Staub gemacht hat. Außerdem quält mich die Vorstellung, wie sie so ganz alleine gestorben ist, niemand von uns war bei ihr. Also wirklich abgeschlossen ist das alles für mich noch immer nicht. Eben, weil es keinen Abschied gab.«

Auch Anna, die beim Tod ihrer Mutter 16 Jahre alt war und viele Jahre lang Schuldgefühle empfand, weil sie sich an dem Abend, an dem ihre Mutter gestorben war, auf einem Karnevalsfest »vergnügt« hatte, fehlt der Abschied von der Mutter. Ihre Schwester und ihr Vater hatten ihr nahe gelegt, nicht mehr in die Klinik zu gehen, um die Tote zu sehen. Sie solle die Mutter lieber als Lebende in Erinnerung behalten: »Und so habe ich also ihr Totenantlitz nicht gesehen. Ich weiß nicht, wie sie aussah, als sie starb. Und das fehlt mir. Vielleicht hätte ich auch ihre Hand genommen. Ich weiß nicht, ob ich sie nochmal geküsst und gestreichelt hätte. Aber ich hätte vielleicht ja auch die Möglichkeit gehabt, ihr mein Schuldgefühl einzugestehen.« Erst Jahrzehnte später fand Anna einen Weg, sich doch noch einen Eindruck von ihrer toten Mutter zu verschaffen. Sie sprach mit deren jüngster Schwester, die bei ihr gewesen war, als sie gestorben war: »Das hat mir sehr geholfen. Ich hab ihr Fragen gestellt und sie auch einfach erzählen lassen, mir erzählen lassen, wie diese letzte Nacht gewesen ist. Ich wollte auch wissen, wie hat meine Mutter ausgesehen. Das war für mich ganz, ganz wichtig, um ein neues inneres Bild von ihr zu bekommen. Eines, das ich selbst nicht finden konnte.« Im Gegensatz zu Beate kann Anna sich heute, nicht zuletzt aufgrund dieses Gespräches, sagen: »Gut, das ist jetzt abgeschlossen.«

Mehrere der Frauen, die ich interviewte, wurden vom Tod ihrer Mutter überrascht. Sie waren nicht bei ihr, als sie starb, doch einige konnten sich wenigstens von der Toten verabschieden. Nina zum Beispiel wurde von einer Nachbarin ihrer Mutter angerufen. Sie hatte für die alte Frau eingekauft und sie, als sie zurückkam, tot vorgefunden. Nina fuhr sofort in die Wohnung ihrer Mutter, heimlich hoffte sie, dass die Frau sich irrte. Ninas Mutter hatte morgens normalerweise immer erst gefrühstückt und ein wenig gelesen und sich dann wieder hingelegt: »Und als ich kam, lag sie da, auf ihrem Bett, in ihrem schönsten Schlafanzug und sah wunderschön und ganz friedlich aus. Es war ein Herzstillstand, sie war nicht krank. Sie ist ganz plötzlich, aus dem heiteren Leben heraus gestorben.« Nina rief ihre Schwester und ihre Tochter an, die beide in Ferien waren. Die Tochter versprach, so rasch wie möglich zu kommen. Doch ihre Schwester, die von der Mutter mehr geliebt worden war als Nina, wollte die tote Mutter nicht sehen. Nina war darüber nicht böse: »Ich war also ein paar Stunden ganz alleine mit meiner Mutter. Ich konnte mit ihr reden und sie streicheln und weinen und alles, was man so macht. Das war für mich wichtig, weil ich sie mein ganzes Leben über nie richtig für mich hatte. Ich glaube, ich habe eher geweint als geredet, also geweint und gewimmert und geschluchzt. Und dadurch, dass ich so lange bei ihr war, habe ich gemerkt, wie sie immer kälter wurde und immer weiter wegging. Dadurch habe ich auch akzeptieren können, dass sie jetzt wirklich tot war.«

Utes Mutter stürzte von einer Treppe und erlitt so schwere Verletzungen, dass die Ärzte ihr sagten: »Beten Sie, dass sie es nicht überlebt.« Sie lag ein paar Tage im Koma und starb am Morgen des Tages, an dem Ute zu ihr fahren wollte. Ute bedauert, dass sie sich von ihrer Mutter nicht richtig verabschieden konnte: »Wir hatten ein äußerst schwieriges Verhältnis, das von meiner Seite aus über viele Jahre nicht sehr liebevoll war. Und das ist etwas, das mir wirklich bis heute wehtut, dass es mir nicht mehr möglich war, da etwas gutzumachen. Ich hätte so gerne ihre Hand gehalten, als es so weit war, und wäre einfach da gewesen.« Da es ihr real nicht möglich war, versuchte Ute auf andere Weise mit ihrer Mutter in Kontakt zu treten: »An dem Samstagmorgen, als ich die Nachricht bekam, da habe ich mich ziemlich lange zurückgezogen und auf meine ganz persönliche Art von ihr Abschied genommen. Ich habe versucht, mit ihr ein Gespräch zu führen, von mir aus, ohne dass sie dabei war. Ich habe versucht, ihr zu erklären, warum ich mich so viele Jahre von ihr abgeschottet habe und warum ich sie so wahnsinnig kritisch gesehen habe. Und ich bin mir heute sicher, dass sie das mitbekommen hat, ihre Seele hat das mitbekommen. Das weiß ich. Auf diese Art habe ich doch noch so etwas wie eine Abbitte geleistet bei ihr, weil ich weiß, sie hat unheimlich darunter gelitten, dass sie über viele Jahre hinweg so überhaupt keinen Zugang zu mir bekommen hat.«

Mechtild erfuhr von ihrem Vater, dass ihre Mutter gestorben war. Der wollte sie gerade aus dem Krankenhaus nach Hause holen, als sie ganz plötzlich an einem Herzinfarkt starb. Für die Mutter, sagt Mechtild, war es ein idealer Tod. Mechtild, die von ihrer Mutter geschlagen worden war und sie als gefühlskalte Frau erlebt hatte, kann sich nicht erinnern, dass sie, als sie von ihrem Tod erfuhr, schockiert oder auch nur erschrocken gewesen wäre: »Ich kann mich überhaupt nicht an Gefühlsregungen erinnern in diesem Zusammenhang, ich habe es als Tatsache hingenommen. Die erste Gefühlsregung – obwohl, das wäre wahrscheinlich auch schon zu viel gesagt – empfand ich, als ich nochmal ihre Leiche sah. Da fühlte ich plötzlich den Zwang, ich muss sie nochmal berühren. Dann habe ich sie angefasst, und sie war natürlich eiskalt. Und da dachte ich: ›Ach ja, das ist für mich eine vertraute Empfindung: kalt.‹ Das war mir vertraut, sie kalt zu erleben.«

Auch Martina wurde vom Tod ihrer Mutter überrascht, wenn auch nicht allzu sehr, denn ihre Mutter war bereits über 90 Jahre alt. Die starke und dominante Frau, unter der die Tochter jahrzehntelang gelitten hatte, war in ihren letzten Lebensjahren zu einem »hilflosen Frauchen« geschrumpft, das sich vor dem Tod fürchtete. Martina hatte sie häufig getröstet und ihr gegenüber eine bemutternde Rolle eingenommen, auch wenn sie sich dadurch wieder, wenn auch auf andere Art, überfordert gefühlt hatte, denn die Mutter war imstande gewesen, sie auch um zwei Uhr nachts anzurufen. Als sie dann vor der Leiche ihrer Mutter stand, empfand Martina vor allem Erleichterung, aber auch Rührung: »Ich habe sie noch einmal betrachtet. Es rann noch so ein bisschen Blut aus ihrem Mundwinkel, das habe ich abgetupft, und ich habe sie noch einmal in den Arm genommen. Das war eine merkwürdige Erfahrung. Sozusagen diese sehr vertraute Haut zu spüren, aber doch die Kälte. Dann lag sie da, das Näschen war so klein, und sie war so klein. Und ich dachte: ›Mein Gott, jetzt hast du endlich, endlich Ruhe. Auch vor dir selbst.‹«

Fast alle Frauen, mit denen ich sprach, hatten das Bedürfnis, von ihrer Mutter Abschied nehmen zu können. Und die meisten derjenigen, denen es nicht möglich gewesen war, litten darunter. Doch »Abschied« ist ein relativer Begriff, den die einzelnen Frauen sehr unterschiedlich verwenden. So sagt zum Beispiel eine Tochter, die bis zuletzt bei ihrer sterbenden

Mutter war, dennoch, es tue ihr Leid, dass ein richtiger Abschied von ihr nicht möglich war. Sie meint damit ein offenes und klärendes Gespräch mit der Sterbenden, das weder Tochter noch Mutter zu führen imstande waren. Einer anderen hätte es genügt, beim Tod der Mutter anwesend zu sein, mitzubekommen, wie sie starb. Dass sie das nicht konnte, heißt für sie, sie konnte sich von ihr nicht verabschieden. Wieder eine andere Tochter leidet darunter, dass sie ihre tote Mutter nicht mehr sehen und berühren – und so nicht von ihr Abschied nehmen konnte. Fast alle Frauen empfinden ein Ungenügen, kaum eine ist mit dem, was sie als Abschied erlebte, zufrieden. Fast alle hätten gerne mehr gehabt, worin auch immer dieses Mehr bestehen könnte.

Es scheint, als würde sich ein Teil der Trauer in diesem Mangelgefühl äußern. Und auch das Unvermögen, sich mit dem Tod eines so nahen Menschen abzufinden, kann sich offenbar in dem Empfinden ausdrücken, die letzte Begegnung mit der Toten sei nicht zufrieden stellend verlaufen. Zudem ist anscheinend das Bedürfnis nach eindeutigen Worten und Gesten größer, als es uns bewusst ist. Die Unzufriedenheit mit dem, was als Abschied erlebt (oder eben nicht erlebt) wurde, drückt wahrscheinlich nicht zuletzt eine uneingestandene Sehnsucht nach Ritualen aus, nach Ausdrucksformen, die dem Ungeheuerlichen des Todes Form und Substanz verleihen. Wir beherrschen uns, während wir am Sterbebett sitzen, um die Sterbende nicht zu belasten. Und wir nehmen uns zusammen, wenn sie gestorben ist, denn alles andere würde unsere Umgebung und vielleicht auch uns selbst irritieren oder gar abstoßen. Wir schreien und heulen nicht, wir reißen uns nicht die Haare aus und die Kleider auf. Wir singen keine Klagegesänge und beten keinen Rosenkranz. Vielleicht haben wir auch deshalb das Gefühl, wir hätten von der Toten nicht richtig Abschied genommen.

8 Leiche und Begräbnis:
»Sie sah sehr schön aus«

Wenn ein Mensch gestorben ist, sind die Hinterbliebenen nicht nur mit ihren Gefühlen, sondern auch mit einer realen Leiche konfrontiert. In Großstädten der westlichen Welt wird gemeinhin von professionellen Bestattern dafür gesorgt, dass der Tote aus dem Haus geschafft und schließlich auf möglichst konventionelle, »würdevolle« Weise unter die Erde gebracht wird. In Krankenhäusern wird der Verstorbene in die entsprechende Abteilung gebracht und verwahrt, bis das Beerdigungsunternehmen ihn abholt. Die Angehörigen spielen dabei meist eine passive Rolle. Dass sie selbst die Leiche waschen und herrichten oder das Begräbnis gestalten könnten, kommt ihnen weder von selbst in den Sinn, noch werden sie auf diese Möglichkeit aufmerksam gemacht. Schon, dass jemand einige Zeit bei dem Toten verweilt, ist eher ungewöhnlich.

Susanne zum Beispiel wäre gerne noch länger bei ihrer Mutter geblieben, zu der sie im Tod eine größere Nähe empfand als im Leben, doch es war ihr nicht möglich: »Mein Vater hat in Panik das Zimmer verlassen. Ich bin bei ihr geblieben, hab sie geküsst und hab mich einfach gefreut, wie schön sie war. Dann bin ich in den Garten gegangen, es war im

März, und habe Magnolien gepflückt und andere Blumen, die schon da waren. Und dann habe ich Kerzen geholt und sie aufgestellt, die Blumen hingestellt, und als ich mich gerade wieder zu ihr setzen wollte, stand der Beerdigungsunternehmer in der Tür und kam sie abholen. Mein Vater wollte die Leiche aus dem Haus haben. Das habe ich ihm unglaublich übel genommen, aber darüber konnte ich nicht mit ihm reden, er hätte es gar nicht verstanden, wenn ich das gesagt hätte. Auf seine Weise war er schrecklich hilflos.«

Margot erinnert sich, dass sie, ihr Vater und ihre Geschwister immer wieder in das Sterbezimmer der Mutter kamen, weinten, sie ansahen, wieder gingen und zurückkehrten. Margot band ihr mit einem Schal das Kinn hoch, denn sie hatte irgendwo gelesen, dass man das machen sollte. Sie hoffte, ihre Mutter würde irgendwann im Tod zu lächeln beginnen, auch darüber hatte sie gelesen, aber es geschah nicht: »Sie hatte einen trotzigen Gesichtsausdruck, das hat mir eigentlich ganz gut gefallen.« Als dann die Leute vom Beerdigungsunternehmen kamen, baten sie Margot, ihnen ein Kleid zu geben, das sie der Mutter anziehen könnten. Margot suchte eines aus, das sie selbst schön fand, »und ich war dann ein bisschen im Stress, weil ich dachte: Findet sie das eigentlich auch so schön? Ich hatte aber schon das Gefühl, ihr hätte das auch gut gefallen.« Anschließend musste die Familie das Zimmer verlassen. »Und irgendwann haben sie gesagt, wir könnten jetzt wieder gucken. Und dann lag sie da, in diesem Kleid, mit Rosen drum herum, und sie war geschminkt, es war grauenhaft. Ich fand das entsetzlich.« Ich fragte Margot, ob sie beim Herrichten der Leiche gerne dabei gewesen wäre. Sie dachte eine Weile darüber nach und meinte dann zögernd: »Ja, vielleicht schon. Aber ich war so geschockt und auch so neben mir, in dem Moment wäre ich gar nicht darauf gekommen zu sagen, ich will da gerne dabei sein.«

Maria dagegen war froh, dass sie die Leiche ihrer Mutter nicht mehr berühren musste. In ihrer Beziehung zur Mutter hatte es, wie sie sagt, schon immer »Schwierigkeiten mit der Körperlichkeit« gegeben. Als sie den Körper der alten und kranken Frau sah, war es für sie ein Schock: »Es gab ja im Pflegeheim ab und zu Situationen, in denen ich sie nackt sah. Und es war schwierig für mich, das auszuhalten. So alt und so hinfällig zu sein, das war für mich schwer zu ertragen. Also diese, ich kann es ehrlicherweise nicht anders benennen, diese Hässlichkeit.« Es erging Maria vermutlich nicht anders als vielen anderen Frauen, die den Körper, der sie geboren und geborgen hatte und dem vielleicht auch ihr eigener ähnlich war, im Zustand des Verwelkens und Verfallens sehen mussten. Die vertrockneten Brüste und den verschrumpelten Bauch der eigenen Mutter zu betrachten ist nicht einfach. Es schmerzt uns ihretwegen wie unseretwegen. Der Anblick lässt uns ahnen, wie sehr das Schamgefühl der alten Frau verletzt sein muss, wenn »jeder« (Krankenschwestern, Pflegerinnen, Ärzte, die Tochter) sie so sehen kann, und gleichzeitig entsetzt uns die Vorstellung, dass wir auch einmal so aussehen werden. Dennoch sprach kaum eine der Frauen, die ich für dieses Buch interviewt hatte, von sich aus über dieses Thema.

Das Tabu besteht also nicht darin, die Sterbende oder Tote überhaupt zu berühren – wie schon erwähnt, haben fast alle interviewten Frauen ihre Mutter im Gesicht gestreichelt und ihre Hand gehalten –, sondern darin, sich dem Memento mori des von Alter und Krankheit gezeichneten Körpers auszusetzen. Als ich selbst den Körper meiner sterbenden Mutter erstmals sah, verinnerlichte ich spontan ihre Scham und litt mit ihr mit. Doch diese ersten Momente des Schreckens und der Hilflosigkeit wurden rasch überlagert von der konkreten Sorge um diesen Körper: Ich musste ihn säubern, abtrocknen, eincremen, und all das möglichst, ohne ihm noch mehr Schmerzen zuzufügen. Ich konnte meine Gefühle in praktisches Handeln umsetzen und damit mein Verhältnis zum Körper meiner Mutter wieder verändern. Die meisten Töchter, die ich interviewte, hatten jedoch diese Möglichkeit nicht. Sie mussten passiv bleiben, denn Krankenschwestern und Pflegerinnen übernahmen die konkrete Arbeit. Und so blieben bei einigen hilflose Angst und Abwehr bestehen. Maria, die mit ihrer Mutter stets eine bestimmte Schönheit verbunden hatte, war deshalb froh und erleichtert, dass das Gesicht ihrer Mutter im Tod seine Schönheit zurückgewonnen hatte: »Ich habe gedacht: ›Sie ist ja schön!‹ Das war sie als Tote auch, mit diesen weißen Haaren und dieser schönen schmalen Nase, um die ich sie immer beneidet habe. Das Gesicht war schön, es war ganz entspannt, und den Körper habe ich dann nicht mehr gesehen.«

Danuta ist die Einzige unter den Frauen, die ich interviewte, die sich selbst um die Leiche ihrer Mutter kümmerte. Sie wusste genau, was sie zu tun hatte, denn ihre Mutter war in dem polnischen Dorf, in dem sie lebte, Hebamme gewesen und hatte auch die Toten betreut. Sie hatte Danuta schon als Kind mitgenommen, wenn sie in ein Sterbehaus ging. Und sie hatte ihrer kleinen Tochter gesagt: »Du musst leise sein. Die Toten brauchen viel Ruhe.« Vor ihrem Tod hatte sie Danuta, die inzwischen eine junge Frau war, genaue Anweisungen darüber gegeben, was sie mit ihr tun und wie sie das Begräbnis gestalten sollte. Und Danuta hielt sich daran: »Ich habe ihr die Augen zugemacht. Dann haben wir, mein Bruder und ich, sie eine halbe Stunde in Ruhe gelassen. Wir sind schweigend an ihrem Bett gesessen. Dann habe ich sie komplett gewaschen. Dann habe ich die Sachen herausgelegt, die sie anhaben wollte. An dem Hemd war ein Knopf ab, den habe ich angenäht, denn sie war immer ordentlich, immer schön, immer sauber. Beim Anziehen hat mir der Bruder geholfen. Die Instruktionen der Mutter waren sehr gut, sie hat mir zum Beispiel gesagt: ›Wenn ich gestorben bin und du mich anziehst, musst du mit mir reden, dann geht das ganz leicht.‹ Und sie hatte Recht.«

Das Begräbnis empfanden mehrere der von mir interviewten Frauen als ein nicht besonders problematisches Ereignis. Sie erinnern sich, dass sie entweder noch zu sehr betäubt oder zu sehr mit der Organisation beschäftigt waren, um etwas zu empfinden. Die »richtige« Trauer setzte meistens erst nachher ein, wenn sie zur Ruhe gekommen waren und nichts mehr zu tun hatten, zumindest nichts mehr in Bezug auf den Tod der Mutter. Beate allerdings, die sich Vorwürfe macht, dass sie ihre Mutter im Tod »allein gelassen« hatte, und die gleichzeitig ihrer Mutter vorwarf, sie ohne Vorwarnung verlassen zu haben, empfand die Atmosphäre auf dem Begräbnis heuchlerisch und unerträglich. Sie weinte laut und verzweifelt und ging schließlich, bevor die Zeremonie zu Ende war. Ihre Mutter wurde verbrannt, das empfand Beate als eine gewisse Erleichterung: »Für mich ist die Vorstellung, dass sie im Grab liegt und Tiere an ihr nagen, so etwas von schrecklich, also da ist mir das Verbrennen lieber, damit kann ich besser zurechtkommen. Ich möchte selber auch verbrannt werden.«

Allerdings konnte der letzte Wunsch ihrer Mutter nicht vollständig erfüllt werden: »Sie wollte verbrannt und in den Garten gestreut werden als Dünger für die Blumen, damit wieder etwas Neues aus ihr lebt. Aber das ist ja nicht erlaubt.« Die deutschen Gesetze sind sehr eng und streng. Tote müssen auf eine ganz bestimmte Art bestattet werden; es ist zum Beispiel nicht erlaubt, einen Toten im eigenen Garten beizusetzen. Einige Beerdigungsunternehmer setzen sich inzwischen darüber hinweg und hoffen sogar, dafür angeklagt zu werden, um einen Präzedenzfall zu schaffen.[91] Selbst bei einer Seebestattung muss die gesamte verschlossene Urne im Meer versenkt werden. Die romantische Vorstellung vieler Menschen, ihre Asche solle über das Meer oder in die Lüfte verstreut werden, ist auf legalem Wege nicht erfüllbar. Urnenbestattungen sind für viele Angehörige besonders belastend. Denn sie finden sozusagen doppelt statt. Erst in Form einer Trauerfeier und dann, oft Wochen später, noch einmal, wenn nach der Kremierung die Urne beigesetzt wird.

Auch Nina, deren Eltern aus dem nationalsozialistischen Deutschland geflüchtet und dann mit ihr und ihrer Schwester in die Bundesrepublik zurückgekehrt waren, ließ ihre Mutter, wie schon zuvor ihren Vater, auf deren eigenen Wunsch hin verbrennen. Ihre Freundin Ruth, erzählt Nina, fand es »makaber, sich verbrennen zu lassen, nach dem, was mit den Juden passiert ist«. Nina dagegen konnte sich gut damit abfinden: »Mein Vater ist jetzt da, wo seine Verwandten sind. Ich finde es richtig so für ihn. Er ist jetzt bei ihnen, und ich glaube, dass so ein Grab in den Lüften etwas Schönes ist. Teilweise in den Lüften, teilweise im Meer, denn meine Mutter wollte eine Seebestattung. Sie hat das Meer sehr geliebt. Wir haben am Mittelmeer die schönsten Jahre unseres Lebens verbracht, das hat meine Mutter auch immer gesagt, das war die schönste Zeit ihres Lebens in Tel Aviv.«

Ulrike kümmerte sich nach dem Tod der Mutter um alle und alles: um den Vater, um das Begräbnis und um die Verwandten, die zum Begräbnis kamen. Da ihre Verwandten in der DDR lebten, hatte sie einiges zu organisieren: »Ich habe schon immer versucht, meinen Vater einzubeziehen, zu erfahren, was er wollte, aber im Prinzip habe ich das alles mit meinem Mann zusammen gemacht, inklusive Essen nach dem Begräbnis und allem Möglichen. Ich funktioniere immer erst einmal, und wenn das dann vorbei ist, gönne ich mir die Zeit, mich auseinander zu setzen. Ich habe also, als meine Mutter gestorben ist, nicht weiter drüber nachgedacht, sondern wirklich nur so Schritt für Schritt gemanagt, wer kann wo schlafen, wer transportiert wen, bis hin zu so einer Geschichte, dass mein Vater unbedingt mit dem Auto fahren wollte und ich dann mitgefahren bin, sozusagen todesmutig, weil ich dachte, der Mann ist völlig unter Schock, und er ist auch grauenvoll gefahren, da sollte kein anderer mitfahren.«

Ulrike erlebte in diesen Tagen, wie wichtig es für sie war, dass ihr Mann ihr in allem zur Seite stand: »Das sind ja nun Erlebnisse, wo du prüfen kannst, wie stark jemand zu dir steht oder nicht. Trägt eine andere Person das mit oder nicht? Und mein Mann hat diese Prüfung mit Glanz und Gloria bestanden. Wir haben wirklich an einem Strang gezogen. Und ich weiß, dass es da auch andere Männer gibt, die sich, wenn du in der ersten Zeit nach dem Tod jeden Abend zu deinem Vater fährst, um zu gucken, dass der auch irgendwie zurechtkommt, beklagen, dass sie nicht das Abendessen auf den Tisch gestellt bekommen. Aber gut, mit so einem wäre ich vermutlich nicht zusammen, das hätte sich sicher vorher schon manifestiert. Jedenfalls hat er das alles mitgetragen, ist auch mitgefahren, wenn es Not tat, oder hat mitgemacht, wenn ich eine zweite Person brauchte. Und er hat mich natürlich auch emotional mitgetragen. Unsere Beziehung ist dadurch sicher dichter geworden, tiefer.«

Marion und Bettina, deren Väter nicht mehr lebten und die auch keine Geschwister hatten, fanden Hilfe und zum Teil auch Trost bei Freundinnen ihrer Mutter. Bettina hatte eine Anzeige in die Zeitung gesetzt, in der sie schrieb, das Begräbnis finde im engsten Kreise statt. Und sie lud ganz gezielt nur bestimmte Menschen ein: »Es waren so an die zehn Leute, die Freundinnen und Bekannten von ihr, die sich zuletzt um sie gekümmert und mich nach ihrem Tod angerufen haben. Die beim Beerdigungsinstitut haben gefragt, ob ich einen Pfarrer will, da habe ich gesagt: ›Um Himmels willen, bloß nicht!‹ Das konnte ich mir nicht vorstellen, dass da irgendein fremder Mensch auftaucht, dem sagt man vorher ein paar Sachen, und dann redet der über eine Person, die er überhaupt nicht gekannt hat. Stattdessen habe ich aus diesem Freundeskreis einige gefragt, ob sie sich vorstellen könnten, etwas über meine Mutter zu erzählen.«

Bettina gelang es auf diese Art, ein Begräbnis zu gestalten, das, jenseits der sonst üblichen Konventionen, ihrer Mutter gerecht wurde und ihr selbst und allen anderen Anwesenden Freude machte: »Ich habe selber auch ein paar Sachen gesagt, und dann haben zwei Leute so eine kleine Rede gehalten. Das war sehr schön, sehr persönlich, weil die sie wirklich nochmal so richtig gut charakterisiert haben, einfach so, wie sie sie erlebt haben. Und ihre ganz alte Freundin hat gesagt, sie weiß, welches das Lieblingsgedicht meiner Mutter war, und sie würde das gerne vorlesen, wenn sie es hinkriegt. Sie ist dann auch aufgestanden und hat angefangen. Es war von Rilke. Und dann musste sie natürlich weinen, und es ist einfach jemand anders aufgestanden, hat ihr das Buch aus der Hand genommen und weitergelesen. Das fand ich wirklich schön, wie das gelaufen ist.«

Anschließend gingen alle in ein Restaurant und aßen zusammen: »Das war auch eine richtig gute Sache. Die haben dann Geschichten über sie erzählt. Das waren zum Teil Leute, die sich untereinander gar nicht kannten, die meine Mutter in verschiedenen Phasen ihres Lebens erlebt hatten und ganz unterschiedliche Seiten an ihr kannten. Darüber haben wir uns dann ausgetauscht. Es wurden auch Anekdoten erzählt, die durchaus lustig waren, das war sehr angenehm. Das fand ich angemessen.«

Marions Mutter wollte in ihr Heimatdorf überführt werden, das gut 200 Kilometer von der Stadt entfernt ist, in der sie gelebt hatte. Marion musste die Überführung und das Begräbnis organisieren – und bezahlen: »Sie hinterließ mir 300 Mark. Die habe ich, nachdem ich mit dem Beerdigungsinstitut alles besprochen hatte, in einem Schuhgeschäft, das genau gegenüber lag, in schwarze Schuhe umgesetzt. Die Freundinnen meiner Mutter waren entsetzt darüber, dass nicht mehr Geld da war. Sie haben in der Wäsche und unter dem Teppich nachgeschaut, die haben, glaube ich, drei Tage lang Geld gesucht. Vor allem eine von ihnen meinte: ›Das kann doch nicht sein, deine Mutter hat immer gesagt, für die Marion ist gesorgt.‹ Und ich wusste, das war Larifari, das mag sie gesagt haben, aber wir werden kein Geld finden. Und die Schwestern meiner Mutter haben sehr erstaunt reagiert auf die Mitteilung, dass da kein Geld war, und gesagt: ›Gut, dann machen wir halt Kuchen und Kaffee.‹ Und da habe ich gesagt, nix da, das ist eine Köchin gewesen, die muss einen Leichenschmaus haben, das ist jetzt auch schon egal.«

Marion sprach als Einzige meiner Interviewpartnerinnen das Thema Geld an. Da sie die 7000 Mark, die alles zusammen kostete, nicht besaß, war sie gezwungen, sich das Geld zu borgen und es in Raten zurückzuzahlen. Sie fühlte sich in dieser Hinsicht von ihrer Mutter »betrogen«, und sie sagte das auch. Normalerweise spricht man nicht über die – fast immer ziemlich teuren – Bestattungskosten, denn man will sich nicht dem Verdacht aussetzen, der oder dem Verstorbenen kein »ordentliches« Begräbnis zu gönnen. Die Bestattungsunternehmer garantieren, dass sie »alles übernehmen«, man müsse sich »um nichts kümmern«, und das ist für viele eine Erleichterung in einer Situation, in der man ohnehin schon überfordert und häufig auch erschöpft ist. Jede Dienstleistung, mit der man das Unternehmen beauftragt, kostet aber auch Geld.

Die freundlichen Herren, die nach dem Tod ins Haus kommen, bringen zudem üppige Kataloge mit und machen den Hinterbliebenen Vorschläge zur Beschaffenheit und Ausgestaltung des Sarges, zur Anzahl der Kerzen, zu den möglichen Blumenarrangements und so weiter und so fort. Da gibt es wunderschöne weiße Seide, und da gibt es »die, nun ja, schlichte Variante«. Wer möchte schon für die eigene Mutter die »schlichte Variante«? Oder wer wagt es zu sagen, dass die Tote all den Tand nicht braucht, der doch nur die Lebenden beeindrucken soll? Und so kommt oft eine stattliche Summe zusammen. Die Frauen, deren Mütter jetzt sterben, gehören häufig der sogenannten »Generation der Erben« an. Es mag sein, dass die Töchter, die ich interviewt habe, sich über die finanzielle Seite des Todes keine Gedanken machen mussten, da der Vater über ausreichend Geld verfügte oder die Mutter genügend Geld hinterließ, um das Begräbnis zu bezahlen. Für Frauen jedoch, deren Mutter nichts zu vererben hat und die selbst über kein besonders gutes Einkommen verfügen, wird das Begräbnis der Mutter zu einer finanziellen Belastung, die zur emotionalen noch hinzukommt. Und über die sie noch nicht einmal klagen dürfen.

Marion haderte mit ihrer toten Mutter nicht nur wegen des Geldes. Am meisten empörte sie, dass ihre Mutter sich immer geweigert hatte, an ihr Begräbnis auch nur zu denken. Und dass sie deswegen auch keine diesbezüglichen Wünsche hinterlassen hatte: »Ich wusste ja, wenn meine Mutter sich etwas überlegt hätte zur Beerdigung, dann hätte ich es auch durchgesetzt. Aber nachdem sie sich nichts überlegt hatte, bekam sie jetzt eben das 08/15-Begräbnis und den Pfarrer aus dem Dorf, der ein alter Trottel ist, das muss man leider sagen. Aus der Stadt sind mit mir noch zehn Leute gekommen, und das sind ja doch 200 Kilometer, ich fand das toll, dass sie das auf sich genommen haben. Und dann fängt dieser Pfarrer seine Rede an mit der Feststellung: ›Ich habe diese Frau nicht gekannt.‹ Was stimmt, denn wenn sie zu Hause war, ist sie nicht in die Kirche gegangen. Und dann sagt der als Nächstes: ›Aber vermutlich war sie eine sehr einsame Frau, denn sie musste hierher überführt werden, damit sie beerdigt werden kann.‹ Ich schwöre, ich bin da gesessen und war nicht mehr traurig, sondern nur noch zornig. Da habe ich mit meiner Mutter eine stumme Zwiesprache gehalten und zu ihr gesagt: ›Das hast du davon! Hättest du einen Ton gesagt, hätten wir keinen Pfarrer gebraucht! Und dann hättest du dir diesen Blödsinn ersparen können.‹«

Marions Mutter stellt hier eher eine Ausnahme dar. Die Mütter der meisten Frauen, mit denen ich gesprochen habe, äußerten sich irgendwann im Laufe ihres Lebens dazu, wie und wo sie begraben werden möchten. Oft zu einem Zeitpunkt, zu dem sie keinen konkreten Grund hatten, an ihren Tod zu denken. Man sprach ganz allgemein über Bestattungsarten oder Friedhöfe und dergleichen. Allerdings nahmen nur wenige das Thema noch einmal auf, wenn ihr Tod tatsächlich bevorstand. Und noch weniger gaben wie Danutas Mutter detaillierte Anweisungen, was wie zu geschehen habe. Meistens überlegten die Töchter, alleine oder zusammen mit dem Vater und den Geschwistern, was die Tote sich wohl gewünscht hätte. Die meisten Begräbnisse verliefen jedoch ganz konventionell. Kaum eine meiner Gesprächspartnerinnen hatte Wert auf ein selbst gestaltetes Begräbnis gelegt. Es scheint, als hätten sie sich alle damit abgefunden, dass »man das eben so macht«. Bettina war eine der wenigen Töchter, die Inhalt und Verlauf der Zeremonie selbst in die Hand nahmen. Und Susannes Mutter war wiederum eine der wenigen Mütter, die zumindest gewisse Regieanweisungen gegeben hatten. Die alte Gewerkschafterin wollte, dass man an ihrem Grab ein Gedicht von Heinrich Heine vorlas, das sie seit ihrer Jungmädchenzeit liebte und auswendig aufsagen konnte. Susanne und ihr Vater hielten sich daran und waren froh um diese »persönliche Note«.

Ich habe mich gefragt, warum das Begräbnis ihrer Mutter im emotionalen Erleben der meisten Frauen eine so unbedeutende Rolle spielte. Auch ich selbst nahm es eher mechanisch wahr. Trauer um meine Mutter empfand ich vorher und nachher, aber kaum währenddessen. Das Begräbnis bildet den rituellen Abschluss einer bestimmten Phase. Es signalisiert: Ihr seht die Tote jetzt ein letztes Mal. Dann liegt sie tief unter der Erde oder ist zu Asche verbrannt. Sie existiert dann nur noch in eurer Erinnerung. Und ihr selbst müsst euch danach wieder dem Alltag zuwenden, eurer Arbeit und eurer Familie. Doch die Zeit nach dem Tod, die das Begräbnis abschließt, ist in Großstädten der westlichen Welt auf ein paar wenige und oft hektische Tage geschrumpft. Ein Mensch stirbt, wir treffen die Vorbereitungen für seine Beerdigung, und dann geht das Leben weiter. Zwischen den Tod und die Bestattung des Toten haben andere Zeiten, Regionen und Kulturen Rituale gesetzt, die diese Zeit als eine besondere, der Welt und dem Leben abgekehrte festsetzten. Man verhüllte die Fenster und Spiegel im Trauerhaus mit schwarzen Schleiern, man fastete, man saß Totenwache, man betete bestimmte Gebete, man empfing Trauerbesuche, man bahrte die Verstorbene auf, sodass Freunde und Bekannte von ihr Abschied nehmen konnten. Heute tun wir (beinahe) nichts mehr von alledem. Wir haben keine Zeit dafür und oft auch keinen Platz.

Viele von uns leben nicht an dem Ort, an dem die Mutter wohnte. Wir müssen nicht nur an unseren Arbeitsplatz, sondern auch in unsere Stadt zurückkehren. Und wir wollen es auch emotional hinter uns bringen. Wir möchten uns aus dem Ausnahmezustand, den wir während des Sterbens oder angesichts des Todes unserer Mutter erlebt haben, wieder befreien, ihn zumindest relativieren. Wir wollen unsere eigene und eine lebbare Art und Weise finden, mit dem Tod der Mutter fertig zu werden, zu trauern, nachzudenken. Solange die Tote nicht »unter der Erde ist«, solange noch gesellschaftliche Pflichten wie das Begräbnis zu erfüllen sind, fühlen wir uns nicht frei, wir selbst zu sein. Archaische Rituale wie öffentliches Wehklagen stehen uns nicht zur Verfügung und würden den meisten von uns auch nicht entsprechen. Da wir unsere Trauer (wie auch andere extreme Gefühle) nicht nach außen tragen dürfen, sehnen wir uns danach, endlich »im stillen Kämmerlein«, in unserer vertrauten Umgebung wieder zu uns zu kommen. Wir gestalten unsere Trauer lieber privat, lieber in uns selbst als in Form eines öffentlichen Begräbnisses. Da dieses aber in jedem Fall stattfinden muss, lassen wir es so, wie es herkömmlicherweise angeboten wird, über uns ergehen. Oft in der Annahme, unser Vater möchte es so, oder unsere Mutter hätte sich ein »schönes« Begräbnis gewünscht. Was durchaus der Realität entsprechen kann. Auch einige der Frauen, mit denen ich sprach, wie etwa Ute oder Lieselotte, waren mit dem – konventionellen – Begräbnis ihrer Mutter durchaus zufrieden und fanden Trost darin.

9 Trauer und Totengedenken: »Ich stelle ihr Blumen ans Grab«

Während ich für dieses Buch recherchierte, starb der Vater einer Kollegin. Ihre Mutter war ein halbes Jahr zuvor gestorben. Die Tochter hatte sich große Sorgen um ihren Vater gemacht, doch gerade in den letzten Wochen angenommen, er hätte nun das Schlimmste überstanden. Der Schock traf sie somit umso härter. Ich sprach mit ihr drei Monate nach seinem Tod zufällig am Telefon und fragte sie, wie es ihr jetzt gehe. Sie erzählte mir, dass sie immer noch von tiefer Trauer erfüllt sei. Dass sie sich noch immer nicht damit abfinden könne, beide Eltern verloren zu haben. Und dass viele Freunde und Bekannte sie allmählich schief ansähen. Sie fänden ihre lange und tiefe Trauer unnatürlich. Sie müsse sich doch jetzt langsam wieder aufrappeln. Das Leben gehe weiter. Das sei nicht gesund, »ewig« zu trauern. Noch dazu um die alten Eltern, wo doch ohnehin jedem klar sein müsse, dass die einmal sterben.

Ich zitierte ihr einen Satz der englischen Autorin Sally Cline. Sie hatte in ihrem Buch »Frauen sterben anders« geschrieben: »Es ist nicht verwunderlich, dass in einer Kultur, in der der Tod tabu ist, Trauer sozusagen mit einem Ablaufdatum versehen ist.« Ich bezweifle, dass der Grund dafür nur darin liegt, dass der Tod »tabu ist«. Aber in jedem Fall ist Trauer in unserer Gesellschaft mit einem, sogar ziemlich begrenzten, Ablaufdatum versehen. Wir leben in einer Zeit, in der jede und jeder möglichst reibungslos und effizient funktionieren muss, und Gefühle wie Trauer sind Sand im Getriebe. Das können wir uns nicht leisten, oder wir meinen, wir könnten es uns nicht leisten. Meine Kollegin nahm sich das Recht auf diesen »Luxus«. Sie übte weiterhin ihren Beruf aus, nicht schlechter als zuvor. Aber sie war in vielem »wie verlangsamt«, sie brauchte in ihrer Freizeit viel Zeit für sich, sie lachte nicht über jedes belanglose Witzchen, sie ging nicht oder nur selten mit den Arbeitskollegen oder mit Freundinnen und Freunden in die Kneipe. Sie zog sich zurück, und gerade das war wohl für die anderen schwer zu ertragen: dass sie einen Teil von sich verschloss, dass sie sich an den Rand stellte.

Anna sagte von sich, als sie ihre Situation nach dem Tod der Mutter beschrieb, sie habe sich an den Rand gestellt gefühlt. Sie hatte nicht, wie meine Kollegin, eine bewusste Entscheidung zum Rückzug getroffen, dafür war sie viel zu jung. Aber auch sie erlebte, dass die anderen ihren Zustand nur schwer oder gar nicht ertrugen und akzeptierten. Anna war 16 Jahre alt, als ihre Mutter starb, ein Alter, in dem Mädchen nach Jungen Ausschau halten, sich entsprechend kleiden und verhalten. Anna trug zwar kein Schwarz, das hatte niemand von ihr verlangt, aber ihre Trauer stigmatisierte sie auch ohne äußerlich erkennbare Merkmale: »Ich war ein Trauerkloß, das hat mich nicht gerade attraktiv gemacht. Wenn du in dem Alter trauerst, macht dich das quasi zur Aussätzigen, du gerätst in eine ganz randständige Position.« Anna versagte auch im Unterricht: »Das kam sozusagen mit Zeitverzögerung. Ich hatte keine verständnisvollen Lehrerinnen, die irgendwie registriert hätten, was da eigentlich gelau-

197

fen ist. Das heißt, ich geriet auch in der Schule an den Rand. Ich wurde in Mathe auf einmal katastrophal schlecht, ich schrieb Fünfen.«

Zu Hause war Anna die meiste Zeit allein, da der Vater und die ältere Schwester berufstätig waren. In der ersten Zeit nach dem Tod ihrer Mutter lief sie manchmal weinend im Haus herum, schrie aber auch, fluchte und haderte mit ihrem Schicksal. Dann vermied sie es, zu Hause zu sein. Sie stürzte sich noch mehr als zuvor auf die Musik. Sie ging regelmäßig zu den Klavierstunden und übte Geige: »Und ich habe auch meine Orchesterproben weiter gemacht, bin auch weiter in den Chor gegangen, aber alles eigentlich mehr, um von zu Hause wegzukommen und nicht alleine zu sein.« Die Klavierlehrerin und die Mutter einer Freundin halfen ihr in dieser Zeit mehr als sonst jemand: »Bei meiner Klavierlehrerin konnte ich mein Herz ausschütten. Das war zwar immer nur einmal die Woche, aber von ihr erfuhr ich eine richtige innige Zuwendung. Sie war ganz auf meiner Seite, ohne Wenn und Aber. Ich wurde nicht kritisiert, ich wurde nicht in Frage gestellt, sie nahm mich so an, wie ich war. Ihr konnte ich sogar erzählen, dass mein Vater trank und dass er meine Mutter betrogen hatte, so etwas hat man damals auch der besten Freundin nicht erzählt.«

Auch Inge, deren Mutter Selbstmord beging, als die Tochter 13 Jahre alt war, flüchtete sich in die Musik: »Ich habe damals angefangen, klassische Musik zu hören, und das ist bis heute etwas Wesentliches für mich. Etwas später kam die Literatur dazu, aber die Musik war zuerst. Es war ein Rückzug in mich selber, einen anderen Ort hatte ich gar nicht. Ich habe sehr intensiv gehört und Radioprogramme studiert. Ich habe in der Stadtbibliothek gesessen, mit einer Partitur in der Hand, und über Kopfhörer das ganze Repertoire abgehört, Bach und so. Das hat mich natürlich auf der anderen Seite wieder isoliert, weil die Jugendlichen damals etwas ganz anderes gehört haben. Und das war wiederum nicht meine Welt; das hat vielleicht alles noch ein wenig schwieriger für mich gemacht.«

Sonia war zehn Jahre alt, als ihre Mutter starb, und sie sagt heute, sie habe erst, als sie etwa 15 war, begriffen, dass sie wirklich nie mehr wiederkommen würde: »Da habe ich endlich gemerkt, dass ich mir so etwas zurechtgebastelt hatte, als ob sie mir von oben zuschaut, dass sie mich praktisch im Auge behält und beschützt, dass es eine Verbindung gibt.« Als sie diese Zuversicht als »Konstruktion« erkannte, »verschwand« ihre Mutter erneut und endgültig. Und für Sonia begann eine neue Phase der Trauer. Auch sie fühlte sich einsam, obwohl sie von ihren Schwestern und Brüdern umgeben war und die Geschwister zusammenhielten. Und auch sie erinnert sich nicht, dass eine Lehrerin oder Schulfreundin sie verstanden oder unterstützt hätte.

Beate verlor wenige Wochen nach dem Tod der Mutter auch den Vater. Er starb seiner Frau im Wortsinne hinterher. Er wollte ohne sie nicht mehr leben, obwohl sie ihn zum Teil lieblos und abweisend behandelt hatte. Beate war zu der Zeit eine junge Lehrerin, sie hatte eine sehr schwierige Klasse und befand sich selbst in einer akuten Krise. Der Tod der Mutter hatte sie bereits stark belastet, und als dann auch noch der Vater starb, brach sie zusammen: »Das war eine schlimme Zeit. Ich war zwar selbständig in dem Sinne, dass ich mein eigenes Geld verdiente und eine eigene Wohnung hatte, die Wohnung, die meine Eltern mir hinterlassen hatten. Aber ich war eine Waise. Wenn beide weg sind, ist es schrecklich. Ich habe dann ein halbes Jahr lang ziemlich gesoffen. Nach der Schule bin ich nach Hause, habe mich auf den nächsten Unterrichtstag vorbereitet, dann habe ich mich vor die Glotze gesetzt und getrunken. Und irgendwann nachts bin ich im

Sessel aufgewacht und ins Bett gegangen. Ich habe mir auch große Vorwürfe gemacht, dass ich beide nicht genug unterstützt, dass ich ihnen nicht genug geholfen habe und dass ich nicht genug mit ihnen gesprochen habe.«

Margot fuhr nach der Beerdigung ihrer Mutter in die Stadt zurück, in der sie arbeitete, und nahm ihr gewohntes Leben wieder auf. Zuerst fühlte sie sich erleichtert, sie dachte: »Ach, sie hat es jetzt hinter sich, sie hat jetzt ihre Ruhe, und wir können alle mal ein bisschen durchatmen.« Doch dann bemerkte sie, dass sie sich häufig »wie in Trance« fühlte. Schließlich bekam sie »Probleme mit den Augen«. Der Arzt stellte fest, dass sie kaum noch Tränenflüssigkeit hatte – und Margot wunderte sich nicht darüber. Sie hatte die Trauer über den Tod ihrer Mutter teilweise schon vorweggenommen, als sie noch lebte. Margot wusste bereits lange Zeit vorher, dass ihre Mutter sterben würde, sie hatte sie in den Monaten ihrer Krankheit jedes Wochenende besucht und ihren zunehmenden Verfall wahrgenommen: »Ich habe in der Zeit, als meine Mutter gestorben ist, also in der langen Zeit ihres Sterbens, ganz oft nachts im Bett gelegen und geheult wie ein Schlosshund. Wirklich jede Nacht, und irgendwann hatte ich das Gefühl, meine Tränen sind versiegt, ich kann nicht mehr weinen.« Margot trauerte lange um ihre Mutter, und sie leidet auch heute, gut zehn Jahre danach, noch immer unter dem Verlust: »Ich konnte ganz lange nicht darüber reden. Sobald es um Mütter ging, kriegte ich einen Kloß im Hals und wurde ganz starr. Ich denke eigentlich bis heute, der Tod meiner Mutter ist das Schlimmste, was ich bisher erlebt habe.«

Bettina, die, außer in den letzten Jahren, ein eher distanziertes Verhältnis zu ihrer Mutter hatte, stellte nach deren Tod fest, dass ihre Beziehung zur Mutter dadurch nicht abgeschlossen war, sondern sich auf eine neue Weise fortsetzte:

»Es ist schon erstaunlich, wie lange das dauert, bis man wirklich realisiert hat, dass jemand nicht mehr da ist. Sie hat ja in meinem Alltag schon seit Jahren keine Rolle mehr gespielt, sie hat also keine sichtbare Lücke hinterlassen, deshalb hat es eine Weile gedauert, bis mir so richtig bewusst wurde: Es gibt sie nicht mehr. Ich habe auch jetzt immer noch Momente, wenn irgendetwas passiert, gerade auch etwas Erfreuliches, dass ich eine ganz kurze Sekunde lang denke: ›Das musst du ihr erzählen, da wird sie sich drüber freuen.‹ Es ist nur ein ganz kurzer Impuls, doch es passiert mir immer wieder. Zwischendrin habe ich aber auch geflucht, als ich ihr Haus aufgelöst habe und alle möglichen Dinge aufgetaucht sind, die sie nicht geregelt hatte. Es gibt auch noch ein paar Sachen, die ich ihr übel nehme.«

Bettina erlebte die Trauer um ihre Mutter nicht als »gleichmäßigen Prozess«, sondern als »ein Hin und Her«. In den ersten Wochen hatte sie viel zu tun, es mussten einige Formalitäten erledigt und Angelegenheiten geregelt werden. Bettina fand es zwar anstrengend, aber auch hilfreich, mit diesen praktischen Sachen beschäftigt zu sein. Dazwischen, erinnert sie sich, hatte sie Phasen, in denen sie sich »richtig schlecht« fühlte und viel weinte. Schließlich verkaufte sie das Haus der Mutter: »Und das war auch nochmal ein Abschluss. Seitdem habe ich das Gefühl, es ist ein großer Brocken weg. Das war nochmal sehr intensiv, weil ich praktisch jeden Gegenstand dieses Hauses noch einmal in der Hand hatte und überlegt habe, was mache ich damit. Und es war letztlich auch ein Abschied von meiner Kindheit, denn ich bin in diesem Haus aufgewachsen. Es ist ein seltsames Gefühl für mich, dass dieses Haus jetzt nicht mehr existiert. Wobei das natürlich nicht stimmt, es existiert ja noch, aber es ist nicht mehr meine Anlaufstelle. Ich habe mir auch Sachen aus dem Haus mitgenommen, zum Teil Stücke, die etwas mit meiner Kindheit zu tun haben, zum Teil auch Sachen, von denen ich einfach weiß, dass sie sehr daran gehangen hat.«

Christel, die zuerst ihre kranke Großmutter bis zu deren Tod gepflegt und sich im Anschluss daran um ihre sterbende Mutter gekümmert hatte, fühlte sich, nachdem sie gestorben war, weiterhin für alles verantwortlich. Sie funktionierte perfekt, erledigte, was zu erledigen war, und versuchte, ihren Stiefvater und ihren jüngeren Bruder zu trösten. Ein paar Wochen später hatte ihr jüngster Sohn »Schitag«, die ganze Schulklasse ging zum Schifahren, und die Eltern konnten daran teilnehmen. Christels Mann schlug vor, den Sohn zu begleiten: »Ich habe mich überreden lassen und dann auch richtig darauf gefreut. Ich habe mir gedacht, ja, jetzt muss ich eigentlich wieder anfangen, für mich selber zu leben. Es war ein Traumtag mit tiefblauem Himmel, und ich hatte ein echtes Hochgefühl. Ich dachte, jetzt geht das Leben wieder weiter, auch wenn die Mama nicht da ist.« Als Christel aus dem Schilift ausstieg, stürzte sie und verletzte sich an beiden Knien so schwer, dass sie sich acht Wochen lang nicht mehr bewegen konnte. Nach einer Zeit gelang es ihr einzusehen, dass die Ärzte Recht hatten, die ihr sagten, sie habe wohl dringend Ruhe gebraucht.

Christel kam lange nicht über den Tod ihrer Mutter hinweg: »Sie hat einfach ein großes Loch für mich hinterlassen, das muss ich schon sagen. Wir sind ja zum Beispiel mittwochs immer zusammen einkaufen gegangen. Und in der ersten Zeit nach ihrem Tod habe ich an den Mittwochnachmittagen nicht gewusst, was tun. Um halb zwei habe ich mir überlegt, jetzt könnte ich eigentlich mit ihr in die Stadt gehen. Ich bin dann auch oft allein durch die Gegend gestreunt, aber natürlich ohne innere Ruhe. Ich bin in die ›Nordsee‹ rein und habe mir einen Saft bestellt, so wie in alten Zeiten, aber dann sitzt du dort und merkst, sie fehlt. Ich habe mir auch ein ganzes Jahr lang überhaupt nichts zum Anziehen gekauft. Wir sind früher viel zusammen stöbern gegangen, und alleine konnte ich das einfach nicht. Das ist vielleicht blöd, aber es ist so. Sie fehlt mir auch heute noch, es wäre eine Lüge zu sagen, dass sie mir nicht fehlt.«

Mit dem Begräbnis enden gemeinhin die »Zeremonien des Abschieds«. In modernen westlichen Großstädten werden nur für wirklich gläubige Christen noch Gedenkgottesdienste abgehalten. Gelegentlich lassen Angehörige an »runden« Todestagen eine Anzeige in die Zeitung setzen. Man kann das Grab der toten Mutter besuchen und mit ihr Zwiesprache halten. Man kann das Grab, sofern es eines gibt, pflegen und schmücken. Man kann den Todestag der Mutter in einer kleinen privaten Zeremonie begehen. Man kann ihn auch ignorieren. Einige der Frauen, die ich für dieses Buch interviewte, praktizieren, unabhängig von ihrem Alter und ihren religiösen oder sonstigen Anschauungen, die »klassischen« Formen des Totengedenkens. Auch Töchter, die von sich behauptet hätten, dass ihnen derlei »bürgerliches Theater« nichts bedeute, entdeckten plötzlich das Bedürfnis, sich an etwas halten zu können. Bettina zum Beispiel wählte mit viel Überlegung den Stein für das Urnengrab ihrer Mutter aus und pflanzte eigenhändig »ein bisschen Grün an«. Die Friedhofsverwaltung hatte sie darüber informiert, dass sie ein Grab für mindestens sieben Jahre mieten müsse: »Ich habe dann gesagt, ich nehme es für zehn Jahre, damit es eine runde Zahl ist. Aber ich kann mir nicht vorstellen, dass ich irgendwann einmal sage: ›So, jetzt kann es auch weg.‹«

Bettina hätte nie gedacht, dass sie einmal freiwillig das Grab ihrer Mutter besuchen oder dass sie bedauern würde, dass es sich nicht in ihrer Stadt, sondern im weit entfernten ehemaligen Wohnort der Mutter befindet: »Ich war im letzten Jahr natürlich oft dort, weil es noch so viel zu regeln gab, und da bin ich auch regelmäßig auf den Friedhof gegangen. Ich weiß, dass ein paar Leute dort sind, die ab und zu frische Blumen an das Grab stellen oder auch mal eine Schale, ganz verwahrlost ist es also nicht. Und sollte es sich irgendwann zeigen, dass man doch den Friedhof mit der Grabpflege beauftragen muss, dann werde ich das halt machen. Das hat mich schon ein bisschen gewundert bei mir selber, dass es mir wichtig ist, dass das Grab schön ist. Und ich weiß, wenn ich es hier hätte, dann wäre ich zumindest am Anfang ganz oft da gewesen und hätte irgendwie dran herum gegraben und gepflanzt. Wahrscheinlich hört das dann irgendwann auf, aber mir ist klar geworden, was das für ein Bedürfnis ist.«

Indem ihr bewusst wurde, dass sie das Grab ihrer Mutter gerne häufiger besuchen und schmücken würde, konnte Bettina sich auch eingestehen, dass sie im Umgang mit ihrer Mutter so manches – unwiederbringlich – versäumt hatte: »Ich habe mir gesagt, hätte ich ihr doch zu Lebzeiten so viele Blumen geschenkt, wie ich da mittlerweile an dieses Grab gestellt habe. Ich meine, sie hat nach außen hin nie viel Wert darauf gelegt und immer ein bisschen rumgelästert über Schnittblumen, die sie geschenkt bekommen hat, und trotzdem hat sie sich gefreut, wenn sie welche gekriegt hat. Aber deshalb habe ich ihr nur zu besonderen Gelegenheiten Blumen mitgebracht und eigentlich selten, wenn ich sie einfach nur besucht habe. Und jetzt, jedes Mal, wenn ich dort bin, stelle ich ihr einen Strauß hin. Da hätte sie vermutlich zu Lebzeiten mehr davon gehabt, aber irgendwie ist es schon auch jetzt noch wichtig, weil man dadurch das Gefühl hat, man kann vielleicht im Nachhinein noch etwas gutmachen.«

Als ich Margot interviewte, stand gerade der zehnte Todestag ihrer Mutter bevor, und Margot überlegte, ob sie nicht »etwas Besonderes machen« sollte: »Mir ist zuerst eingefallen, eine Erinnerungsanzeige in die Zeitung zu setzen, das finde ich aber inzwischen nicht mehr das Wahre. Ich überlege jetzt eher, ob ich meine Familie einladen soll, das Datum ist auch zufällig ein Samstag, da könnten vielleicht ja alle. Also, ich stelle mir vor, dass wir zusammen Kaffee trinken und dann vielleicht noch ein paar Erinnerungen austauschen. Das finde ich zum Beispiel in Mexiko ganz schön, da gibt es am 1. November, dem Tag der Toten, ein Fest, auf dem die Familien zusammen essen und wo für alle Toten der Familie ein Gedeck mit aufgelegt wird. Dann bekommen die auch Kuchen oder was sie gern gegessen haben und sitzen quasi mit am Tisch. Das finde ich eine schöne Sache.«

Auf Madagaskar werden die Familiengräber in regelmäßigen Abständen von den Angehörigen besucht, man bringt Essen und Trinken mit und erzählt den Toten, was sich seit dem letzten Besuch in der Familie ereignet hat. Ich finde das faszinierend und könnte mir durchaus vorstellen, mich an das Grab meiner Mutter zu setzen, ihr einen Milchkaffee und ein Kipferl mitzubringen und zu erzählen, was ich alles gemacht habe, seit ich das letzte Mal da war. Auch Ute, die jedes Mal, wenn sie in ihrem Geburtsort zu tun hat oder ihre Geschwister besucht, zum Grab der Mutter geht, empfindet das Bedürfnis, dort ein wenig verweilen zu können, das heißt, sich nicht auf ein kurzes Davorstehen beschränken zu müssen: »Ich wollte, dass da eine Bank hinkommt, dass man sich da hinsetzen kann. Aber das hat bisher leider noch nicht geklappt, das muss genehmigt werden, und so etwas dauert.«

Monika dagegen, die, als ihre Mutter noch lebte, ein sehr viel engeres Verhältnis zu ihr hatte als zum Beispiel Ute, besucht das Grab ihrer Mutter eher aus Pflichtgefühl: »Ich gehe schon manchmal hin und schaue nach, wie es aussieht, und jäte ein bisschen Unkraut und so. Aber das Gefühl, ich muss an ihr Grab gehen, um sie erreichen zu können, das habe ich gar nicht. Wenn ich an sie denke oder mit ihr rede, dann tue ich das bei mir zu Hause und nicht auf dem Friedhof.«

Christel ruft am Geburtstag ihrer Mutter immer ihren Stiefvater an, auch wenn sie in Urlaub ist. Sie geht regelmäßig zum Grab und legt zumindest an jedem Todestag Blumen hin. Ihr eigentlicher Gedenktag ist jedoch Weihnachten: »Sie war Weihnachten immer bei mir, und die ersten Jahre ohne sie waren ganz schlimm. Auch deshalb, weil ich ja nur Männer habe, das ist wahrscheinlich ein Grund, warum sie mir besonders fehlt. Meine Schwester wohnt weit weg von hier, und jetzt, wo meine Mutter nicht mehr ist, habe ich nur noch Männer. Da ist mein Mann, da ist mein älterer Sohn, der alleine lebt, da ist mein Kleiner, da ist mein Bruder, der alleine lebt, da ist der Vater. Bei uns sind Familienfeiern immer: ich und fünf Männer. Ich sage bewusst, ich und fünf Männer, denn ich bin immer diejenige, von der sie erwarten, die macht das schon alles.«

Ich hatte bei keiner der Frauen, die ich interviewte, den Eindruck, sie beugt sich in ihrem Gedenken an die tote Mutter einer gesellschaftlichen Konvention und tut, was man von ihr erwartet. Auch Lieselotte und Martina, zwei meiner älteren Gesprächspartnerinnen, die einer Generation angehören, in der Formen und Anstandsregeln eine bedeutendere Rolle spielen als etwa in meiner, besuchen das Grab ihrer Mutter nur, wenn sie das Bedürfnis dazu haben oder weil es wieder gepflegt werden muss. Auch sie gestehen sich zu, was viele der jüngeren Töchter praktizieren: Sie halten sich nicht an gewohnte Regeln, sondern an ihre Gefühle, und gedenken ihrer Mutter so, wie sie es für angemessen halten. Ob eine Tochter zum Grab der Mutter geht, um Unkraut zu jäten, ob sie ein Foto ihrer Mutter in der Wohnung aufhängt oder ob sie gar kein sichtbares Zeichen des Erinnerns setzt, hängt davon ab, wie ihre Beziehung zur Mutter zu Lebzeiten war, wie diese sich nach deren Tod möglicherweise veränderte, wie präsent oder fern die tote Mutter der Tochter heute ist und, last but not least, wie deren eigene Vorstellungen von Gedenkzeremonien und -ritualen aussehen.

Ich konnte allerdings nicht erkennen, wie weit möglicherweise die eine oder andere sich nicht doch wieder an Regeln hält, nur nicht an die althergebrachten, sondern an die einer modernen Gesellschaft, die Blumengestecke, Kerzen und regelmäßige Grabbesuche als »verlogen« oder »peinlich« diffamiert. Was man früher musste, darf man heute nicht mehr, will man sich in »fortschrittlichen« Kreisen nicht der Lächerlichkeit oder dem Verdacht der Verschrobenheit aussetzen. Ich spreche zum Beispiel häufig mit dem Foto meiner Mutter. Und an ihrem Geburtstag zünde ich eine Kerze an. Vielleicht werde ich das in ein paar Jahren nicht mehr tun, aber noch ist es mir ein Bedürfnis. Ich fragte fast alle meine Gesprächspartnerinnen, ob sie irgendetwas in der Art praktizieren, und sie antworteten fast alle sofort mit einem klaren »Nein«. Daraufhin wagte ich es nicht zu sagen, dass ich so etwas sehr wohl tue – und brauche.

10 Widersprüchliche Gefühle: »Ich war auch erleichtert«

Trauer ist ein sehr allgemeiner Begriff. Er beschreibt das, was in einem Menschen vorgeht, wenn eine Person stirbt, die er mochte oder liebte. Die Trauer, die eine Tochter empfindet, deren Mutter gestorben ist, kann sehr widersprüchlich sein und sich im Laufe der Zeit auch wandeln. Neben dem zu erwartenden Verlassenheitsgefühl stellte ich bei den Frauen, die ich interviewte, vor allem drei verschiedene Emotionen fest: Schuldgefühle; das Gefühl, plötzlich erwachsen zu sein oder werden zu müssen; und das Gefühl von Befreiung. Es versteht sich von selbst, dass es den meisten Frauen leichter fiel, über die ersten beiden Empfindungen zu reden, und schwerer, Letztere zuzugeben. Einige jedoch kamen ganz von selbst darauf zu sprechen, noch ehe ich sie danach gefragt hatte.

Es gibt ein Motiv, sich durch den Tod der Mutter befreit oder erleichtert zu fühlen, das nicht unmittelbar mit der Beziehung zwischen Mutter und Tochter zu tun hat. Danuta etwa, die ihre Mutter liebte und bewunderte, die sie als Sterbende betreute und sie in ihrem letzten Augenblick in den Armen hielt, gesteht ein, dass sie, bei allem Schmerz und aller Verzweiflung, auch erleichtert war: Sie war eine junge Frau und hatte sich davor gefürchtet, die Mutter noch mo-

208

nate- oder vielleicht jahrelang 24 Stunden pro Tag pflegen zu müssen. In dem Satz »Ich war froh, dass sie (oder er) erlöst war, dass sie (oder er) nicht mehr leiden musste«, den man häufig von Menschen hört, die einen Angehörigen längere Zeit gepflegt hatten, klingt unausgesprochen oft mit: »Ich bin auch froh, dass ich erlöst bin, dass ich das alles nicht mehr machen muss, dass ich wieder mein eigenes Leben leben kann.«

Dieses Gefühl ist so natürlich wie verständlich und muss dennoch kaschiert werden. Es taucht häufig auf, wenn sich Pflegende erstmals ihrer Erschöpfung bewusst werden. Und es überlagert zeitweise andere, tiefere Gefühle, die nichts mit der aktuellen Situation und Befindlichkeit zu tun haben. Ich habe deshalb hier weder dieses spezielle Gefühl der Erleichterung berücksichtigt noch das oft darauf folgende und quasi dazugehörige Schuldgefühl, sondern mich auf diejenigen Emotionen konzentriert, die aus den Verflochtenheiten und Komplikationen der Beziehung zwischen Mutter und Tochter resultieren.

Die Schuldgefühle, die mehrere der Töchter, die ich interviewt hatte, empfanden, haben häufig damit zu tun, dass sie die Mutter ihrer Ansicht nach zu selten besucht, sich zu wenig um sie gekümmert oder sie im letzten Moment im Stich gelassen hatten. Beate zum Beispiel, die, als ihre Mutter starb, bis über beide Ohren mit ihrer eigenen schwierigen beruflichen Situation beschäftigt war und deshalb nur wenig Zeit für die Kranke hatte, sagt, sie möchte keine ihrer Freundinnen so allein lassen, wie sie damals ihre Mutter allein gelassen hatte. Beate war einige Zeit vor unserem Gespräch im Krankenhaus gewesen. Neben ihr lag eine alte Frau, die immer wieder rief: »Ich will sterben!« Sie hatte keine ernsthafte Krankheit, ihr Tod stand nicht unmittelbar bevor, aber sie hatte offenbar niemanden, der sich um sie kümmerte, sie bekam nur selten Besuch. Ihre Verlassenheit mobilisierte in Beate Angst und Schuldgefühle. Schuldgefühle der Mutter gegenüber und Angst um sich selbst: »Da wurde mir bewusst, ich möchte nicht alleine sterben müssen. Und mir ist auch klar geworden, dass ich das nicht noch einmal machen werde, die Arbeit über die Beziehung zu einer Sterbenden oder einem Sterbenden zu stellen.«

Andere Frauen rekapitulierten nach dem Tod der Mutter ihre Beziehung zu ihr und bedauerten, dass sie Verletzungen, die sie der Mutter zugefügt hatten, nun nie mehr gutmachen, dass sie noch nicht einmal um Verzeihung dafür bitten konnten. Monika macht sich zum Teil heute noch Vorwürfe, dass sie nicht bemerkt hatte, dass ihre Mutter Alkoholikerin war. Sie denkt, wenn sie es rechtzeitig wahrgenommen hätte, dann hätte sie ihrer Mutter vielleicht helfen und sie vor dem Tod bewahren können. Rational weiß sie, dass das vermutlich eher eine Selbstüberschätzung ist. Sie war noch sehr jung und hatte keine Erfahrung mit Alkoholikern. Sie kannte die Symptome nicht, und es hatte sie auch niemand darauf aufmerksam gemacht. Trotzdem plagt sie immer wieder die Überlegung, sie hätte es sehen, sie hätte als liebende Tochter das Problem der Mutter erkennen müssen.

Dazu kommt, dass Monika sich als junges Mädchen für ihre – körperlich ungepflegte – Mutter geschämt hatte. Auch das bereitet ihr noch immer Schuldgefühle. Und sie wünscht, sie könnte alles wieder gutmachen: »Ich weiß, sie hätte eine Freude, wenn sie heute mit anschauen könnte, wie es mir geht. Und ich wäre heute in der Lage, auch finanziell, es ihr behaglicher zu machen. Und da denke ich mir manchmal, schade, es ist zu spät. Und habe vielleicht auch das Bedürfnis, etwas … zurückzuzahlen klingt so dramatisch, das ist es nicht, Buße tun klingt auch blöd, wie soll ich sagen? Ich kann es schlecht formulieren. Es ist keine Schuldabstattung, nein, ich glaube, es ist das natürliche Bedürfnis, jemandem, dem man etwas angetan hat, nachträglich etwas Liebes zu tun.«

Marion erinnerte sich nach dem Tod ihrer Mutter, mit der sie immer wieder heftig gestritten hatte, an lange zurückliegende Auseinandersetzungen: »Und mir wurde bewusst, wie unverschämt ich war, wie beinhart. Mir sind Sachen eingefallen, die habe ich jetzt schon wieder vergessen, aber ich weiß, ich bin richtig erstarrt, als mir klar wurde: Um Gottes willen, das habe ich gesagt!« Marion macht sich aber auch bewusst, dass sie ihre Mutter, wenn sie noch am Leben wäre, nicht um Verzeihung bitten würde: »Das ginge gar nicht, denn sie hat das ja mit produziert, sie war daran beteiligt.« Marion hatte oft das Gefühl gehabt, ihre Mutter mit deren eigenen Mitteln schlagen zu müssen, und so sah sie sich nach deren Tod auch nicht als die Alleinschuldige. Was sie allerdings nicht daran hinderte, eine Zeit lang Schuldgefühle aufgrund der eigenen Härte zu empfinden.

Bettina wägt heute ab, welchen Anteil ihre Mutter und welchen Anteil sie selbst daran hatte, dass ihre Beziehung so schwierig war. Sie empfindet Schuldgefühle, weil sie sich nicht genug um ihre sterbende Mutter gekümmert hatte. Sie sieht inzwischen, in welchem Netz von mütterlichen Ansprüchen und eigenen Befreiungsversuchen sie gefangen war. Und sie erkennt, dass dieses vertraute Muster sie daran hinderte, sich aus der Rolle der Tochter zu emanzipieren und der Mutter als erwachsene – und fürsorgliche – Frau entgegenzukommen: »Sie hat mich ihr Leben lang unter Druck gesetzt mit Krankheiten und damit, wie schlecht es ihr geht, dass ich auf sie Rücksicht nehmen muss und so weiter. Dem habe ich mich immer versucht zu entziehen, und als sie dann wirklich ernsthaft krank wurde, konnte ich da nicht mehr heraus. Da hatte ich dann das Gefühl, jetzt hat sie mich. Dagegen habe ich mich lange gewehrt.«

Als Bettinas Mutter bereits sehr krank war, wurde sie auch »unleidlich«, sie erklärte der Tochter, sie wolle sie nicht mehr sehen, und überhäufte sie mit Vorwürfen: »Heute denke ich, ich hätte mich davon nicht beeindrucken lassen dürfen, ich hätte einfach sagen müssen, okay, sie ist nun einmal todkrank, und ich fahre jetzt zu ihr und bin da, ob sie das will oder nicht. Denn sie hätte es ja letztlich gewollt, da bin ich mir ziemlich sicher.« Als Bettina ihre Mutter dann doch besuchte, verhielt sie sich manchmal, wie sie inzwischen sagt, »idiotisch«: »Ich wollte wohl nicht wahrhaben, wie es wirklich um sie stand, und da habe ich plötzlich auf optimistisch gemacht und zu ihr gesagt: ›Jetzt krieg doch nicht gleich Panik, es ist doch noch gar nicht entschieden, was sein wird.‹ Da hat sie sich natürlich nicht ernst genommen gefühlt in der Angst, die sie hatte und die sie ja zu Recht hatte. Es gibt so Sachen, da weiß man ganz genau, es ist bescheuert, so etwas zu sagen, aber plötzlich, wenn man selbst davon betroffen ist, macht man es dann doch. Ich denke, ich habe sie ziemlich allein gelassen. Das ist ein Schuldgefühl, mit dem ich immer noch herumlaufe.«

Was Bettina nachträglich so selbstkritisch beschreibt, ist das Verhalten einer Tochter, die in ihrer Mutter bis zuletzt fast nur die Mutter sah und die sich nicht anders als eine unselbständige Tochter verhalten konnte. Ist die Mutter erst einmal tot, dann ist diese Person verschwunden, an der die Tochter sich reiben, mit der sie kämpfen und von der sie sich absetzen konnte und musste. Der Machtkampf ist beendet, das Tauziehen ist vorüber, das Netz zerrissen, die Nabelschnur endgültig durchtrennt. Die Tochter muss nun, ob sie will oder nicht, erwachsen werden, denn der Vater kann die Rolle der Mutter nicht übernehmen. Mit dem Tod der Mutter – und noch deutlicher und endgültiger mit dem Tod beider Eltern – verliert die Tochter aber auch das Nest, in das sie sich flüchten konnte, die emotionale und oft auch finanzielle Sicherheit, auf die sie sich, und sei es nur unbewusst, gestützt hatte, die Möglichkeit, wenigstens ab und zu wieder geliebtes und behütetes Kind zu sein.

Die meisten Frauen, die ich interviewte (mit Ausnahme derer natürlich, die beim Tod der Mutter noch Kinder oder Jugendliche waren), sagen, sie seien im Grunde schon erwachsen gewesen, als ihre Mutter starb. Sie waren berufstätig, finanziell von den Eltern unabhängig und lebten ihr eigenes Leben, oft auch in einer anderen Stadt. Dennoch hatte Beate nach dem Tod der Mutter, von der sie sich zwar nicht unbedingt geliebt, aber doch immer beschützt gefühlt hatte, das Gefühl, »ich habe jetzt niemanden mehr, der mich notfalls rausholt, der mir mit Geld aushelfen oder der mich mal aus dem Schlamassel ziehen kann. Insofern bin ich schon auch ein bisschen erwachsener geworden.« Maria, die beim Tod ihrer Mutter bereits 57 Jahre alt und damit sehr viel älter als Beate beim Tod der ihren war, empfand ihn dennoch als »das Ende der Kindheit«, und das in einem durchaus emanzipatorischen Sinne: »Meine Beziehung zu meiner Mutter war letztlich bis zum Schluss eine Mutter-Kind-Beziehung, die niemals – ich weiß gar nicht, ob das überhaupt möglich ist – auf eine erwachsene Ebene gehoben war.« Als diese Konstellation durch den Tod der Mutter aufgehoben wurde und Maria »allein« zurückblieb, konnte sie die Tochterrolle endlich aufgeben.

Bettina erlebte, ähnlich wie Beate, dass sie durch den Tod ihrer Mutter eine Sicherheit verlor, die bisher für sie selbstverständlich gewesen war: »Ich fühle mich ein bisschen wie ein Schiff, dem die Ankerkette gekappt worden ist. Ich bin ja ziemlich viel herumzigeunert, immer ein paar Jahre hier und ein paar Jahre dort, aber ich wusste, im Haus meiner Mutter ist immer ein sicherer Platz für mich. Da kann ich im Zweifelsfall immer hin, wenn irgendwas passiert, wenn alles über mir zusammenbricht. Und auch finanziell war immer klar, dass da eine Sicherheit ist. Und das war plötzlich weg. Diesen Platz musste ich mir jetzt selber schaffen. Und da habe ich mir manchmal gesagt, na ja, jetzt werde ich endlich erwachsen. Das hat auch etwas Positives. Es ist ein Entwicklungsschritt nach vorne. Und ich habe das Gefühl, dass ich dadurch ein Stück an Sicherheit gewonnen habe.«

Anna erlebte sozusagen den umgekehrten Prozess. Sie musste früh erwachsen werden und vermisst das Kind, das sie plötzlich nicht mehr sein durfte. Anna verlor ihre Mutter im Alter von 16 Jahren. Als ihr Vater starb, war sie 22 und erkannte: »Es gibt jetzt auf dieser Welt niemanden mehr, der für dich irgendetwas tut. Was jetzt passieren soll, musst du alles selber machen. Es sei denn, du bittest darum, aber es kommt nie einer so selbstverständlich wie eine Mutter oder ein Vater und sagt: ›Lass mal, Anna, ich mach das schon!‹« Erst Jahrzehnte später konnte Anna sich zugestehen, dass in ihr ein Kind steckte, das damals seines Rechtes auf Kindsein beraubt worden war. Sie weiß, dass das nicht mehr rückgängig gemacht werden kann. Aber sie sagt auch: »Je älter ich werde, desto mehr versuche ich herauszufinden, wo denn das Kind in mir steckt und ob ich es wenigstens ab und zu mal wieder ans Tageslicht befördern kann.«

Als Martinas Mutter im Alter von über 90 Jahren starb, war Martina 59 und empfand »eine grenzenlose Erleichterung«. Sie ist eine der wenigen Frauen, die über dieses Gefühl sprechen können, ohne sich dafür zu rechtfertigen. Sie klang geradezu fröhlich, als sie den Satz sagte, der anderen so schwer über die Lippen ging. Martinas Mutter war eine dominante Frau gewesen, die bis an ihr Lebensende versucht hatte, ihre Kinder an der Leine zu halten: »Es gelang ihr sogar, als sie schon an Kraft verlor, immer noch, einzugreifen und es uns wirklich schwer zu machen. In den letzten Jahren hat sie pausenlos angerufen und wollte immer wieder sozusagen unsere Dienste. Sodass meine Schwestern und ich noch ein Jahr nach ihrem Tod, wenn das Telefon klingelte, dachten, o Gott, das ist unsere Mutter. Ich lebte damals allein, ich war geschieden, und die Kinder waren schon aus dem Haus, und da dachte sie, sie könne mich noch mehr als die anderen einsetzen und kontrollieren. Sie hat tatsächlich einmal, als sie mich einen Tag lang nicht am Telefon erreichte, die Polizei benachrichtigt. Nach ihrem Tod haben Hella, das ist meine jüngste Schwester, und ich gesagt: ›Liebes Mäulchen da oben, du kannst uns jetzt nichts mehr tun, und du wirst wahrscheinlich viel bereuen.‹ Und manchmal sagen wir das sogar heute noch.«

Sonia war erst zehn Jahre alt, als sie ihre Mutter verlor, deshalb stellte ich ihr die Frage, ob sie sich durch deren Tod auch befreit gefühlt habe, gar nicht. Sie kam jedoch von selbst darauf zu sprechen. Sonia vermisste als erwachsene Frau die Kämpfe, die andere Frauen mit ihren Müttern führten. Sie war der Überzeugung, dass diese Frauen, indem sie sich von der Mutter abgrenzten, sich selbst erschufen. Und da sie niemanden hatte, von dem sie sich abgrenzen oder ablösen konnte, fehlte ihr auch ein bestimmtes Maß an Selbstfindung. Dass auch sie bereits von ihrer Mutter geprägt worden war und dass es somit auch für sie etwas gab, wovon sie sich lösen und wofür sie eine eigene Entscheidung treffen konnte, verstand sie erst später. Ihre Mutter kam aus Berlin, und als Sonia sechs Jahre alt war, nahm sie die Tochter auf einen Berlinbesuch mit. Sonia war von der Stadt, der »Stadt der Mutter«, tief beeindruckt. Als junge Frau ging Sonia denn auch nach Berlin, wo sie lange Jahre lebte. Als sie schließlich in eine andere Stadt zog, hatte sie das Gefühl, sich von der Mutter zu trennen: »Und ich hatte auch das Gefühl, ich habe es satt, ihr treu zu sein. Es war eine Befreiung, als ich dieses Gefühl hatte, ich möchte nicht mehr, dass mein Leben durch die Verbindung zu ihr bestimmt ist.«

Renate, deren Mutter sich ihr Leben lang durch Stürze verletzt hatte, empfand bei ihrem Tod keine Schuldgefühle – sie wusste, sie hatte ihren »Tochterdienst abgeleistet« –, sondern eine Art traurige Erleichterung, für ihre Mutter und für sich selbst: »Ich habe bestimmt 15 Jahre danach immer noch geträumt, sie sitzt am Küchentisch, guckt mich an mit einem ganz entstellten, verletzten Gesicht und fragt mich: ›Wer sind Sie denn?‹ Und aus diesen Träumen bin ich dann wach geworden mit dem Gefühl, Gott sei Dank, es ist rum.«

Marion empfand erst zwei bis drei Jahre nach dem Tod ihrer Mutter so etwas wie Befreiung: »Es war ein Gefühl wie: Jetzt bin ich selber zuständig. Und das ist auch gut. Ich muss mich nicht mehr zu ihr hin orientieren, ich muss nichts mehr mit ihr aushandeln, ich muss nichts mehr für oder gegen sie tun oder dafür sorgen, dass sie bloß nicht erfährt, was ich tue. Letztlich habe ich ja meine Mutter immer mitgedacht. Ich bin zweimal im Jahr zu ihr gefahren und habe alle zwei Wochen angerufen, und ich habe sie über alles auf dem Laufenden gehalten. Das ist mir erst aufgefallen, als sie nicht mehr da war. Und das Gefühl, dass es auch befreiend ist, dass das alles nicht mehr ist, das ist erst spät gekommen.«

Bettina hatte den Prozess des Erwachsenwerdens nach dem Tod der Mutter als einen positiven Entwicklungsschritt beschrieben. Sie hatte auch gesagt, dass sie um ihre Mutter getrauert hatte und dass sie manchmal noch das Bedürfnis hat, sie anzurufen, um ihr etwas Schönes zu erzählen. Doch wirklich gefehlt, meint sie, hat ihre Mutter ihr in dem Jahr, das seit ihrem Tod vergangen ist, nie. Sie empfindet die Tatsache, dass ihre Mutter nicht mehr lebt, eher als Erleichterung, auch wenn sie hinzufügt, dass diese Erkenntnis sie erschreckt: »Es fällt dadurch so viel an Druck und Belastung weg. Sie war ja oft eher eine Belastung für mich als eine Stütze. Ich habe schon immer versucht, mein Leben so zu führen, wie ich es will, aber jetzt muss ich nicht mehr darum kämpfen, ich muss mich nicht mehr ständig für alles verteidigen. Wenn ich überlege, was ich so mache, jetzt, nachdem mein letzter Arbeitsvertrag ausgelaufen ist und ich mal wieder zwischen Arbeitslosigkeit und selbständiger Tätigkeit hänge, dann fühle ich mich wirklich erleichtert, denn sie hätte sich wahrscheinlich wieder überschlagen vor Sorge, und ich hätte mich rechtfertigen und mir etwas einfallen lassen müssen. Das wäre wieder ganz schwierig geworden. Es klingt vielleicht seltsam, aber irgendwie ist seit ihrem Tod mehr Ruhe in meinem Leben.«

Anscheinend bedingt häufig das eine Gefühl das andere: Der Verlust an Sicherheit bedeutet auch die Freiheit von Rechtfertigungsdruck. Vor einer Mutter, die einen nicht mehr »aus dem Schlamassel« ziehen kann, muss man sich auch nicht dafür verteidigen, dass man nicht so lebt, wie sie es möchte. Seit die Ankerleinen gekappt sind, wie Bettina es nannte, kann das Schiff frei herumtreiben. Auch Töchter, die sich nicht davon abhalten ließen, so zu leben, wie sie es für richtig hielten – und das sind die meisten derer, die ich befragt hatte – fühlten sich der Mutter gegenüber unter Rechtfertigungsdruck. Sie taten zwar, was sie wollten, wussten aber, dass sie ihrer Mutter damit Sorgen bereiteten und dass sie erklären mussten, warum sie wieder nicht so funktionierten, wie sie sollten. Oder dass sie, wenn sie nicht bereit waren, sich zu legitimieren, Streit und noch schlimmere Vorwürfe riskierten. Ich habe kaum mit einer Frau gesprochen, die erst nach dem Tod ihrer Mutter wagte, nach ihrer eigenen Fasson zu leben. Aber ich habe auch nur von wenigen gehört, dass ihre Mutter mit dem, was sie taten, einverstanden oder gar froh darüber war.

Der Tod der Mutter bedeutete also für die meisten, dass niemand mehr da war (zumindest niemand mit der emotionalen Macht einer Mutter), der sie für ihr Aussehen, ihren Partner oder ihre Partnerin oder dafür, dass sie keinen Partner hatten, für ihre Berufswahl oder ihre Art, die Kinder zu erziehen, für ihre politischen Überzeugungen oder ihre ungebügelten Jeans kritisieren konnte. Und das bedeutete auch, dass niemand mehr da war, der sie auf eine bestimmte – sehr tiefe und schmerzhafte – Art verletzen konnte. Auch das bedeutet Erwachsenwerden. Dass andererseits diese kritische Instanz durch den physischen Tod der Mutter noch lange nicht ausgeschaltet, sondern von der Tochter verinnerlicht wurde, erfuhren die meisten Frauen erst Jahre später. Indem sie sich mit ihrem Erbe auseinander setzten, mit dem, was sie von ihrer Mutter übernommen hatten, stellten manche von ihnen fest, dass sie ihr ähnlicher waren beziehungsweise wurden, als sie es je für möglich gehalten hätten.

11 Vater und Geschwister: »Unsere Beziehung hat sich verändert«

Stirbt die Mutter, bleibt in manchen Fällen ein hilfloser alter Vater zurück, der von der Tochter erwartet oder erhofft, dass sie sich um ihn kümmert. Nicht zufällig staunten alle Menschen, denen ich erzählte, dass mein Vater meine Mutter nicht nur gepflegt, sondern auch den ganzen Haushalt allein und selbständig versorgt hatte. Er trauert noch immer um meine Mutter, die seine große Liebe und die Gefährtin von 50 Jahren seines Lebens war. Sie fehlt ihm, und sie wird ihm immer fehlen. Aber auf der rein praktischen Ebene ist er nicht auf sie angewiesen. Und damit stellt er die Ausnahme zu einer weithin gültigen Regel dar.

Gemeinhin kommen nämlich Witwer im Gegensatz zu Witwen nur schlecht allein zurecht, und sie heiraten auch häufiger noch einmal, während Witwen es eher vorziehen, allein zu bleiben. Der hauptsächliche Grund für diese Diskrepanz liegt in der klassischen Rollenteilung zwischen den Geschlechtern. Die Männer der älteren Generationen (und nicht nur die) können weder kochen noch Wäsche waschen, sie können keinen Haushalt führen und sehen sich nicht imstande, sich selbst zu versorgen. Auch für die sozialen Kontakte war in den allermeisten Fällen die Frau zuständig. Der Mann kennt weder die Geburtstage von Verwandten und Freunden, noch ist er darin geübt, von sich aus jemanden anzurufen, zu besuchen oder zu sich einzuladen. Stirbt also einem Mann die Frau, verschlechtert sich sein Leben nicht nur in emotionaler, sondern auch in materieller und sozialer Hinsicht. Es ist deshalb in seinem Interesse, so rasch wie möglich wieder eine Frau zu finden, die für sein leibliches und seelisches Wohl sorgt.

Umgekehrt fällt für die Frau nach dem Tod des Mannes, abgesehen vom Verlust des Lebensgefährten, eine Menge an Dienstleistungen weg, die sie für ihn verrichtet hat. Sie kann sich ihre Zeit nun selbst einteilen, sie muss sich nach niemandem mehr ausrichten, die Hausarbeit reduziert sich deutlich. Sie hat nicht nur mehr Zeit, sondern auch die Entscheidungsfreiheit, sich mit Freundinnen zu treffen, Kurse zu besuchen und Reisen zu unternehmen, wann und wie sie es möchte. Würde eine solche Frau sich einen neuen Mann suchen, müsste sie bald wieder jemanden bedienen, sie hätte wieder mehr Arbeit und weniger Unabhängigkeit.

Einige meiner Interviewpartnerinnen fühlten nach dem Tod der Mutter das Bedürfnis, sich um ihren Vater zu kümmern, und sie überlegten, wie sie ihr eigenes Leben mit der Sorge um den Vater vereinbaren könnten. Andere berichteten, ihr Vater habe mehr oder weniger bald nach dem Tod der Mutter erneut geheiratet. Und wieder andere fühlten sich gedrängt, die Nachfolge der Mutter in der Versorgung des Vaters übernehmen zu müssen. Margots Vater zum Beispiel akzeptierte nicht, dass sie nach dem Tod der Mutter in die Großstadt zurückkehrte, in der sie lebte. Er erwartete, dass sie bei ihm bliebe, um für ihn und ihren jüngeren Bruder zu sorgen. Da Margot nicht verheiratet war und auch keine beruflichen Gründe für ihre Ablehnung geltend machen konnte, trennten sie sich im Streit und hatten längere Zeit keinen

Kontakt zueinander. Ihr Verhältnis verbesserte sich erst wieder, als der Vater eine neue Beziehung einging.

Beates Angst um ihren unselbständigen, hilflosen und emotional verletzten Vater erwies sich als berechtigt. Er hatte nicht nur seine Frau, die er geliebt hatte, verloren. Sie hatte ihn auch im Tod noch zurückgewiesen. Beate, die das Ungleichgewicht in der Liebe ihrer Eltern zueinander geahnt hatte, erschrak, als sie das Ausmaß der Einseitigkeit erfuhr. Ihre Mutter wollte kein gemeinsames Grab mit ihrem Mann, sondern im Grab ihrer Mutter beigesetzt werden. Und sie widmete ihm kein Wort und keinen Gegenstand in ihrem Testament: »Mein Vater ist zwei Monate nach meiner Mutter an gebrochenem Herzen gestorben, weil er ohne sie nicht leben konnte, während meine Mutter ihn weder im Grab mithaben wollte noch ihm etwas hinterlassen hat, nicht einmal ein Dankeschön oder irgendeine Bemerkung für ihn. Das war sehr hart.«

Beate hatte das Gefühl, sie müsse ihren Vater trösten, ihn schützen und stützen. Doch sie war zu diesem Zeitpunkt auch Berufsanfängerin, sie baute sich gerade ein eigenes Leben auf und konnte sich nicht vorstellen, bei ihrem Vater zu wohnen und nur noch für ihn da zu sein. Als er schließlich alleine starb, litt sie unter heftigen Schuldgefühlen: »Es war Weihnachten. Ich war zu meiner Schwägerin gefahren, die erwartete ihr zweites Kind, und ich sollte auf das andere aufpassen. Mein Vater lag hilflos in seiner Wohnung. Die Putzfrau hat ihn gefunden. Er lebte noch, aber bis ich wieder zurück war, war er schon tot. Ich kann das bis heute kaum verkraften.«

Ulrike dachte, als sie vom Tod ihrer Mutter erfuhr, als Erstes: »O Gott, was wird jetzt mit Vater? Mein Vater war Alkoholiker, eine relativ friedliche Sorte, aber trotzdem. Ich hatte das Gefühl, dass ich mich jetzt mehr kümmern muss, dass ich sozusagen bestimmte Funktionen, bestimmte Rollen, die meine Mutter hatte, übernehmen muss.« Ulrike wohnte in derselben Stadt wie ihr Vater und konnte deshalb in den ersten Monaten auch häufig bei ihm sein und für ihn sorgen. Obwohl die Eile, mit der er alles, was seiner Frau gehörte, aus der Wohnung schaffen wollte, sie irritierte, half sie ihm dabei und versuchte, ihn vor den Auswirkungen seiner eigenen Gefühle zu schützen: »Er verlangte praktisch am Tag nach der Beerdigung, jetzt räumen wir aber alles von der Mami weg. Das ist eine Variante von Trauerbewältigung, mein Vater war stinkesauer, dass meine Mutter gestorben ist. Er empfand das als Verrat, gerade so, als habe sie ihn absichtlich verlassen. Ich habe dann immer versucht ihn zu bremsen, ich meinte: ›Lass das mal hier, vielleicht willst du das später doch nochmal haben …‹ Aber nein, es sollte alles weg. Er sagte: ›Ich will jetzt eine neue Ordnung.‹ Ich hatte natürlich Sorge, dass mein Vater, wenn diese erste Wut bei ihm verraucht ist, plötzlich feststellt: ›Ach, ich habe ja gar nichts mehr von ihr.‹ Das heißt, ich habe quasi heimlich probiert, doch noch Sachen zu behalten, Fotos, auch Schmuck, Sachen, von denen ich dachte, die möchte er später einmal von seiner Frau noch haben.« Im Laufe der Zeit hat Ulrike gelernt, ihren Vater auf seine Weise »vor sich hin wursteln« zu lassen. Sie akzeptierte, dass er »sich nicht aufraffen kann, mal jemanden zu besuchen, aber immer jammert, er sei so allein«. Sie besuchte ihn bis zu seinem Tod regelmäßig, erledigte größere Einkäufe für ihn, versuchte aber nicht mehr, sich in »sein Chaos« einzumischen, um ihm zu helfen.

Bettinas Vater hatte seine Frau und seine Tochter verlassen, als Bettina noch ein Mädchen war. Sie war mit der Wut und Verletztheit ihrer Mutter groß geworden, die ihrem Mann die Scheidung bis zum letzten Augenblick nicht verzieh. Nach dem Tod der Mutter nahm Bettina Verbindung zu ihrem Vater auf: »Wir haben zwölf Jahre keinen Kontakt miteinander gehabt. Wenn er gesagt hätte: ›Jetzt brauchst du auch nicht mehr zu kommen‹, dann hätte ich ihm das nicht übel nehmen können. Aber so hat er nicht reagiert, er hat sich sehr gefreut.« Auch Bettina war froh über die positive Reaktion ihres Vaters: »Das hat natürlich auch etwas damit zu tun, dass ich plötzlich das Gefühl hatte, so ganz alleine bin ich doch nicht, ein bisschen Familie ist doch noch da.« Dennoch hatte Bettina beinahe ein schlechtes Gewissen ihrer Mutter gegenüber: »Es hing irgendwie über mir, was sie dazu sagen würde. Als ich meinen Vater das letzte Mal besuchte, habe ich ihn gefragt, ob er das Haus nochmal sehen will, schließlich hat er da ja auch mal gewohnt. Aber er wollte zum Friedhof gehen. Und ich hatte die Phantasie, mir fliegt der Grabstein an den Kopf, wenn ich da mit meinem Vater auftauche. Doch ich wollte es ihm auch nicht abschlagen.«

Bettinas neue Beziehung zu ihrem Vater entwickelt sich erfreulich. Ihrer Einschätzung nach liegt das sowohl an ihm als auch an ihr selbst: »Wir haben ja durchaus unsere Schwierigkeiten miteinander gehabt, aber jetzt kann ich anders auf ihn zugehen, souveräner. Und ich entdecke neue Züge an ihm, wo ich mich frage, habe ich die vorher übersehen, oder ist er wirklich im Alter ein bisschen weicher geworden? Und jetzt denke ich mir, vielleicht kann ich es mit ihm anders machen, besser als mit ihr. Ich fände es gut, wenn wir die Zeit, die wir noch miteinander haben, nutzen.«

Monika verständigte ihren Vater »anstandshalber« vom Tod der Mutter. Er hatte sie vor Jahren verlassen und lebte mit einer anderen Frau zusammen. Als er an das Totenbett trat, empfand Monika »sein Auftauchen ein bisschen wie Leichenfledderei. Ich dachte: ›Jetzt wird er ja zufrieden sein, jetzt muss er keine Alimente mehr zahlen.‹ Ich hatte ihm gegenüber schon sehr negative Gefühle. Er ist dann auch noch zum Begräbnis gekommen und hat sich nicht entblödet, sich kondolieren zu lassen. Wobei wahrscheinlich zwei Drittel der Anwesenden auf dem Friedhof ohnehin gewusst haben, was los ist.« Monikas Beziehung zu ihrem Vater blieb bis zu seinem Tod kühl und distanziert. Und sie kann und will bis heute nicht vergessen, wie er mit ihrer Mutter umgesprungen ist.

Sonia, die zehn Jahre alt war, als ihre Mutter starb, erinnert sich, dass ihr Vater schon beim Leichenschmaus mit anderen Frauen flirtete. Eine Tante, die dabei war, bestätigte ihr später ihre Wahrnehmung. Sonias Verhältnis zu ihrem Vater verschlechterte sich dadurch noch weiter. Und es wurde katastrophal, nachdem ihr Vater sie, etwa ein Jahr nach dem Tod der Mutter, »geradezu sadistisch« geschlagen hatte: »Er hat dann angefangen zu trinken und hat Tabletten genommen. Es gab keine Kommunikationsebene zwischen uns. Ich habe ihm auch nie etwas von mir mitgeteilt. Er hat gefragt, ja. Aber ich habe nur gelogen.« Auch Sonias ältere Geschwister gehen auf Distanz zum Vater: »Ich kann mich zum Beispiel erinnern, wir haben zusammengesessen und hatten die Phantasie, was wäre, wenn es anders gewesen wäre, was wäre, wenn Vater gestorben wäre und Mutter noch leben würde. Wir haben immer wieder darüber gesprochen. Und irgendwann haben wir dann solche Phantasien entwickelt, was wäre, wenn der Vater jetzt stirbt. Das ist hingegangen bis zu Mordphantasien, was müssen wir tun, damit er stirbt.«

Heute hat Sonia ein etwas entspannteres Verhältnis zu ihrem Vater. Sie sieht ihn selten, aber regelmäßig und bemüht sich auch, mit ihm zu reden: »Unsere Beziehung hat sich verändert, weil ich älter und dadurch milder geworden bin und viel Therapie gemacht habe. Aber es ist eine große Distanz zwischen uns, und es kostet mich immer wieder eine Überwindung, ihm etwas von mir mitzuteilen.«

Inge war 13, als ihre Mutter Selbstmord beging. Sie hatte schon früher versucht, sich zu töten, und sie hatte längere Zeit in der Psychiatrie verbracht. Inge gab – und gibt – ihrem Vater die Schuld am Tod der Mutter. Und sie erlebte nach deren Tod den Vater als aggressiven und destruktiven Gegner: »Er hat mir alles kaputtgemacht, was mir irgendwie wichtig war im Leben. Er hat mir die Röhren aus meinem Radio ausgebaut, weil ich Radio hören wollte, klassische Musik wohlgemerkt. Er hat mir Freundschaften kaputtgemacht, er hat meine Freundin mal rausgeschmissen, und meinen ersten Freund, den hat er auch rausgeschmissen. Alles, was mir wichtig war, hat er zerstört. Und er war damit relativ erfolgreich.« Inge wehrte sich auch dagegen, »die Frauenrolle einnehmen zu müssen«. Ihr Vater verlangte von der Dreizehnjährigen, dass sie den Haushalt führte und für ihn kochte: »Wenn ich von der Schule nach Hause kam, musste ich kochen, während mein Vater Zeitung lesend auf dem Sofa saß. Das ist für mich bis heute ein Bild der Provokation.« Jahre später besuchte Inges Vater sie in ihrer Wohnung, er wollte sich mit ihr versöhnen und hatte eine Weihnachtsente mitgebracht: »Er hat eine Erklärung abgegeben für den permanenten Terror, dem er mich ausgesetzt hatte. Und zwar hat er gesagt: ›Du hast mich für den Mörder deiner Mutter gehalten.‹ Und darauf konnte ich nur sagen: ›Ja, habe ich. Und ich halte dich immer noch dafür.‹«

Anna, die 16 Jahre alt war, als ihre Mutter starb, fand nach einiger Zeit heraus, dass ihr Vater die Mutter betrogen hatte. Und dass alle es gewusst hatten: »Zu dieser Frau ging er auch nach Mutters Tod sehr oft, sie wohnte nicht weit entfernt, man konnte also immer sehen, wo der Wagen stand.« Dieses Verhältnis führte dazu, dass Annas mütterliche Ver-

225

wandtschaft sich von ihrem Vater und damit auch den Töchtern abwandte. Für Anna zerbrach mit dem Tod der Mutter ihre ganze Familie. Sie fühlte sich völlig allein. Als ihr Vater gut sechs Jahre später an Krebs erkrankte, besuchte sie ihn regelmäßig im Krankenhaus: »Aber ich habe keinen Zugang zu ihm gefunden, er war einfach zu. Ich bin Nachmittage in die Klinik gefahren, habe an seinem Krankenbett gesessen, ihm vorgelesen. Ich bin zu ihm nach Hause gefahren, als er zu Hause gelegen hat, ich habe ihn nach der Operation praktisch bis zu seinem Tod immer wieder besucht, aber die Krankheit und die Konsequenzen daraus wurden tabuisiert, und über irgendetwas anderes wollte er auch nicht sprechen.«

Die Schriftstellerin Marie Luise Kaschnitz schrieb über sich und ihre Geschwister: »(...) jedes von uns hat eine andere Mutter gehabt, nur die Schauplätze der Kindheit hatten wir gemeinsam (...).«[92] Mehrere meiner Gesprächspartnerinnen sagen Ähnliches. Die Erinnerungen, die Geschwister von der gemeinsamen Mutter haben, können sich in vielem widersprechen, manchmal bis zum Gegenteil. Auch wenn ich mit meiner Schwester spreche, habe ich gelegentlich den Eindruck, sie hatte eine andere Mutter als ich. Meine Schwester ist acht Jahre jünger; als sie in die Pubertät kam, war ich schon von zu Hause ausgezogen. Wir haben also nicht allzu viel voneinander mitbekommen, und wir leben sehr unterschiedliche Leben. Unsere teilweise schwierige Beziehung veränderte sich jedoch, als unsere Mutter starb. Ich spürte in dieser Situation eine größere Offenheit zwischen uns, ein Interesse aneinander, das wir vorher vielleicht gefühlt, aber so nicht gezeigt hatten. Nach dem Begräbnis setzten wir uns zusammen hin, um den Schmuck meiner Mutter aufzuteilen. Wir überlegten bei den einzelnen Stücken: Was würde der anderen gut stehen? Meine Schwester bestand darauf, dass ich ein bestimmtes Paar Ohringe nahm, weil sie fand, das sei mein Stil, und ich überzeugte sie davon, eine bestimmte Kette zu nehmen, weil sie meiner Meinung nach perfekt zu ihr passte. Wir kamen gar nicht auf die Idee, uns zu streiten. Ganz im Gegenteil, wir fühlten uns so nahe wie selten zuvor in unserem Leben.

Ute beschreibt eine ähnliche Erfahrung mit ihren Geschwistern. Auch sie setzte sich nach dem Tod der Mutter mit ihren Schwestern zusammen, um den Schmuck aufzuteilen, und auch sie erlebte diese Situation als liebevoll und fürsorglich füreinander. Die Beziehung zwischen Ute und ihren Geschwistern änderte sich durch den Tod der Mutter insgesamt zum Besseren: »Sie ist sehr viel intensiver geworden. Wir telefonieren fast jede Woche miteinander. Früher lief das alles über unsere Mutter. Also wenn ich irgendetwas über meine älteste Schwester wissen wollte, rief ich die Mutter an und sagte: ›Was ist mit Anke? Wie geht es ihr?‹ Mutter war sozusagen die Schaltstelle. Die ist jetzt weggefallen, nun telefonieren wir direkt miteinander und haben ein völlig neues Verhältnis zueinander bekommen. Und das finde ich unglaublich schön.«

Margot, die von ihrem Vater gedrängt wurde, nach dem Tod der Mutter bei ihm zu bleiben, und die schon zuvor von der Familie unter Druck gesetzt worden war, sie solle sich mehr um ihre sterbende Mutter kümmern, schrieb ihren Brüdern einen langen Brief, in dem sie ihnen mitteilte, dass sie sich von ihnen völlig im Stich gelassen fühlte: »Der Brief war hart, denn ich hatte in der ganzen Zeit das Gefühl gehabt, die lassen mich allein, und auch, die tun so viel weniger als ich. Und das war auch so.« Eine Antwort auf ihren Brief erhielt Margot nicht: »Erst einmal war Funkstille mit den beiden, und die haben sich auch später nie richtig dazu geäußert. Das ist vielleicht auch typisch für unsere Familie, wir haben über Probleme nicht viel geredet. Das wurde alles nonverbal ausgemacht. Dass ich über Sachen reden wollte, das haben die als seltsam empfunden, so nach dem Motto: ›Was stellt die sich wieder an.‹ Es ist jetzt immer noch so, dass eher ich den Kontakt zu ihnen suche als sie zu mir. Ich weiß auch immer mehr von meinen Brüdern als die untereinander. Und dann fragt der eine mich über den anderen: ›Hast du eigentlich was von dem gehört?‹ Das ist so eine Rolle, die ich von meiner Mutter übernommen habe.«

Martina, deren Mutter im Alter von über 90 Jahren starb, fühlt sich nun »als die Altvordere« und damit auch »verantwortlich für die Familienzusammenführung«. Sie pflegt den Kontakt zu ihren Geschwistern ganz bewusst, und dass das möglich ist, erfüllt sie mit Dankbarkeit: »Voriges Jahr habe ich alle eingeladen zu meinem 65. Geburtstag, so etwas machen wir jetzt an runden Geburtstagen, und alle kommen. Wir merken, wie wichtig es uns ist, und wir merken auch, wie wohl es den Kindern tut.«

Anna setzte sich einige Jahre nach dem Tod der Mutter mit ihrer Schwester zusammen, um ihre sehr schwierige Beziehung zueinander zu klären: »Ich habe auf einmal einen meterlangen Brief von ihr bekommen, in dem stand, wie sehr sie sich immer benachteiligt gefühlt hat, materiell wie immateriell. Ich habe das gelesen und gedacht: ›Das kann nicht wahr sein.‹« Anna schlug ihrer Schwester vor, sich zu treffen und miteinander zu reden: »Wir haben dann Stück für Stück versucht, uns die verschiedenen Wahrheiten, die wir hatten, einfach zu sagen. Ich habe ihr auch erzählt, was meine Not war in diesen Jahren nach dem Tod der Mutter. Und darüber sind wir einander auf eine gute Weise wieder näher gekommen.«

Der Tod der Mutter kann eine befreiende Wirkung auf die Beziehung zwischen den Geschwistern haben. Manchmal hat das ganz pragmatische Gründe wie in Utes Fall: Nachdem die »Schaltstelle« Mutter weggefallen war, mussten die Schwestern und Brüder direkt miteinander sprechen, und das förderte offenbar ihr Verhältnis zueinander. Häufig ist das ausschlaggebende Moment aber, dass die Konkurrenz um die Liebe der Mutter mit deren Tod sinnlos wird. Mehrere meiner Interviewpartnerinnen, die eine Schwester haben, berichten, dass sie nach dem Tod der Mutter plötzlich klärende Gespräche mit ihr führen konnten, dass jede der anderen ihre eigene subjektive Wahrheit mitteilen konnte, dass sie überhaupt endlich das Bedürfnis verspürten, sich einander verständlich zu machen. Wenn mein Blick nicht mehr darauf gerichtet ist, wie meine Mutter mich wahrnimmt, kann ich mich meiner Schwester gegenüber eher so zeigen, wie ich bin. Wenn die Notwendigkeit, um die Liebe und Anerkennung der Mutter zu rivalisieren, wegfällt, fallen damit auch die unsichtbaren Barrieren, die Schwestern zwischen sich errichtet haben. Und die eine kann hinter der eindimensionalen Schwesterschablone der anderen eine vielschichtige Frau erahnen, die sie gerne näher kennen lernen würde.

Dass Konkurrenz zwischen Schwestern nicht die Regel sein muss, beweisen unter anderem Danuta und Martina, die sich von klein auf gut mit ihren Schwestern verstanden, oder auch Sonia, die von ihrer älteren Schwester nach dem Tod der Mutter großgezogen wurde und sie als eine Art Ersatzmutter empfand und liebte. In diesen Fällen kamen die Geschwister nach dem Tod der Mutter nicht erstmals seit langem und vielleicht zögernd aufeinander zu, sondern waren sich ganz selbstverständlich gegenseitig Hilfe und Trost. Danuta beschreibt anschaulich den Zusammenhalt der Geschwister, den sie selbst, auch nach dem Tod der Mutter, erlebte: »Die Schwestern, die in anderen Dörfern wohnen, sind sofort gekommen, und wir haben alle zusammen eine Familienkonferenz abgehalten, wer was macht. Jeder war für etwas anderes zuständig. Das war gut, ich bin richtig glücklich, dass ich Geschwister habe. Wenn du allein bist, dann bist du auch für alles allein zuständig. Aber wir sind zehn, da hatte es jeder leichter, weil sich die Verantwortung auf alle verteilt hat.«

12 Auftrag und Erbe:
»Sie wollte, dass ich unabhängig bleibe«

Ich habe alle Frauen, die ich für dieses Buch interviewte, gefragt: Was haben Sie von Ihrer Mutter geerbt? Welchen Auftrag hat sie Ihnen mitgegeben? Und viele von ihnen haben mir geantwortet: »Sie hat mir vermittelt, ich solle unabhängig bleiben.« – »Sie wollte, dass ich mich von keinem Mann abhängig mache, schon gar nicht finanziell.« – »Ich habe von ihr gelernt, dass eine Frau auch gut alleine zurechtkommt.« Diese Antworten haben mich verblüfft, ich hatte sie, ehrlich gesagt, nicht erwartet, zumindest nicht in dieser Häufung. Tatsächlich waren die Mütter von über der Hälfte meiner Interviewpartnerinnen berufstätig gewesen. Viele hatten ihren Beruf nach der Heirat oder nach der Geburt des ersten Kindes aufgegeben, aber fast alle hatten darunter gelitten. Sie wären gerne weiterhin beruflich aktiv gewesen. Es gefiel ihnen nicht, finanziell abhängig zu sein. Und dieses Unbehagen gaben sie an ihre Töchter weiter, die es, egal, wie sehr sie ihre Mütter sonst auch ablehnten oder in Frage stellten, übernahmen.

Wenn ich hier den Begriff »Erbe« verwende, meine ich – abgesehen von physischen Ähnlichkeiten – nicht ein genetisches, sondern ein soziales Erbe. Durch ihr Verhalten, ihre

Art, zu reden und zu schweigen, ihre Art, Konflikte auszutragen oder zu verdrängen, und durch ihre Haltung ihrem Mann und ihrer Familie gegenüber vermitteln uns unsere Mütter eine bestimmte Art, das Leben zu bewältigen und mit sich selbst und anderen Menschen umzugehen. Neben den ausgesprochenen Werten und Regeln, die sie uns mitteilen und deren Beachtung sie von uns verlangen, lehren sie uns auf einer unausgesprochenen Ebene vieles, das wir übernehmen, ohne uns dessen bewusst zu sein. Wir rebellieren zum Beispiel gegen die strenge Sexualmoral, die Mutter uns abverlangt, übernehmen aber, ohne es zu bemerken, ihre Angst vor Sexualität. Manche Töchter entdecken erst nach ihrer ersten eigenen gescheiterten Beziehung, dass sie, ohne es zu wollen und ohne es auch nur geahnt zu haben, hier das mütterliche Erbe angetreten hatten. Das heißt nicht, dass wir eine genetische Orgasmusschwäche geerbt hätten, sondern dass wir zu gut auf das gehört haben, was unsere Mutter nicht aussprach.

Auch Eigenheiten, »Macken«, Charakterzüge wie Großzügigkeit oder Härte sind nicht unbedingt genetisches Erbe, sondern wurden von uns übernommen, weil wir lange mit einer Person zusammenlebten, die über diese Züge verfügte. Bestimmte Talente, Vorlieben oder Unsitten gelten oft als charakteristisch für eine ganze Familie, und weil schon die Großmutter oder Urgroßmutter »so war«, wird von der Enkelin erwartet, dass auch sie »so ist«.

Wenn ich wiederum Frauen fragte, welchen Auftrag ihre Mutter ihnen mitgegeben hatte, meine ich damit nicht nur einen ausgesprochenen Auftrag, sondern eher einen unausgesprochenen. Eine Mutter kann von ihrer Tochter das eine explizit verlangen und das andere implizit erwarten. Es ist für uns, auch im Nachhinein, schwer zu durchschauen, welche subtile Botschaft wir empfangen haben, welchen geheimen Wünschen der Mutter wir entsprachen, während wir uns gegen das wehrten, was sie hörbar von uns forderte. Wir können nicht mit Sicherheit wissen, ob sie unsere Rebellion begrüßte, weil wir nachholten, was sie versäumt hatte, oder ob sie hoffte, dass wir scheiterten, weil sie uns nicht gönnen konnte, was ihr selbst versagt blieb. Auch Mütter, die ihren Töchtern vermittelten, sie sollten selbständig bleiben und sich von keinem Mann abhängig machen, warfen ihnen gleichzeitig vor, dass sie »noch immer« keine »richtige« Beziehung hätten. Der emanzipatorische Auftrag ihrer Mütter war zudem für viele der Töchter, die ich interviewte, gekoppelt mit einem Mangel an Geborgenheit und körperlicher Zärtlichkeit.

Begriffe wie »Auftrag«, »Vorbild« und »Beispiel« gehen hier manchmal durcheinander oder werden in einem identischen Sinne verwendet. Diese scheinbare Verwirrung entsteht dadurch, dass die Töchter, die ich nach dem Auftrag fragte, den ihre Mütter ihnen mitgegeben hatten, manchmal antworteten, indem sie das Vorbild oder Beispiel beschrieben, das ihre Mutter ihnen gegeben hatte. Ich finde es schwierig zu differenzieren, wo handelt es sich »nur« um ein Vorbild und wo um einen Auftrag. Ist das Vorbild, das die Mutter uns gibt, nicht auch der Auftrag, den sie an uns weitergibt? Und sehen wir nicht manchmal in dem Beispiel, das sie uns gibt, einen Auftrag, selbst so zu werden, dem mütterlichen Beispiel also zu folgen? Beziehungsweise die Herausforderung, diesen Auftrag um jeden Preis zu verweigern?

Utes Mutter ist eine der wenigen unter den Müttern der von mir interviewten Frauen, die ihre Töchter drängten zu heiraten. Als ich Ute fragte, welchen Auftrag ihre Mutter ihr mitgegeben hatte, meinte sie: »Sie hat mir immer wieder gesagt: ›Heirate, du musst heiraten, du musst abgesichert sein.‹ Darunter hab ich als junges Mädchen sehr gelitten, denn irgendwie klappte das bei mir nicht. Ich wollte ja eigentlich auch gerne heiraten, aber ich habe es nicht geschafft.« Doch selbst Utes Mutter anerkannte ihre berufliche Leistung: »Sie hat mich wirklich dafür bewundert, dass ich mich beruflich gesettelt habe, obwohl ich keine große Ausbildung genossen und nicht studiert habe.« Als ich Ute interviewte, bereitete sie gerade ihre Hochzeit vor, auf die sie sich sehr freute. Und sie wünschte sich, ihre Mutter könnte dabei sein: »Sie hat vor vielen Jahren, das werde ich nie vergessen, immer gesagt: ›Kind, wenn du mal heiratest, dann kann ich in Ruhe sterben.‹ Ich habe zu lange gewartet. Und jetzt wird sie mir schrecklich fehlen.« Ute hat den Auftrag ihrer Mutter also doch noch erfüllt, aber unter ihren eigenen Bedingungen: Sie hat sich zuerst einen Beruf gesucht und in diesem Beruf erfolgreich gearbeitet. Ute hatte ihre Mutter lange Zeit dafür verachtet, dass sie »nur« Hausfrau und Mutter war und dem klassischen Rollenbild widerspruchslos entsprach. Heute tut ihr das Leid, sie ärgert sich über ihre damalige »Überheblichkeit« und »Blindheit«. Sie sagt, die Stärken ihrer Mutter habe sie nicht erkannt, weil sie nicht die Art von Stärken waren, die sie sich wünschte. Dass sie selbst nun beides kann – beruflich erfolgreich und verheiratet sein – empfindet sie als Privileg.

Monika, die ihre Mutter liebte, bemühte sich dennoch, ihrem Vorbild möglichst nicht zu entsprechen. Sie hatte miterlebt, dass ihre Mutter sich gegen den Vater nicht durchsetzen konnte, dass sie ihn bediente und sich ihm beugte und dafür von ihm zuletzt auch noch verlassen wurde. Monika sagt, sie sei sich nicht sicher, warum es ihr gelang, tatsächlich ganz anders zu werden als ihre Mutter. Sie fragt sich: »Schlage ich in dieser Beziehung eher meinem Vater nach, oder kommt es daher, dass ich immer dieses abschreckende Beispiel ihrer Ehe vor Augen hatte?« Eine wichtige Rolle spielt für sie in jedem

Fall, dass sie einen Sohn bekam und entschlossen war, ihn zu einem Mann zu erziehen, der sich Frauen gegenüber anders verhalten sollte als ihr Vater: »Ich glaube, er hat von mir wirklich viel Liebe und Geborgenheit bekommen. Aber ich habe ihn nie bedient. Und er hat schon ganz früh gelernt, sich selber etwas zum Frühstück zu machen und seine Sachen selber wegzuräumen.«

Beate bekam von ihrer Mutter stets zu hören: »Sei nicht abhängig, in keiner Weise!« Sie akzeptierte diese Botschaft vorerst und machte sie sich zu Eigen. Heute fragt sie sich, welche Art von Unabhängigkeit ihre Mutter im Sinn hatte und welche sie selbst heute noch richtig findet: »Sie meinte bestimmt die Unabhängigkeit von Männern. Sie hat ja als junge Frau erst einmal ihren Weg selber gewählt und Jura studiert. Aber dann hat sie wegen der Heirat aufgegeben, sie hatte deshalb auch nie einen eigenen Beruf. Ich denke, sie wollte mir sagen: ›Bleibe sowohl finanziell als auch emotional unabhängig.‹ Und das sehe ich inzwischen ganz anders. Was die finanzielle Unabhängigkeit betrifft, da finde ich, hat sie mir einen guten Rat gegeben. Aber die emotionale Unabhängigkeit, wie ich sie lange Zeit verstanden habe, finde ich nicht mehr so toll.« Beate empfindet es inzwischen »nicht mehr als schlimm, wenn man von einem Menschen abhängig ist«. Sie sagt, sie sei von ihrer Lebensgefährtin abhängig, nicht weil sie ihr hörig wäre oder ihr unterlegen sei, sondern weil sie ohne sie nicht mehr leben möchte.

Auch Mechtilds Mutter war vor ihrer Heirat berufstätig, sie war sogar eine bekannte Künstlerin gewesen. Und auch sie hatte den Beruf für Mann und Kinder aufgegeben. Sie bestand aber darauf, dass ihre Töchter eine gute Ausbildung erhielten. Das Argument, bei einem Mädchen sei die schulische Leistung nicht so wichtig, weil es ja doch heirate, ließ sie nicht gelten, auch nicht bei Mechtild, die gar nichts dagegen gehabt hätte, wenn ihre Eltern sie von der Schule genommen hätten: »Ich war in der Schule immer extrem schlecht, extrem faul, extrem aufsässig, und wenn es nach allen anderen, auch nach meinem Vater, gegangen wäre, dann hätte ich mit 14 die Schule aufgegeben und hätte eine Lehre oder was weiß ich gemacht. Und da hat sie gesagt: ›Nein, sie soll Abitur machen, und sie kann das auch. Sie soll etwas Richtiges werden‹ – etwas Richtiges hieß bei ihr natürlich etwas Sicheres, also zum Beispiel Beamtin. Aber es war ihr wichtig, dass man einen guten Beruf hatte.«

Ulrike sollte einen »ordentlichen Beruf« erlernen. Ihre Eltern waren aus der DDR in den Westen geflohen und betrieben eine kleine Bäckerei. Ulrikes Vater hätte es gerne gesehen, wenn seine Tochter das Geschäft übernommen hätte. Die wollte aber Abitur machen – und ihre Mutter unterstützte sie darin: »Meine Mutter hat relativ bald nach meiner Geburt wieder angefangen zu arbeiten. In der DDR war sie Angestellte in einer Boutique, und das hat sie richtig gerne gemacht. Im Westen hat sie dann in der Bäckerei mitgearbeitet. Mich hat eigentlich meine Großmutter mütterlicherseits aufgezogen, damit meine Mutter halbtags arbeiten konnte. Aber es war für meine Großmutter auch völlig in Ordnung, wenn meine Mutter die Besitzerin dieser Boutique auch mal ganztags vertreten musste, wenn die zum Beispiel in Urlaub war. Auch darüber, dass meine Mutter überhaupt berufstätig war, gab es keine Debatten, das war selbstverständlich. Und dieses Rollenbild habe ich ganz sicher übernommen.«

Bettinas Mutter wurde – gegen ihren Willen – geschieden, als Bettina noch ein Kind war. Sie brachte sich und das Kind nicht nur durch, sondern sie arbeitete sogar sehr erfolgreich in ihrem Beruf als Journalistin. Gleichzeitig aber pflegte sie bis zuletzt ihre Wut darüber, dass ihr Mann sie verlassen hatte. Sie ging auch keine andere (ernsthafte) Beziehung mehr ein. Bettina sieht heute das Positive, das ihre selbständige Mutter ihr als Auftrag mitgegeben hatte, aber auch den negativen, defizitären Aspekt daran: »Was ich von meiner Mutter gelernt habe, ist, allein klarzukommen. Was ich nicht gelernt habe, dafür hatte ich einfach kein Modell, ist, in Beziehungen zu leben. Ich stelle das immer wieder an mir fest, ich kann das gut, mein Leben alleine führen, und ich brauche nicht unbedingt einen Partner. Doch natürlich fehlt mir auch einer. Andererseits ist es aber nicht so, dass ich jetzt verzweifelt losgehe, um einen zu suchen.«

Bettinas Mutter hatte ihr von Anfang an nicht nur erklärt, sondern auch bewiesen: »Wir zwei Frauen schaffen es alleine, wir brauchen keinen Mann. Das war in den Sechzigerjahren, Anfang der Siebzigerjahre. Da hatten wir beide noch nie etwas von Frauenbewegung gehört, aber da hat meine Mutter mir nicht nur beigebracht, wie man bügelt, sondern auch, wie man Lampen anbringt und ganz viele andere technische Sachen. Sie hat mir das wirklich ganz bewusst unter dem Motto beigebracht: Ich zeige dir das, damit du nie von einem Mann abhängig bist. Als dann die Frauenbewegung aufkam, da waren für mich viele von diesen Sachen ziemlich selbstverständlich, und ich habe gedacht, was wollen die eigentlich?«

Bettina ist auch heute noch froh, dass ihre Mutter ihr »männliche« Tugenden wie technische Fertigkeiten und Selbständigkeit beigebracht hatte. Sie weiß allerdings auch, dass sie dafür kaum etwas erfuhr über all das, »was mit Frausein zu tun hat«: »Weiblichkeit, das war immer ein schwieriges Kapitel. Meine Mutter war keine sehr weibliche Frau, sondern eher ein burschikoser Typ.« Doch Bettina weiß auch, dass das nicht der einzige Grund dafür war, dass ihre Mutter ihr die positiven Aspekte der »Weiblichkeit« nicht vermitteln konnte: »In der Zeit, als ich in die Pubertät kam und all das für mich wichtig gewesen wäre, hat sie gerade einsehen müssen, dass ihre Ehe völlig gescheitert war, und dass mein Vater nicht zu ihr zurückkommen würde. Sie fand damals sicher nichts Schönes am Frausein, und deshalb konnte sie da auch nichts an mich weitergeben.«

Anna, die noch sehr jung war, als ihre Mutter starb, verstand dennoch den unartikulierten Auftrag, den ihre unglücklich verheiratete Mutter ihr mitgab: »Ich habe durch sie einen Begriff von der eigenen Würde bekommen, von der Würde einer Frau. Ich könnte mir zum Beispiel überhaupt nicht vorstellen, mich in die materielle Abhängigkeit von einem Mann zu begeben oder meine Eigenständigkeit aufzugeben, und sei die Liebe noch so groß. Und dafür hat sie mir sozusagen Modell gestanden.« Annas Mutter war zwar Hausfrau, doch sie fand sich nicht damit ab, in allem und jedem auf ihren Mann angewiesen zu sein. Mehr noch, als er sich als ein finanziell nicht gerade erfolgreicher Unternehmer erwies, trug sie durch ihre geschickte Haushaltsführung dazu bei, das Geld »beisammenzuhalten«. Und sie beschaffte sich durch zusätzliche Arbeit Geld, über das sie selbst verfügen konnte. Annas Mutter, die gelernte Schneiderin war, nähte für Kundinnen und verdiente sich so ein – im Wortsinne – Nadelgeld, das sie für Bücher ausgab und um kleine Rücklagen für die Kinder bilden zu können. Und damit beeinflusste sie Annas Rollenbild: »Meine Mutter war so gesehen für mich eigentlich immer berufstätig, nur dass die Berufstätigkeit eben zu Hause stattfand.«

Wir haben einen Auftrag von unserer Mutter erhalten und ihn übernommen oder abgelehnt. Bis zu einem gewissen Grad konnten wir selbst entscheiden, wie wir uns dazu verhalten wollten. Das körperliche Erbe, das unsere Mutter uns mitgab, müssen wir annehmen, ob wir wollen oder nicht. Ein legendärer Ausspruch der siebziger Jahre lautete: »Ich schaue in den Spiegel und sehe meine Mutter.« Einigen der Frauen, die ich interviewte, jagte dieser Satz einen Schauer des Entsetzens über den Rücken. Andere freuen sich, dass sie die Schönheit ihrer Mutter geerbt haben. Wir »erben« aber auch Charakterzüge und Eigenheiten unserer Mütter. Und einige davon kommen erst mit zunehmendem Alter zum Vorschein. Frauen, die jahrelang stolz von sich behaupteten, sie hätten keinerlei Ähnlichkeiten mit ihrer Mutter – deren Lebensstil und Verhalten sie ablehnten –, bekamen eines Tages von anderen zu hören: »Du bist ganz die Mutter.«

Ich ging davon aus, dass die meisten Frauen darauf mit Humor reagieren können und es auch eher gelassen hinnehmen, wenn sie sich selbst dabei ertappen, dass sie sich gerade wie ihre Mutter verhalten. Ich bemerkte zum Beispiel eines Tages, dass ich, genau wie meine Mutter, mit den Töpfen auf dem Herd spreche. Mein Vater machte mich darauf aufmerksam, dass ich es auch noch im selben Tonfall tue. Ich überlegte mir eine Zeit lang, ob ich jetzt darauf achten und mir das wieder abgewöhnen muss. Aber dann freundete ich mich mit dieser »Macke« an, sie ist für mich auch eine Art, mich an meine Mutter zu erinnern, sie mir spontan zu vergegenwärtigen. Ich bin mit manchem, das ich von meiner Mutter geerbt habe, einverstanden, anderes finde ich eher problematisch, aber ich kann über vieles lachen. Einigen der von mir interviewten Frauen geht es ähnlich. Andere reagieren mit Ernst und Sorge auf jede vermutete oder tatsächliche Ähnlichkeit mit ihrer verstorbenen Mutter.

Nina ist fast die Einzige unter den Frauen, die ich interviewte, die darauf besteht, keinerlei Ähnlichkeit mit ihrer Mutter zu haben: »Ich will nicht so sein, wie sie war. Das gefällt mir nicht, wie sie war, ich mochte auch ihre Art nicht, mit meinem Vater umzugehen in den letzten Jahren. Sie hat ihn nicht mehr ernst genommen. Natürlich, er war alt, er hat sich wiederholt, was weiß ich, Kleinigkeiten. Dann hat sie immer die Augen verdreht und hinter seinem Rücken über ihn geredet. Das war es auch, was sie immer von mir wollte, diese ›weibliche Art‹, die auch meine Schwester so gut beherrscht hat. Aber ich konnte das nicht ertragen.« Nina sieht inzwischen auch die positiven Seiten ihrer Mutter, doch selbst die möchte sie nicht übernehmen: »Dieses Zupackende, das sie hatte, das ist sicher bewundernswert. Sie hat meinen Vater damals aus Deutschland weggeschleppt und ihm damit das Leben gerettet. Sie ist auf den Schwarzmarkt gegangen in Israel, das war zu der Zeit, als man nichts zu essen bekam, als man nur auf Lebensmittelmarken einkaufen konnte, und da hat sie auf dem Schwarzmarkt Hühnerleber für uns besorgt, damit sie uns gesund ernähren konnte. Ich glaube nicht, dass ich das könnte, aber ich habe auch nicht das Bedürfnis, so zu sein, weil ich eigentlich lieber so bin wie mein Vater.«

Susanne litt als junges Mädchen darunter, dass sie ihrer Mutter ähnlich sah: »Meine Mutter hat sich für sehr, sehr hässlich gehalten. Als Kind habe ich sie schön gefunden und habe das auch irgendwann mal gesagt, und daraufhin hat sie mir ganz klargemacht, warum sie hässlich ist. Und das habe ich dann übernommen: Meine Mutter ist hässlich. Als ich so um die 14 war, haben alle Leute gesagt: ›Ach, du bist ja deiner Mutter wie aus dem Gesicht geschnitten.‹ Und da habe ich gedacht, warum sind die so grausam zu mir, warum tun die mir so weh?« Erst Jahrzehnte später, nach dem Tod ihrer Mutter, entdeckte Susanne, als sie eines Tages Fotos von ihr ansah: »Die war zwar nie schön im herkömmlichen Sinne, aber sie war eigentlich immer eine sehr attraktive Frau.« Susanne ist zwar seither nicht mit ihrem »Erbe« versöhnt, aber sie hat gelernt, damit zu leben, wie auch mit anderen »Handicaps«, die sie von ihrer Mutter übernommen hat.

Beate hat keine Probleme damit, ihrer Mutter ähnlich zu sehen, denn sie findet, ihre Mutter war eine schöne Frau. Sie freut sich auch darüber, dass sie die zupackende Art ihrer Mutter in praktischen Dingen erbte: »Die Handwerkssachen habe ich von ihr gelernt, mein Vater konnte keinen Nagel in die Wand schlagen, der konnte auch nicht Fahrrad fahren, das habe ich alles von ihr.« Beates Mutter war aber auch eine depressive Frau, die sich weigerte, über das zu sprechen, was sie belastete oder gar quälte: »Da bin ich ihr leider auch sehr ähnlich. Und über dieses Erbe bin ich nicht gerade glücklich. Ich versuche auch, etwas dagegen zu machen, ich möchte nicht so enden wie sie. Also ich arbeite daran, dass ich nicht so verschlossen bin wie sie, dass ich das, was mich wirklich schmerzt, nicht immer nur mit mir alleine herumtrage.«

Maria, die ein sehr problematisches Verhältnis zu ihrer Mutter hatte, mag »eine gewisse Härte«, die sie von ihrer Mutter übernommen hat, an sich selbst genauso wenig wie an ihrer Mutter. Sie erkennt aber inzwischen, dass sie auch positive Charakterzüge ihrer Mutter »geerbt« hat, wie zum Beispiel Ausdauer und physische Kraft. Auch Martina, die wie Maria ein schwieriges Verhältnis zu ihrer Mutter hatte, sieht, dass sie Positives wie Negatives von ihr übernommen hat. Sie sagt, sie erlebe sich selbst manchmal konkurrent und herrschsüchtig, wie es ihre Mutter war, aber sie beobachte an sich auch deren Großzügigkeit und Sinn für Schönheit.

Brigitte, die ihr Leben lang eng mit ihrer Mutter verbunden war, die es ihr ermöglicht hatte, trotz der Kinder weiterhin berufstätig zu sein, sagt, sie habe alles, was an ihr gut und stark sei, von der Mutter geerbt. Lieselotte denkt, sie habe das Musische von ihrer Mutter, ihre Toleranz und die Geschicklichkeit im Nähen. Beide, Brigitte wie Lieselotte, sind mit ihrem Erbe ganz zufrieden. Und auch Marion sagt, sie habe von ihrer Mutter eine gewisse Strenge und einen etwas bösartigen Humor geerbt, die andere Menschen häufig erschreckten, mit denen sie selbst aber gut zurechtkomme. Und Danuta ist mit ihrem mütterlichen Erbe gleichfalls im Reinen: »Meine Geschwister sagen mir, dass ich der Mutter immer ähnlicher sehe. Je älter ich werde, desto mehr habe ich von der Mutter. Und sie sagen, ich argumentiere auch wie Mutter oder ich rede wie Mutter. Das ist sozusagen das Äußerliche. Innerlich hat sie uns hohe Werte mitgegeben. Vater war auch so, wenn Vater etwas gesagt hat, hat er zu seinem Wort gestanden. Ich hatte ein gutes Elternhaus. Und dieses Erbe, das nimmt einem keiner weg.«

Margot dagegen hatte sich zu Lebzeiten ihrer Mutter vorgenommen, sie wolle niemals so werden wie sie. Sie empfand ihre Mutter als weich, nachgiebig, konfliktscheu, und sie ärgerte sich darüber, dass sie nie eine eigene Meinung vertrat. Nach ihrem Tod fürchtete Margot, von ihrer Familie in die Rolle einer »Zweitmutter« gedrängt zu werden. Margot kehrte nicht nur in die Großstadt zurück, in der sie seit einiger Zeit lebte. Sie zog dort in ein besetztes Haus, rasierte sich die Haare ab und versuchte, »knallhart« zu sein: »Ich dachte, ich will um Gottes willen nicht so werden wie meine Mutter! Ich will es auf keinen Fall immer allen recht machen wollen. Jetzt merke ich aber, so aus dem Abstand, ich habe doch ganz viel von meiner Mutter geerbt. Ich bin auch ein sehr sozialer Mensch. Und ich finde das inzwischen auch eine gute Eigenschaft. Klar, man muss natürlich immer gucken, wie weit man geht und wo man Grenzen setzt, aber ich bin nicht mehr ganz so hart mit mir selbst. Ich konnte dann auch, als mir das klar wurde, zu mir sagen: Nein, dieser Lebensstil in dem Haus, das bin nicht ich, damit habe ich nichts zu tun!« Trotzdem hat Margot noch immer Angst davor, ihrer Mutter zu sehr ähnlich zu werden: »Ich war letztens bei meinem Vater, und da habe ich eine Kette von ihr mitgenommen, die ich ganz schön finde. Aber ich trage sie nicht. Vielleicht, weil ich denke, ich bin ihr dann zu nahe, oder dadurch, dass ich ihren Schmuck trage, bin ich mehr meine Mutter als ich selbst. Irgendetwas ist da für mich noch nicht erledigt.«

Margots Mutter starb an Brustkrebs. Auch das ist ein Erbe, mit dem Töchter sich konfrontiert sehen können. Margot sagt, sie habe inzwischen wieder ein etwas entspannteres Verhältnis dazu: »Aber am Anfang hatte ich richtig Angst, da bin ich auch öfter zur Mammographie gegangen. Die Ärzte haben diese Angst leider auch noch unterstützt, das war zum Teil schrecklich. Der eine Arzt sagte zu mir: ›Was? Ihre Mutter hatte Brustkrebs? Dann müssen wir sofort eine Mammographie machen. Meine Frau ist auch daran gestorben.‹ Ich war nach diesen gynäkologischen Untersuchungen fix und fertig. Ich habe auch mal darüber nachgedacht, so eine Genuntersuchung machen zu lassen, aber das halte ich inzwischen für Quatsch. Wenn ich jetzt wüsste, dass ich auf diesem Gen vielleicht die Anlage hätte, was würde mir das nützen?«

Sonia ging lange Zeit davon aus, ihr Erbe sei ein früher Tod. Ihre Mutter war im Alter von 44 Jahren gestorben, als Sonia zehn Jahre alt war. Sonias Großmutter war gestorben, als Sonias Mutter gleichfalls zehn Jahre alt war. Sonia nahm deshalb an, dass auch sie selbst sterben müsse, wenn sie ein bestimmtes Alter, nämlich 44 Jahre, erreicht hätte. Sie lebte bis zu ihrem 44. Geburtstag extrem selbstausbeuterisch, als unterstütze sie ihre Befürchtung unbewusst durch eine ungesunde Lebensführung und große berufliche Belastung. Auch Anna fürchtete, sie würde maximal bis zu dem Alter leben, in dem ihre Mutter an Krebs starb. Ihre Großmutter war gestorben, als ihre Mutter zwölf Jahre alt war, Anna war beim Tod ihrer Mutter 16. Und sie ging davon aus, dass sie diese Kette fortsetzen würde. In einem Gespräch mit ihrer Schwes-

243

ter stellte sie fest, »dass wir beide von dem jeweiligen Lebensalter aus, in dem wir uns gerade befanden, gerechnet haben, wie viele Jahre uns noch bleiben«.

Auch in der Beziehung zu ihrem Sohn rechnete Anna mit dem magischen Datum: »Ich sagte mir zum Beispiel: ›Ach, ich war 16, als die Mutter starb, aber ich lebe jetzt für ihn schon sechs Jahre länger, als meine Mutter für mich gelebt hat.‹ Oder auch umgekehrt: ›Ich erlebe schon sechs Jahre mit meinem Sohn, die meine Mutter nicht mit mir erlebt hat oder die wir nicht miteinander erleben konnten.‹« Inzwischen ist Anna drei Jahre älter, als ihre Mutter es zum Zeitpunkt ihres Todes war. Sie weiß also, dass sie nicht mit 52 sterben musste. Dennoch, sagt sie, sitzt die Krebsangst sowohl bei ihr als auch bei ihrer Schwester noch immer tief.

Bis auf zwei Frauen sagten alle Töchter, die ich für dieses Buch interviewt hatte, dass sie bestimmte Charakterzüge und Eigenarten von ihren Müttern geerbt haben. Einige ähneln ihnen auch äußerlich. Mehrere Frauen stellten fest, dass äußere wie innere Ähnlichkeiten mit zunehmendem Alter stärker werden. Und nur wenige haben sich die Frage, welchen Auftrag ihre Mutter ihnen mitgab und welche Eigenschaften sie ihnen vererbte, nicht schon selbst gestellt. Sich diese Frage zu stellen bedeutet ebenso sehr Selbsterforschung wie Nachdenken über die Mutter. Wenn ich wissen will, was ich von ihr übernommen habe oder was ich auf keinen Fall übernehmen wollte, muss ich wissen, welche Eigenschaften die Mutter hatte, welches Vorbild sie mir gab und was sie mir unausgesprochen an Werten und Einstellungen vermittelte. Und indem ich darüber nachdenke, was ich von ihr habe, stelle ich vielleicht fest, dass ich heute nicht mehr dieselbe bin wie vor zehn oder 20 Jahren. Was mich damals an meiner Mutter abstieß oder ärgerte, entdecke ich nun an mir selbst. Über das, was ich da an mir entdecke, kann ich nun wiederum erschrecken oder lächeln. Ich kann es hinnehmen oder sogar neu, das heißt positiv bewerten. Indem ich das tue, bewerte ich aber auch meine Mutter neu. Ich kann nun plötzlich (auch) über sie lächeln, anstatt sie (nur) zu verdammen. Ich kann Charakterzüge oder Verhaltensweisen von ihr, die ich schrecklich fand, in einem neuen, besseren Licht sehen. Das Erkennen, das Einschätzen und die Hinnahme des mütterlichen Erbes sind erste Schritte zur Versöhnung mit der toten Mutter. Und manchmal auch mit sich selbst.

13 Die Anwesenheit der toten Mutter: »Sie ist für mich nicht einfach weg«

Ich besitze noch immer einen hölzernen Kochlöffel meiner Großmutter. Meine Mutter gab ihn mir mit, als ich von zu Hause auszog. Bis dahin hatte sie ihn selbst benutzt. Er überlebte sämtliche Wohngemeinschaften und Umzüge, und ich gebrauche ihn täglich. Er darf nicht in den Geschirrspüler, sondern muss sorgfältig per Hand gereinigt werden. Sollte ich ihn je verlieren, wäre das eine echte Katastrophe. In dieses Stückchen abgenutztes Holz ist ein Teil meiner mütterlichen Familiengeschichte eingegangen. Der Kochlöffel ist mir nicht weniger wertvoll als der Schmuck, den ich von meiner Mutter geerbt habe.

Ich fragte die Frauen, die ich für dieses Buch interviewte, was sie aus dem Besitz ihrer Mutter für sich übernommen haben, wie sich die Anwesenheit ihrer toten Mutter in ihrer persönlichen Umgebung in Form von Gegenständen ausdrückt und wieweit ihre Mutter auch im immateriellen Sinne für sie noch existent ist. Auch hier erstaunten mich die Antworten zum Teil. Die Mehrheit meiner Gesprächspartnerinnen ist nicht religiös, und einige stehen politisch links. Dennoch sagten auch von ihnen nicht wenige, sie könnten sich vorstellen, dass ihre Mutter noch irgendwo, irgendwie anwesend sei. Fast alle Frauen haben ein Foto ihrer Mutter in der Wohnung aufgestellt oder aufgehängt. Einige tragen Schmuckstücke, die ihre Mutter ihnen vererbte, und mehrere hantieren mit Küchenutensilien, die schon ihre Mutter verwendet hatte.

Sonia, deren Mutter starb, als sie noch ein Kind war, trägt deren Schmuck häufig und gerne: »Je offizieller der Anlass ist, desto mehr trage ich ihn. Ich fühle mich damit gegen das Alleinsein geschützt oder begleitet, nicht so ausgesetzt. Es ist fast so, als würde ich ihn brauchen, um mich als ganze Person zu fühlen.« Bis sie gut 20 Jahre alt war, trug Sonia auch Kleider ihrer Mutter auf. Und noch heute besitzt und benutzt sie zwei besondere Kleidungsstücke aus der Zeit, als ihre Mutter noch lebte: »Ich habe eine Strickweste und ein Hemdchen. Wenn ich krank bin, reibe ich mich mit Wick ein und ziehe dieses Hemdchen und die Strickweste darüber. So wie sie es immer gemacht hat, wenn ich krank war.«

Danutas Mutter besaß zwei Rosenkränze. Einen davon wollte sie mit in das Grab nehmen, den anderen schenkte sie Danuta kurz vor ihrem Tod: »Sie hat gesagt, nimm ihn, er beschützt dich.« Seither trägt Danuta ihn immer bei sich. Monika benutzt Löffel und Messer ihrer Mutter, ihre alte Küchenwaage und ihr Nähkörbchen. Sie sagt: »Was ich von ihr habe, das wird sehr gehätschelt, und wenn es auch nur Kleinigkeiten sind.« In Monikas Wohnzimmer hängt außerdem ein Gemälde, das ihre Mutter als junge Frau darstellt. Christel hat mehrere Fotos ihrer Mutter im Schlafzimmer stehen. Gegenstände, die ihre Mutter benutzte, besitzt sie nur wenige, bis auf ein, zwei Schalen und Tassen, denn ihr Stiefvater lebt noch und sie wollte ihm nichts aus dem Haushalt wegnehmen. Beate nahm Fotoalben, ein handgeschriebenes Kochbuch ihrer Mutter, ihre Briefe und einen Teddybären an sich, den ihre Mutter im Krankenhaus bei sich gehabt hatte.

Mechtild entdeckte nach dem Tod ihrer Mutter Zeugnisse von deren künstlerischer Karriere, von der sie bis dahin nichts geahnt hatte. Sie besitzt nun einige ihrer Werke, unter anderem »eine wunderbare Stickerei, ein Mandala. Das ist wirklich wunderschön, es hat so etwas Meditatives. Das hab ich über meinem Bett aufgehängt.« Fotos ihrer Mutter hat Mechtild allerdings nirgends stehen: »So nahe will ich sie wohl doch nicht haben.«

Bettina arbeitet inzwischen am Schreibtisch ihrer Mutter. Sie hat auch noch andere Gegenstände aus dem Haus ihrer Mutter in die eigene Wohnung übernommen, neben dem Schmuck und den Fotos. Außerdem entdeckte sie beim Ausräumen des Hauses ein Porträt ihrer Mutter, »eine sehr schöne, große Kohlezeichnung. Die werde ich mir irgendwann einmal aufhängen, aber jetzt geht das noch nicht. Das wäre mir zu viel ... ich kann das gar nicht ausdrücken, es ist etwas ganz Irrationales, aber ich denke, sie hätte mir dann zu viel Präsenz.« Gleichzeitig überraschte Bettina, die stets darum bemüht war, ihre Mutter auf Distanz zu halten, ihr widersprüchliches Verhalten in Bezug auf einen anderen Aspekt von deren Hinterlassenschaft: »Meine Mutter hatte immer ein sehr schönes Parfum. Irgendwann, als ich Lust bekam, selbst ein Parfum zu benutzen, habe ich gedacht, ich kann ja nicht das Parfum meiner Mutter nehmen, obwohl ich das immer sehr, sehr schön fand. Als sie dann gestorben ist, war noch einiges davon übrig, und da dachte ich mir, na ja, aufbrauchen kannst du es ja mal. Und jetzt benutze ich es weiter.«

Ute und Susanne tragen einen Ring ihrer Mutter, Renate hat zwar ihren Anteil am Schmuck der Mutter übernommen, trägt aber keines der Stücke, da ihr das »zu viel Mutter an mir wäre«. Ulrike trug ab und zu ein Stück, das sie von ihrer Mutter geerbt hatte, bis der ganze Schmuck bei einem Wohnungseinbruch gestohlen wurde. Andere Frauen haben den Schmuck ihrer Mutter in der Schublade liegen, tragen ihn aber nicht, weil er nicht ihrem persönlichen Stil entspricht. Martina erinnert sich lachend daran, dass sie, zusammen mit einer ihrer Schwestern, einen »grässlichen Ring«, den ihre Mutter ihr geschenkt hatte, nachts in den Fluss warf und sich anschließend regelrecht befreit fühlte.

Wie schon erwähnt, haben fast alle Frauen ein Foto oder auch mehrere Fotos ihrer Mutter in der Wohnung aufgestellt oder an die Wand gehängt. Und es handelt sich in über neunzig Prozent der Fälle um ein Bild, das die Mutter als junge Frau zeigt. Ich bemerkte diesen interessanten Aspekt nicht, während ich die Interviews machte, sondern erst hinterher, als ich sie durcharbeitete. Auch meiner Freundin, die das Interviewmaterial für mich transkribiert hatte, war diese Tatsache aufgefallen, und sie machte mich darauf aufmerksam. Und während ich noch über diese eigentümliche Gemeinsamkeit meiner Interviewpartnerinnen nachdachte, wies mich meine Freundin mit milder Ironie darauf hin, dass in meinem Zimmer zwei Bilder meiner Mutter als junge Frau hängen.

Warum sehen wir unsere Mutter offenbar lieber als junge Frau? Warum dulden wir die junge Frau an unserer Wand, während die Erinnerung an die ältere in manchen von uns noch immer Wut und Verletztheit auslöst? Es gibt viele mögliche Antworten auf diese Frage. Die junge Frau ist die Mutter unserer frühen Kindheit, die uns – vielleicht im Gegensatz zu später – körperliche Geborgenheit gab, die uns im Arm hielt und zärtlich zu uns sprach. Beate, die während des gesamten Interviews stets betonte, dass ihre Mutter ihr als Kind zwar Sicherheit, aber keine Zärtlichkeit gegeben hatte, entdeckte nach deren Tod Briefe, die ihre junge Mutter an ihre Schwester geschrieben hatte: »Es sind Briefe über mich als Baby, sehr liebevoll, diese Briefe sind voller Liebe für mich.«

Die Frau, die diese Briefe geschrieben und die dieses Baby geliebt hatte, war noch nicht die depressive und verschlossene Mutter, an die Beate sich bewusst erinnert.

Die junge Frau auf den Fotos, die so viele Töchter von ihren verstorbenen Müttern aufgestellt haben, hat noch einen eigenen Lebensentwurf, sie hat noch Träume und Pläne. Sie ist noch nicht durch einen Haushalt und Kinder gefesselt, ihre Flügel sind noch nicht gestutzt. Margot stellte bei Durchsicht der Fotoalben ihrer Mutter fest: »Sie sieht auf diesen frühen Bildern so glücklich aus, sie lacht! Ich habe sie kaum je lachen gesehen, ihre Mundwinkel gingen immer eher nach unten.« Es ist die noch nicht gebrochene Frau, die wir auf diesen Jugendfotos unserer Mütter mögen und mit der wir uns viel eher identifizieren können, als mit der oft bedrückten, frustrierten und kontrollierenden Person, mit der wir in unserer eigenen Jugend zusammenlebten. All das Elend von unglücklichen oder gescheiterten Ehen, von abgebrochenen Studien und aufgegebenen Berufskarrieren kam erst, nachdem die Jugendbilder unserer Mütter gemalt oder fotografiert wurden, und ist daher auf ihnen nicht sichtbar.

Die junge Frau auf dem Foto hat auch nichts gemein mit der von Schmerzen und Krankheit gequälten Sterbenden, die wir zuletzt sahen. Ein Foto der alten Mutter würde uns zudem mit der Frau konfrontieren, vor der wir uns schuldig fühlen, weil wir uns vorwerfen, uns zu wenig um sie gekümmert zu haben. Der jungen Frau gegenüber haben wir uns nichts vorzuwerfen. Und ihr Foto hält auch die Erinnerung an den Tod für uns fern. Nicht diese strahlende, frische Schönheit ist gestorben, sondern eine alte Frau, deren Bild wir in unserem Kopf und in unserem Herzen gespeichert haben, das wir aber nicht auch noch täglich vor Augen haben wollen.

Und nicht zuletzt ist die junge Frau auf dem Foto auch

genau das: eine junge Frau. Sie erinnert uns nicht daran, dass wir selbst älter werden. Ein Foto unserer alten Mutter zeigt uns, wie wir selbst möglicherweise einmal aussehen werden, es verweist uns auf Ähnlichkeiten und Alterserscheinungen, die jetzt schon sichtbar sind. Der Satz »Ich schaue in den Spiegel und sehe meine Mutter« erschreckt viele von uns nicht unbedingt deshalb, weil wir unserer Mutter nicht ähnlich sehen wollen, sondern weil wir nicht aussehen wollen wie unsere *alte* Mutter.

Ich habe allerdings festgestellt, dass ich die beiden Jugendbilder meiner Mutter zwar an »prominenter Stelle« aufgehängt habe, dass ich aber nur mit dem Foto spreche, das sie zwei Jahre vor ihrem Tod zeigt und das bescheiden auf einem Bücherregal steht. Die schöne junge Frau an der Wand sehe ich gerne an, aber ich kenne sie zu wenig, um mich mit ihr zu unterhalten. Von den Frauen, die ich interviewte, erzählen einige, dass sie gelegentlich »innerlich« mit ihrer Mutter sprechen. Erstaunlicherweise gehen nur wenige davon aus, dass ihre Mutter nicht mehr existiert, es sei denn in ihrer Erinnerung. Bettina zum Beispiel, eine »gestandene« Linke, führt innere Dialoge mit ihrer Mutter und stellt sich vor, »dass sie irgendwo, meinetwegen von einer Wolke, runterguckt und schon noch etwas mitkriegt«. Beate hat »ein ganz naives Gefühl«, dass ihre Mutter »irgendwo da oben herumschwirrt und mich sieht«. Beate begann nach dem Tod ihrer Eltern, Frauen zu lieben, sie lebt heute mit ihrer langjährigen Partnerin zusammen – und wüsste gerne, was ihre Mutter davon hält.

Margot wünscht sich, wie mehrere andere Frauen, ihre Mutter könnte bestimmte positive Dinge, die sie erlebt, »noch mitbekommen«. Als sie zum Beispiel nach längerem Singledasein wieder einen Freund hatte, ging Margot mit ihm an das Grab der Mutter: »Und da habe ich zu ihr gesagt:

›Jetzt schau dir den mal an, wie findest du ihn?‹ Und ich
dachte, ach, wie schade, dass sie das jetzt nicht erlebt.« Auch
Brigitte unterhält sich stumm mit ihrer Mutter, wenn sie an
deren Grab steht: »Ich habe das Gefühl, sie ist da. Ich weiß
natürlich nicht, wieweit sie sich mit meinem Kleinkram überhaupt befassen kann, aber es hilft mir manchmal ein bisschen, wenn ich sie bitten kann: ›Hilf mir, das jetzt durchzu-
stehen.‹« Für Maria »sind Tote nicht weg. Ob das jetzt meine
Mutter ist oder eine Freundin, die ich vor ein paar Jahren verloren habe, die sind da. Ich bin nicht religiös, insofern habe
ich keinen Ort dafür, aber ich kann mir auch nicht vorstellen, dass sie einfach weg sind.« Maria überlegt manchmal,
was ihre Mutter wohl von diesem oder jenem gehalten hätte.
Und einige ihrer Redewendungen, über die sie sich zu Lebzeiten ihrer Mutter eher geärgert hatte, lässt sie nun scherzhaft in das Gespräch mit ihrem Mann einfließen.

Martina, die lebenslänglich mit ihrer dominanten Mutter
zu kämpfen hatte, ist inzwischen dankbar, dass ab und an
auch gute Erinnerungen in ihr erwachen: »Dann denke ich:
›Ach, Mommchen, ist doch schön.‹ Und letztes Jahr habe ich
ihr zu ihrem Geburtstag einen Brief geschrieben und ihr gedankt, wirklich gedankt. Aber ich habe ihr dazu gesagt, dass
sie mir auch in ihrer fratzenhaften Form immer wieder begegnet. Dass ich mich jetzt aber nicht mehr davor fürchte.«
Marion unterhält sich mit ihrer Mutter auch über ganz all-
tägliche Dinge: »Wenn irgendwas passiert oder wenn mir etwas einfach in den Sinn kommt, dann fange ich an, mit ihr
zu reden. Ich rede mit ihr über die Regierung, über die Ein-
wanderungspolitik, über alles Mögliche. Wenn ich mir etwas
kaufen will, fange ich plötzlich an, mit ihr zu verhandeln, ob
das jetzt gescheit ist oder nicht. Und ganz oft denke ich mir
auch, das hätte sie gerne gemacht, oder das hätte sie interessiert. Ich pflege aber auch unsere Konkurrenzen weiterhin.

252

Ich kann zum Beispiel inzwischen besser kochen als sie. Und das hätte ich ihr gerne einmal vorgeführt.«

Unsere toten Mütter sind für uns noch lange nicht gestorben. Wir leben weiter mit ihnen, wir möchten sie beeindrucken, ihnen eine Freude machen, ihre Meinung hören. Wir möchten, dass sie unser privates Glück und unsere beruflichen Erfolge mitbekommen. Wir bitten sie um Hilfe oder weisen sie in ihre Schranken. Mancher Tochter ist die Mutter nach deren Tod präsenter, als sie es in ihren letzten Lebensjahren war. Die Beziehung zwischen Mutter und Tochter ist mit dem Tod der Mutter nicht abgeschlossen. Aber sie verändert sich. Die Tochter führt nun die Regie über die Dialoge. Und sie fühlt sich vielleicht zum ersten Mal frei genug, um sich auf die Frau einzulassen, die hinter der Mutterfigur steckt, während diejenigen Töchter, die zu ihrer Mutter ein gutes und offenes Verhältnis hatten, versuchen, das Gespräch mit ihr fortzusetzen. Es macht sie traurig, dass ihre Mutter ihnen nicht mehr wirklich antworten kann, und es tröstet sie, dass sie ihr dennoch ab und zu etwas erzählen können.

14 Die Person hinter der Mutterfigur: »Ich wüsste gerne mehr über sie«

Ab einem bestimmten Alter oder einem bestimmten Zeitpunkt beginnt fast jede Frau, sich dafür zu interessieren, was für eine Frau ihre Mutter war. Wir fragen: Wer ist die Person hinter der Mutterfigur? Wie ist sie zu der geworden, die sie ist oder war? Wer und wie war sie, bevor wir sie kennen lernten? Einige der Töchter, die ich interviewte, stellten sich diese Fragen erst, als ihre Mutter bereits gestorben war. Ein paar wenige empfanden schon zu Lebzeiten der Mutter das Bedürfnis, mit ihr über ihre Kindheit, ihre Jugend, ihre Erfahrungen als Frau zu sprechen. Und andere hatten eine Mutter, die auch ungefragt etwas von sich erzählte. Das, was Mütter ihren Töchtern von sich erzählten, hing wiederum davon ab, wie alt die Tochter jeweils war, welche Ansprechpartnerinnen die Mutter sonst noch hatte und welches Vertrauensverhältnis zwischen Mutter und Tochter bestand.

Meine Mutter zum Beispiel erzählte mir, als ich ein Kind war, viel von ihrer eigenen Kindheit, von ihren Großeltern, bei denen sie aufgewachsen war, und von den kleinen Geschenken, die ihre Mutter ihr von der Arbeit mit nach Hause gebracht hatte. Später, als ich bereits in der Frauenbewegung aktiv war, interessierten mich andere Sachen, und meine

Mutter hatte offenbar das Gefühl, sie könne sich mir auch als Frau anvertrauen. Ich erfuhr so relativ viel über sie selbst, über ihre Mutter und ihre Großmutter. Ich kann mir ein, wenn auch lückenhaftes, Bild meiner mütterlichen Familie machen und mich als Glied in einer Kette von Frauen sehen, die nicht nur Kochlöffel und Rezepte, sondern auch Lebenserfahrung und Verhaltensweisen aneinander weitergegeben haben. Dennoch gibt es auch vieles, das ich nicht weiß. Je mehr ich über meine Mutter nachdenke, nicht als meine Mutter, sondern als eigenständige Frau mit einer eigenen Geschichte, desto deutlicher wird mir, wie viele Puzzlesteine mir für ein vollständiges Bild ihrer Person fehlen. Ich müsste sie so vieles noch fragen.

Beates Mutter war im Gegensatz zu meiner sehr wortkarg. Sie starb bereits vor 30 Jahren, doch Beate zerbricht sich manchmal noch heute den Kopf darüber, »wie es dazu gekommen ist, dass sie sich so zurückgezogen hat, und was so schwierig war in ihrem Leben, dass sie sich so einigeln musste«. Wenn Beate sich die Fotos ihrer Mutter als junge Frau ansieht, ist sie sicher: »Als Studentin war sie bestimmt eine Lebensfrohe.« Wann und warum der Umschwung kam, wann ihre Mutter depressiv und verschlossen wurde, kann die Tochter nur raten. Direkt gefragt hatte sie die Mutter nie. Und sie weiß auch nicht, ob sie eine Antwort bekommen hätte.

Auch Mechtild wusste zu Lebzeiten ihrer Mutter wenig über sie. Nach ihrem Tod zeigte der Vater den Töchtern Kritiken und Auszeichnungen, die ihre Mutter für ihre künstlerische Arbeit erhalten hatte. Mechtild war fassungslos darüber, dass sie von all dem nichts gewusst hatte. Ihre Mutter war Paramentenstickerin, sie arbeitete zehn Jahre lang erfolgreich in Amsterdam, erhielt Aufträge von der königlichen Familie und einen Preis auf der Pariser Weltausstellung. Einige ihrer Arbeiten wurden im Stedelijk Museum ausgestellt. Nach ihrer Heirat stellte sie ihre künstlerische Produktion nicht nur ein, sondern verlor auch kein Wort mehr darüber. Als die Kinder aus dem Haus waren, begann sie allerdings wieder zu arbeiten und erneut mit großem Erfolg. Doch auch nun behielt sie sowohl ihre kreative Tätigkeit als auch die Anerkennung, die sie dafür erhielt, für sich.

Mechtild begann angesichts der Kritiken, Skizzen und Werke, die ihre Mutter hinterlassen hatte, darüber nachzudenken, worauf ihre Mutter zugunsten der Kinder und der Karriere ihres Mannes verzichtet hatte. Als ich sie fragte, was sie sonst noch über ihre Mutter wisse, erzählte Mechtild, dass ihre Mutter aus sehr armen Verhältnissen stammte. Da ihre Eltern fürchteten, sie könnten nicht alle Kinder durchbringen, gaben sie Mechtilds Mutter an eine Pflegefamilie ab. Als ich Mechtild fragte, woher sie das wisse, erinnerte sie sich plötzlich daran, dass sie einmal mit ihrer Mutter auf dem Friedhof war, auf dem deren leibliche Eltern begraben liegen, und dabei erzählte ihre Mutter ihr die Geschichte. An dieser Stelle begann Mechtild, die das ganze Interview über sehr distanziert über sich, ihre Mutter und ihre Gefühle gesprochen hatte, zu weinen. Das verlassene kleine Mädchen, das ihre Mutter gewesen war, rührte unmittelbar an ihre Gefühle und verdrängte für einen Moment das kleine Mädchen, das Mechtild selbst gewesen und das von dieser Mutter geschlagen worden war.

Am Ende des Interviews nahm Mechtild das Bild, das sie von ihrer Mutter gemalt hatte, nicht zurück, aber sie ergänzte es um einen wichtigen Aspekt: »Sie ist nicht ohne Grund so gewesen, wie sie gewesen ist. Sie hat sich ja nicht so verhalten, um uns Böses zu tun, sie konnte nur nicht anders.« Indem sie einen versöhnlichen oder zumindest verständnisvollen Blick auf ihre Mutter warf, konnte Mechtild auch eigenes Versagen erkennen: »Ich denke, wenn ich meiner Mutter als die gegenübertreten könnte, die ich heute bin, dann könnte ich über vieles hinwegsehen und ihr dadurch auch Möglichkeiten eröffnen. Ich meine, dass wir keine Nähe zueinander gefunden haben, liegt ja nicht nur an meiner Mutter, sondern auch daran, wie ich mit ihr umgegangen bin. Ich habe mich völlig abgeschottet, ich habe sie im Grunde an nichts teilhaben lassen. Aus guten Gründen natürlich, aber heute könnte ich sicherlich anders mit ihr umgehen. Ich würde sie auch viel mehr fragen, wie es ihr geht und was mit ihr eigentlich los war.«

Auch Nina bedauert, dass es ihr zu Lebzeiten ihrer Mutter nicht gelang, von der eigenen Verletztheit ab- und zur Mutter hinzusehen. Nina grollt ihrer Mutter noch immer dafür, dass sie ihre Schwester bevorzugt und ihr selbst nicht genügend Liebe geschenkt hatte. Doch sie trauert inzwischen auch darum, »dass ich es nicht geschafft habe, mit ihr besser zurechtzukommen. Ich hätte mir früher Mühe geben müssen, glaube ich, mehr auf sie einzugehen, nicht nur ihr Versagen als Mutter zu sehen, sondern auch sie als Person, in ihrer Begrenztheit. Ich hätte sie mehr anschauen, sie besser verstehen müssen. Das kann ich zwar immer noch leisten, irgendwann. Aber es wäre besser gewesen, ich hätte es zu ihren Lebzeiten getan.«

Im Gegensatz zu Nina und Mechtild weiß Brigitte sehr viel über ihre Mutter. Die war in den Zwanzigerjahren eine erfolgreiche Violinistin, sie spielte im Wiener Theater an der Josephstadt unter Max Reinhardt die erste Geige. Nachdem sie die spanische Grippe überlebt hatte, konnte sie zwar nicht mehr als Virtuosin arbeiten, dafür spielte sie in Kinos die Musik zu Stummfilmen. Sie heiratete einen Schüler von Arnold Schönberg, der nach der Machtergreifung der Nationalsozialisten bekannten jüdischen und linken Künstlern zur

Flucht verhalf. Brigitte weiß sehr viel über ihre Mutter wie über ihren Vater, sie hat schon zahlreiche Interviews zu ihren Eltern gegeben, und sie ging davon aus, dass ich sie vor allem zu ihrer Mutter und nicht zu ihr selbst befragen wollte.

Es gibt jedoch in dieser bekannten Familiengeschichte einen Subtext, den Brigitte nur in Form von Anekdoten andeutet: Der Vater half allen möglichen gefährdeten Leuten, kümmerte sich aber nicht um die eigene Frau und Tochter. Er betrog seine Frau nicht heimlich, sondern ganz offen, und verlangte sogar von ihr, dass sie mit dem Kind im Haus ihrer Eltern blieb, wenn seine Geliebte ihn in der ehelichen Wohnung besuchte. Die starke Frau, die Brigitte bewundert und verehrt, ist auch die Frau, die sich all das gefallen ließ oder es aushielt. Die Frau, die in den Zwanzigerjahren Hosen trug und in den Vierzigerjahren Juden versteckte, ist auch die Frau, die sich weigerte, den – schwarzen – Mann ihrer Enkelin zu begrüßen. Brigitte stellt das Gegenbild zu Töchtern wie Nina oder Mechtild dar: Sie liebt ihre Mutter kritiklos, sie ist ihr dankbar, und sie kennt ihre Lebensgeschichte en détail. Während die anderen beiden Töchter bedauern, dass sie nicht in der Lage waren, über sich selbst hinwegzusehen, um die Mutter deutlicher erkennen zu können, zeichnet Brigitte ein relativ klares Bild ihrer Mutter, während die Darstellung ihrer Beziehung zur Mutter seltsam verschwommen bleibt.

Martina, die unter der Herrschsucht ihrer Mutter noch als erwachsene Frau gelitten hatte, empfindet für die Frau, die ihre Mutter war, Mitleid und Bewunderung zugleich: »Sie hat mit 80, mit 85, mit 90 noch unter Tränen erzählen können, wie schlecht ihre Mutter sie behandelt hätte und dass sie ihr einmal gesagt hätte: ›Du bist das Böse in der Welt.‹ Das muss man sich einmal vorstellen!« Martinas Großmutter war Malerin und studierte bei Corinth. Sie war eine starke und selbstbewusste Frau, die dennoch ihre Tochter ein-

258

schüchterte, wie diese dann wiederum ihre Töchter. Martinas Mutter war Pianistin und Atemtherapeutin. Als ihr klar wurde, dass Atem und Stimme etwas mit der seelischen Verfassung des Menschen zu tun haben, machte sie eine Lehranalyse und arbeitete schließlich als Jungsche Analytikerin. Martina sagt anerkennend von ihr: »Sie war eine Selfmadefrau. Sie hat das alles alleine geschafft, obwohl sie nicht studieren konnte. Und sie war auch unglaublich mutig. Sie brach aus ihrer unglücklichen Ehe aus, um einen 16 Jahre jüngeren Klienten zu heiraten, das war in den Vierzigerjahren ein unbeschreiblicher Skandal.«

Wenn Martina über diese Frau spricht, die ihre Mutter war, klingen Verständnis und weibliche Solidarität an. Wenn sie über dieselbe Frau in ihrer Funktion als Mutter spricht, gewinnen die Gefühle der Tochter, die von der dominanten und egozentrischen Mutter ständig überfahren und überfordert wurde, die Oberhand. Ablehnung der Mutter beziehungsweise Kritik an ihrem Verhalten als Mutter und Verständnis für die Person, die diese Mutter war, müssen sich nicht ausschließen. Beides ist gleichzeitig, nebeneinander und miteinander verflochten möglich. Martina und andere Töchter, die zu einem Verständnis der Frau hinter der Mutterfigur gelangen konnten, empfinden dies als Erleichterung und als befreiend. Es erlaubt ihnen, ihrer Mutter auch positive Gefühle entgegenzubringen. Wenn sie schon die Mutter, unter der sie gelitten haben, nicht lieben können, so können sie doch wenigstens die Frau besser verstehen, die diese Mutter jenseits ihrer Mutterrolle war.

Bettina sieht wie Mechtild und Nina, dass sie selbst mit Schuld daran trägt, dass sie die Person, die ihre Mutter war, kaum kennt. Sie sprach nach deren Tod mit Freundinnen der Mutter, die im selben Dorf wie sie aufgewachsen waren, und erfuhr »Sachen, die habe ich nicht gewusst und die haben mir einiges erklärt. So etwas macht dann auch versöhnlicher, finde ich. Andererseits hat es mich erschüttert, wie wenig ich von meiner Mutter wusste. Man nimmt seine Mutter immer nur als Mutter wahr, aber nicht als einen Menschen, der eben auch seine Probleme hat. Und es hat mich sehr traurig gemacht, dass wir über so vieles nicht miteinander geredet haben. Das liegt natürlich auch daran, dass mich das damals alles nicht so sehr interessiert hat. Wenn ich sie gefragt hätte, dann hätte sie mir sicher mehr erzählt.«

So erfuhr Bettina zum Beispiel die Geschichte ihres Großvaters – und der Gefühle ihrer Mutter für ihn – nur bruchstückhaft. Sie wusste, dass ihre Mutter sich für ihren Vater immer geschämt hatte und möglichst nicht über ihn sprechen wollte. Als Bettinas Mutter bereits krank war, erzählte sie der Tochter, dass ihr Vater während des Krieges Verfolgte über die französische Grenze geschmuggelt hatte. Als Bettina mehr darüber wissen wollte und sich sichtlich über diese Information freute, reagierte ihre Mutter erst einmal irritiert: »Bei ihr stand im Vordergrund: Wir hatten ständig Angst um ihn. Als ich ihr dann gesagt habe, ich sei unheimlich froh, dass ich so einen Großvater habe, also einen, der kein Nazi war, sondern einen, der offensichtlich etwas anderes gemacht hat, da guckte sie mich ganz erstaunt an. Ich sagte also nochmal: ›Auf den kann man doch stolz sein!‹ Und darauf meinte sie: ›So habe ich das noch gar nicht gesehen.‹«

Erst nach dem Tod der Mutter fand Bettina heraus, warum ihre Mutter sich für ihren Vater, Bettinas Großvater, geschämt hatte. Eine ehemalige Freundin der Mutter erzählte ihr, dass der Mann Alkoholiker war und häufig nachts grölend und Reden haltend aus der Dorfkneipe nach Hause wankte, wo er weiter randalierte. Später verlor er aufgrund seiner Alkoholkrankheit die Arbeitsstelle, wurde depressiv und schließlich arbeitsunfähig. Bettina kann nachvollziehen, wie beschämend diese Situation für ihre Mutter als Kind und junges Mädchen gewesen sein muss. Und sie kann nun auch verstehen, warum sie ihren Vater nicht bewunderte, obwohl er Antifaschist gewesen war.

Die Geschichte von Bettinas Großvater macht deutlich, wie wichtig es für Töchter ist, daran zu denken, dass auch ihre Mutter Tochter war. Dass sie als Tochter in Situationen und Gefühle verstrickt war, aus denen sie sich nicht lösen konnte, sodass ihr Verhalten der eigenen Tochter manchmal seltsam oder unverständlich erscheinen muss. Bettinas Mutter schämte sich dafür, einen Vater zu haben, der die Familie ständig in peinliche Situationen brachte und sie zudem nicht ernähren konnte. Bettina konnte – ohne dieses Wissen – nicht verstehen, warum ihre Mutter nicht stolz auf ihren Vater war, der Menschen vor den Nazis gerettet hatte. Die Missverständnisse sind nicht immer so einfach aufzuklären, und die Gefühle sind nicht immer so klar verständlich wie in diesem Fall. Dennoch haben alle Frauen, die sich für die Geschichte ihrer Mutter interessierten, herausgefunden, dass sie aufgrund der Informationen, die sie über sie erhielten, sich besser in sie hineinfühlen, sie besser verstehen – und ihr manches eher verzeihen konnten.

Das nachträgliche Nachdenken über die Person der Mutter kann auch ohne neue Informationen den Blick auf die Verstorbene verändern. Renate zum Beispiel hatte zu Lebzeiten ihrer Mutter, die sich immer wieder durch Stürze verletzt hatte, stets nur deren Mankos wahrgenommen: »Sie kann nicht kochen, es sieht zu Hause völlig chaotisch aus, sie kann nicht stricken, kann nicht nähen, kann gar nichts. Dieses Bild, das ich hatte, war natürlich auch immer mit geprägt von den Hetzereien meiner Großmutter, die immer gesagt hat: ›Meine Tochter ist nichts, kann nichts und wird nichts.‹ Im Nachhinein fiel mir ein, dass meine Mutter mir einmal erzählt hat, sie ist zu Hause mit einem Riesenstreit ausgezogen und hat geschrien: ›Ich putze nie wieder!‹ Und das hat sie weitgehend durchgehalten. Auch dass sie immer wieder in so schreckliche, oft laute Streitereien mit meinen Großeltern verfallen ist, spiegelt ja einen Widerstandsgeist wider. Und dann habe ich erst sehr spät begriffen, dass ganz viele so genannte Ämtergänge nicht von meinem Vater gemacht worden sind, sondern von meiner Mutter. Und mir wurde klar, dass, wenn meine Mutter gefördert worden wäre, mit dem, was sie an Energie hatte, etwas ganz anderes aus ihr hätte werden können. Alleine schon, dass sie sich nach den Stürzen immer wieder auf die Beine gestellt hat, das zeigt doch, dass sie einen unheimlich starken Willen gehabt haben muss.«

Mehrere der Frauen, die ich für dieses Buch interviewte und die sich von ihrer Mutter nicht ausreichend geliebt fühlten, wussten, dass ihre Mutter selbst eine harte und lieblose Mutter gehabt hatte. In einigen Familien spielte die Angst vor einem unehelichen Kind eine große Rolle – und in diesen Familien gab es auch häufig uneheliche Kinder beziehungsweise Geburtstermine, die deutlich weniger als neun Monate nach dem Hochzeitstag lagen. Manchmal waren bereits die Großmütter der Frauen, die ich interviewte, mit diesem angeblichen »Makel« behaftet. Sie gaben den Druck, dass so etwas nicht geschehen dürfe, an ihre Tochter weiter, der prompt dasselbe passierte. Und zu guter Letzt wurde auch noch die Enkelin unverheiratet schwanger. Susanne ließ als junge Frau eine illegale Abtreibung an sich vornehmen, obwohl die Schwangerschaft schon fortgeschritten war. Sie litt entsetzliche Schmerzen und Todesangst. Und sie empfand heftige Schuldgefühle dem ungeborenen Kind gegenüber. Dennoch sah sie keinen anderen Ausweg. Später fand Susanne heraus, dass sie selbst sechs Monate nach der Hochzeit ihrer Eltern geboren wurde und dass sowohl ihre fromme Großmutter als auch ihre Tante »heiraten mussten«.

Im Bereich von Schwangerschaft und Sexualität klaffen die unterschiedlichen Erfahrungen von Müttern und Töchtern besonders weit auseinander und ist das gegenseitige Unverständnis entsprechend groß. Meine Generation, die in den Fünfziger- und Sechzigerjahren aufwuchs, weiß noch, welche »Schande« es bedeutete, ein uneheliches Kind zu haben, und welchen Diskriminierungen und Erniedrigungen eine Frau deswegen nicht nur sozial, sondern auch rechtlich ausgesetzt war. Dennoch haben gerade wir, indem wir für gesellschaftliche Veränderung kämpften, dazu beigetragen, die Position unverheirateter Mütter und unehelicher Kinder grundlegend zu verbessern. Diejenigen unter uns, die noch spät ein Kind bekamen, zogen es manchmal vor, ihr Kind allein aufzuziehen und den Vater nicht nur nicht zu heiraten, sondern auch nicht mit ihm zusammenzuleben. Unsere Mütter, für die ein uneheliches Kind noch immer der Schrecken ihrer Jugend war, konnten solche Entscheidungen beim besten Willen nicht nachvollziehen, während wir sie spießig und bevormundend fanden, weil sie wollten, dass wir dem Kind »eine richtige Familie« gaben.

Wenn wir uns nicht in der direkten Auseinandersetzung mit der Mutter befinden, können wir ihr zuhören, ohne uns sofort in Frage gestellt oder kritisiert zu fühlen. Wir können, über die eigene Verletzlichkeit hinaus, einen Blick auf ihre Verletzlichkeit und ihre Verletztheit wagen. Einigen von uns gelang das schon zu Lebzeiten der Mutter, weil wir ein gutes Verhältnis zu ihr hatten oder weil sich unsere Beziehung in den letzten Lebensjahren der Mutter verbesserte. Je jünger wir sind, desto monumentaler ist für uns die Mutterfigur, und wir verfügen nicht über die nötige Souveränität und Unabhängigkeit, um von ihr zu abstrahieren. Als junge Frauen sind wir so sehr mit unseren eigenen Lebensentwürfen, unseren Problemen und unserer Abgrenzug von der Mutter beschäftigt, dass wir weder Zeit noch Interesse für die gesamte Person haben, die unsere Mutter ist. Wenn wir jedoch über ein bestimmtes Maß an weiblicher Erfahrung verfügen, ein von der Mutter unabhängiges Leben nach unseren eigenen Vorstellungen führen und vielleicht selbst Kinder haben, wächst zumindest in bestimmten Aspekten unser Verständnis für die Mutter. Und zwar sowohl für die Frau, die diese Mutter ist, als auch für ihr Verhalten als Mutter. Eine Tochter, die bis zwei Uhr nachts krank vor Sorge wach liegt und darauf wartet, dass ihre eigene sechzehnjährige Tochter endlich nach Hause kommt, weiß plötzlich sehr genau, warum ihre Mutter ihr nach einer vergleichbaren Situation zuerst ein paar Ohrfeigen und dann Hausarrest verpasst hatte.

Je älter und souveräner man wird, desto mehr kann man von sich selbst auch einmal absehen und desto mehr Offenheit hat man dadurch für andere. Dennoch gibt es Mütter, die jeden Annäherungsversuch ihrer Tochter im Keim ersticken. Und es gibt Töchter, die in ihrer problematischen Mutterbeziehung so gefangen sind, dass sie in ihrer Mutter bis zuletzt nur die Mutter sehen können. Mehrere der von mir interviewten Frauen gewannen erst nach dem Tod ihrer Mutter die Freiheit, in einem umfassenderen Sinne über sie nachzudenken und sich für die Frau zu interessieren, die diese Mutter war. Häufig fanden sie dann niemanden mehr, der ihnen Fragen zur Geschichte der Mutter hätte beantworten können. Allerdings löste allein schon das Interesse an der Person hinter der Mutterfigur, auch wenn es nur mangelhaft befriedigt werden konnte, Verständnis und damit auch Ansätze von Versöhnungsbereitschaft aus. Vor allem dann, wenn die Tochter aufgrund dessen, was sie über ihre Mutter erfuhr, Mitleid für sie empfinden konnte. Die Einsicht, »Sie hatte es selber so furchtbar schwer« oder »Sie hatte so eine harte Kindheit« nimmt offenbar der Erinnerung an das, was diese Mutter ihrer Tochter angetan oder versagt hat, ein wenig von der Bitterkeit und schenkt ihr die befreiende Erkenntnis: »Sie hat mich deshalb so schlecht behandelt, weil sie es selbst nicht anders kannte.«

Unser Interesse für die Frau, die unsere Mutter war, hilft uns, Knoten im Geflecht unserer Beziehung zu ihr zu lösen. Der Blick auf die Person, die sich hinter der Mutterfigur verbirgt, auf ihre Geschichte als Mädchen, als junge Frau und als Mutter, schärft auch unseren Blick auf uns selbst. Die meisten Frauen meiner Generation haben mehr und bessere Chancen, als unsere Mütter sie je hatten. Wir haben das Glück, in einer anderen Zeit und unter anderen gesellschaftlichen Voraussetzungen aufgewachsen zu sein und zu leben. Wir haben uns unsere besseren Chancen zum Teil aber auch selbst erkämpft – nicht zuletzt deshalb, weil wir nicht wie unsere Mütter werden wollten. Indem wir die Person, die unsere Mutter war, aus dem engen Kostüm ihrer Mutterrolle befreien, lösen wir uns auch aus den Fesseln der Tochterrolle. Das Verständnis für die Frau, die unsere Mutter war, kann uns zu einem neuen Verständnis unserer selbst führen.

Anmerkungen

1 Ruth Eder: Ich spür noch immer ihre Hand. Wie Frauen den Tod ihrer Mutter bewältigen, Freiburg 1996

2 Rosa Ainley: Ich hab' ihr nie gesagt, dass ich sie liebe. Töchter erleben den Tod ihrer Mutter, München 1997, S. 17

3 Ebenda, S. 18 f.

4 Ebenda, S. 13

5 Eder a. a. O., S. 132

6 Ebenda, S. 8

7 Simone de Beauvoir: Ein sanfter Tod, Reinbek 1968, S. 22

8 Ebenda, S. 115 f.

9 Barbara Dobrick: Wenn die alten Eltern sterben. Das endgültige Ende der Kindheit, Stuttgart 1989

10 Sally Cline: Frauen sterben anders. Wie wir im Leben den Tod bewältigen, Bergisch Gladbach 1997, S. 11

11 Ebenda, S. 10

12 Meike Hemschemeier: Tabu und Faszination. Zur ambivalenten Einstellung zum Tod in westlichen Gesellschaften. Studienarbeit am Institut für Journalistik der Universität Dortmund, 1998

13 Ebenda, S. 2

14 Beauvoir a.a.O., S. 70

15 Cline a.a.O., S. 19

16 Siehe dazu unter anderem Fritz Roth: Perspektiven, Bergisch Gladbach 1997

17 Cline a. a. O., S. 134

18 Elisabeth Young-Bruehl: Hannah Arendt. Leben und Werk, Frankfurt am Main 1986, S. 337

19 Siehe dazu u. a. Simone de Beauvoir: Das andere Geschlecht, Hamburg 1951; Marion Kaplan: Jüdisches Bürgertum. Frau, Familie und Identität im Kaiserreich, Hamburg 1997; und Adrienne Rich: Von Frauen geboren. Mutterschaft als Erfahrung und Institution, München 1979

20 Carol Smith-Rosenberg: The Female World of Love and Ritual. Relations between Women in Nineteenth-Century America, in: Signs 1/1, S. 1–29, zitiert nach Adrienne Rich a. a. O., S. 225

21 Ebenda, S. 225 f.

22 Ebenda, S. 226

23 Karen Fingerman: Alternde Mütter und ihre erwachsenen Töchter: Eine Studie über gemischte Gefühle, Berlin, Heidelberg, New York 2001

24 Rich a. a. O.

25 Nancy Friday: Wie meine Mutter. My Mother My Self, Frankfurt am Main 1982

26 Friday a. a. O., S. 404

27 Ebenda, S. 440

28 Ebenda, S. 439

29 Interview mit Astrid Schillings, Köln 2000

30 Siehe Elisabeth Badinter: Die Mutterliebe, München und Zürich 1981

31 Friday a. a. O., S. 15 f.

32 Waltraud Anna Mitgutsch: Die Züchtigung, München 1987

33 Else Lasker-Schüler: Gedichte 1902–1943, München 1986, S. 273

34 Ebenda, S. 11

35 Ebenda, S. 167

36 Sigrid Bauschinger: Else Lasker-Schüler. Ihr Werk und ihre Zeit, Heidelberg 1980, S. 23

37 Siehe ebenda

38 Lasker-Schüler a. a. O., S. 174

39 Ebenda

40 Ebenda, S. 329

41 Ebenda, S. 331

42 Verena Stefan: Es ist reich gewesen. Bericht vom Sterben meiner Mutter, Frankfurt am Main 1996, S. 15 f.

43 Ebenda, S. 39 f.

44 Louise Michel: Memoiren, Münster 1977, S. 10

45 Ebenda, S. 321

46 Ebenda

47 Ebenda, S. 322

48 Ebenda

49 Ebenda, S. 317

50 Ebenda, S. 323

51 Ebenda, S. 323 f.

52 Ebenda, S. 323 f.

53 Virginia Woolf: Die Jahre, Frankfurt am Main 1979, S. 77

54 Virginia Woolf: Eine Skizze der Vergangenheit, in: Augenblicke. Skizzierte Erinnerungen, Frankfurt am Main 1984, S. 124 f.

55 Hermione Lee: Virginia Woolf. Ein Leben, Frankfurt am Main 1999, S. 182

56 Ebenda

57 Siehe ebenda, S. 116

58 Virginia Woolf: Tagebücher, Band 3 , Frankfurt am Main 1999, Eintragung vom 28. November 1928, S. 307

59 Virginia Woolf: Eine Skizze der Vergangenheit, a. a. O., S. 110

60 Lee a. a. O., S. 116

61 Ebenda

62 Ebenda, S. 77

63 Angelica Garnett: Freundliche Täuschungen. Eine Kindheit in Bloomsbury, Frankfurt am Main 1993, S. 30 ff.

64 Virginia Woolf: Die Fahrt zum Leuchtturm, Frankfurt am Main 1986, S. 114 f.

65 Nelly Sachs: Und Niemand weiß weiter. Gedichte, Hamburg und München 1966, S. 79

66 Dieselbe: Gedichte, Frankfurt am Main 1984, S. 27

67 Nelly Sachs: Briefe, Frankfurt am Main 1984, S. 74 f.

68 Ruth Dinesen: Nelly Sachs. Eine Biographie, Frankfurt am Main 1994, S. 189 f.

69 Sachs: Briefe, a. a. O., S. 97

70 Dinesen a. a. O., S. 185 f.

71 Nelly Sachs: Fahrt ins Staublose. Gedichte, Frankfurt am Main 1988, S. 135

72 Sachs: Briefe, a. a. O., S. 98

73 Ebenda, S.111

74 Ebenda, S. 112

75 Beauvoir: Ein sanfter Tod, a. a. O., S. 21 f.

76 Ebenda, S. 85

77 Ebenda, S. 21

78 Ebenda, S. 46 f.

79 Ebenda, S. 81

80 Ebenda, S. 86 f.

81 Ebenda, S. 110

82 Ursula S. in: Eder a. a. O., S. 124

83 Cline a. a. O., S. 37

84 Hemschemeier a. a. O., S. 27

85 Ebenda, S. 28

86 Zitiert nach Hemschemeier ebenda

87 Siehe ebenda

88 Norbert Elias: Über die Einsamkeit des Sterbenden in unseren Tagen, Frankfurt am Main 1982, S. 46

89 Siehe dazu u. a. Jorgos Canacakis: Ich sehe deine Tränen. Trauern, klagen, leben können, Stuttgart 1987; und Cline a. a. O.

90 Dobrick a. a. O., S. 29

91 Das teilte mir Fritz Roth vom Bestattungsunternehmen Pütz-Roth in Bergisch Gladbach in einem Gespräch mit, das ich im September 2000 mit ihm führte

92 Marie Luise Kaschnitz, in: Elisabeth Raabe und Paul Raabe: »... und diese Erfahrung habe ich nun auch gemacht«. Texte zum Tod eines nahen Menschen, Hamburg 1999

Ingrid Strobl
Die Angst kam erst danach
Jüdische Frauen im Widerstand 1939-1945
Band 13677

Von der Rettung jüdischer Kinder bis zur »Liquidierung«
von Gestapospitzeln, von der Herstellung falscher Papiere
bis zum Transport von Waffen und Informationen: Von
Frankreich bis Polen engagierten sich jüdische Frauen aktiv
im Widerstand gegen die deutsche Besatzung und »End-
lösung«. In einer vergleichenden Studie untersucht Ingrid
Strobl erstmals die Beteiligung jüdischer Frauen am Widerstand im von den Deutschen besetzten Europa. Anhand von
Archivmaterial, Briefen und Tagebüchern und der knapp
sechzig ausführlichen Interviews, die sie mit ehemaligen
jüdischen Widerstandskämpferinnen aus ganz Europa geführt hat, erhellt sie ein bislang verborgenes Kapitel der
Geschichte des Zweiten Weltkriegs und der Shoa.

Fischer Taschenbuch Verlag

fi 13677 / 1